Matthias Beck

Leben ~ Wie geht das?

Die Bedeutung der
spirituellen Dimension
an den Wendepunkten
des Lebens

styria premium

Inhalt

Präambel 6
Vorwort 7

TEIL A
Die biographische Entwicklung des Menschen 9

1. Hinführung 10
2. Die Vieldimensionalität des Lebens und der Selbststand 18
3. Die Frage nach dem letzten Grund 23
4. Der Lebensbeginn 26
5. Geburt – Neugeborenes 35
6. Kindheit 38
7. Kindheit – Intuition und Fragen 45
8. Pubertät als Krise 50

TEIL B
Grundreflexionen über die Welt, den Menschen
und die Frage nach dem Absoluten 53

9. Die Brüchigkeit und Zerrissenheit der Welt 54
10. Der Mensch als Wesen des Geistes und der Transzendenz –
    Glauben und Wissen 61
11. Die Frage nach Gott 70
12. Das befreiende Handeln Gottes 82
13. Die Offenbarung Gottes im Neuen Testament
    und seine Wirkungsgeschichte 86
14. Neuzeit und verändertes Weltbild 92
15. Gegenwart und moderne Biologie 97
16. Leben als das Ganze – Die Komplementarität der Wissenschaften 99

TEIL C
Die Berufung des Menschen   105

17. Pubertät als „Seinsüberstieg"   106
18. Die Zerrissenheit des Menschen   114
19. Überwindung der Zerrissenheit – „Stimmigkeit"   117
20. Gottes Wille – Erfahrbarkeit im Leib   121
21. Die allgemeine und besondere Berufung des Menschen   130
22. Die Ablehnung des Rufes   141

TEIL D
Die Biographie der zweiten Lebenshälfte   145

23. Lebensmitte als existentielle Krise   146
24. Das Alter   152
25. Krankheit und Leid   155
26. Das Phänomen der Zeit   168
27. Angst, Sünde und Schuld   173
28. Die existentielle Bedeutung von Sakramenten und Dogmen   178
29. Zusammenfassung und Ausblick –
    Wie geht Leben und was ist Christentum?   193

Anhang   206
Literaturverzeichnis   228

Präambel

Das vorliegende Buch ist in Wien und damit im europäischen Kontext geschrieben. Es verwendet bestimmte Begriffe, die einer christlich geprägten Kultur entstammen. Es will aber den Versuch unternehmen, etwas Allgemeingültiges zu sagen, was alle Menschen betrifft. Vielleicht geht das gar nicht, weil eben doch jeder Mensch in seinem Innenleben, seinen Gefühlen, seinem Gewissen, seinen Denkstrukturen so unterschiedlich geprägt ist, dass allgemeine Aussagen über das Leben gar nicht möglich sind. Möglich sind Aussagen von der Gestalt, dass alle Menschen nach Glück suchen, dass sie leiden, dass sie sich freuen können und weinen, dass sie krank werden und sterben müssen. Dann aber gehen die Unterschiede schon los, wie der Mensch zu seinem Glück findet, wie sein Leben gelingt und was das Glück ist.

Trotz der Vorprägungen, die der Autor ebenso wie jeder andere Mensch mitbringt, bemüht sich das Buch, diesen Fragen näher zu kommen und Phänomene aufzuzeigen, die universal gültig sind und in jedem Menschen auftreten. Allein die Interpretation dieser Phänomene wird in anderen Denkhorizonten und Kulturen unterschiedlich sein. So möge der Leser der Sache gegenüber aufgeschlossen sein und nicht so sehr auf die Begriffe achten, sondern auf die Sache selbst, die sich hinter den Begriffen zeigt. Er kann manche Ausdrucksweise in seine eigene Sprache übersetzen und zuschauen, ob die beschriebenen Phänomene auch in seinem Erleben auffindbar sind. Dann wäre schon ein Stück Universalität gewonnen.

Aus Gründen der besseren Lesbarkeit wird im Text nur ein genus verwendet.

Vorwort

Das Buch ist entstanden aus Vorlesungen, Vorträgen und vielen Einzelgesprächen. Es ist kein wissenschaftliches Buch und nicht für Professoren geschrieben. Es soll jeden erreichen, der in Zeiten der Orientierungslosigkeit Fragen an das Leben stellt. In zahlreichen Gesprächen tauchte immer wieder die Frage auf, wie Leben eigentlich geht, wie es gelingt, wie es glückt und was man dafür tun kann. Außerdem stand häufig das Problem im Mittelpunkt, wie man dem Menschen von heute im naturwissenschaftlich geprägten Zeitalter noch religiöse Inhalte vermitteln kann. In diesen Fragen zeigte sich eine gewisse Furcht vor der Übermacht naturwissenschaftlicher Erkenntnisse und medizinischer Machbarkeiten und zum anderen die Sorge, dass da für die Frage nach Gott kein Platz mehr sei. Bei dieser Gottesfrage kamen wiederum eigenartige Vorstellungen von Religion, Christentum und Spiritualität zum Vorschein. Oft stand die Frage im Zentrum, ob das Christentum für die Alltagsbewältigung überhaupt etwas beitragen kann.

Das Buch will die existentiellen Fragen des Lebens mit naturwissenschaftlichen und medizinischen Erkenntnissen zusammenbringen. Es will Hinweise geben, wie in Zeiten der Krise gehandelt werden kann; wie der Mensch sich selbst finden kann, ohne sich selbst je neu erfinden zu müssen; wie Umbruchsphasen durchgestanden werden können und wie Krankheiten womöglich mit religiösen und spirituellen Fragen zusammenhängen. Das Buch ist so aufgebaut, dass es sich an den verschiedenen Lebensphasen des Menschen orientiert und zwischendurch Grundsatzreflexionen über die existentiellen Fragen des Lebens anstellt. Dabei werden manchmal vorab Antworten gegeben, die erst später begründet werden.

Das Buch wendet sich im Teil A den Grundfragen des Lebens anhand der biographischen Entwicklung des Menschen bis zur Pubertät zu. Dann geht es im Teil B um einige Grundsatzreflexionen über die Struktur der Welt, den Menschen und die Existenz Gottes, um schließlich im Teil C wieder zum Menschen zurückzukehren, erneut bei der Pubertät anzusetzen und die zweite Lebenshälfte im Teil D mit einigen Detailfragen zu betrachten. Es wird über die Grundbestimmung des Menschen gesprochen, die darin besteht, dass jeder einzelne eine je einmalige Berufung hat. Das Buch ist also mehrfach interdisziplinär angelegt. Bei diesem interdisziplinären Zugang müssen einerseits die wissenschaftlichen Zugänge zum Menschen klar voneinander getrennt werden, und andererseits muss der Mensch in seiner Leib-Seele-Einheit als ganzer in den Blick kommen. Die verschiedenen Ebenen im Menschen sind unvermischt und ungetrennt zu betrachten.

Teil A

Die biographische Entwicklung des Menschen

1. Hinführung

Wie geht Leben, woran soll der Mensch sich orientieren? Eine triviale Frage? Menschen aller Zeiten haben diese Frage gestellt. Wie geht das Leben, wie gelingt es, warum scheitert es? Geht das Leben überhaupt, geht es langsam oder schnell, geht es gerade oder schief, geht es an mir vorüber? Soll es „gut" gehen? Kann es auch scheitern? Geht es nicht immer irgendwie? Soll man diese Fragen überhaupt stellen oder sie lieber verdrängen? Ist es nicht leichter, nicht hinzuschauen und nicht nachzufragen?

Warum geht Leben eigentlich und steht nicht still? Kann man es nicht anhalten? Läuft die Zeit? Geht sie immer weiter? Bis zum Tod? Ist dann Schluss? Soll es immer so weiter gehen, womöglich über den Tod hinaus? Ist das Leben ständig im Werden, ein ständiger Wandlungsprozess? Was ist dieses Werden, wohin geht es? Ist es ein Weniger-Werden, ein Mehr-Werden? Was ist der Ursprung des Lebens, und was ist sein Ziel? Fragen über Fragen. Sollte man nicht einfach in den Tag hinein leben, ohne zu fragen, oder drängen sich die Grundfragen des Lebens so auf, dass man ihnen irgendwann nicht mehr ausweichen kann?

Eine letzte Frage: Warum muss man eigentlich überhaupt leben, kann man nicht auch tot sein? Niemand hat je gefragt, ob wir leben wollen. Das Leben ist jedem zugemutet worden. Jeder einzelne ist in das Leben hineingeworfen worden, er ist der Geworfene (Heidegger). Über seine Existenz oder Nicht-Existenz wurde von anderen entschieden. Es kann die Liebe der Eltern gewesen sein, ein Zufall, ein „Unfall", eine Herstellung im Reagenzglas, vielleicht sogar eine Herstellung, um später einem Geschwisterkind Knochenmark zu spenden. Vielleicht gehört es zum guten Ton, Kinder zu haben, womöglich Wunschkinder. Ohne Kinder könnte das Leben sinnlos sein. Eltern wollen sich in den Kindern fortzeugen, die Gene in die nächste Generation weitergeben. Die Sehnsucht nach Bleibendem ist groß. Das eigene Leben kann nicht alles gewesen sein, es muss doch weiter gehen. Hat das Leben einen Sinn und wenn ja, welchen? Kann man sich das Leben nehmen im doppelten Sinn? Kann man es an sich reißen, statt es sich schenken

I. HINFÜHRUNG

zu lassen, oder kann man sich das Leben nehmen, indem man es beendet? Wenn das Leben gelingt, kann der einzelne es als Geschenk erfahren, wenn es misslingt, erlebt er es womöglich als große „Last".

Das vorliegende Buch ist ganz einfach und für den „normalen Menschen" geschrieben. Es ist der Versuch, Antworten zu finden auf diese Fragen, die jeden beschäftigen. Ein solcher Versuch ist nicht neu, es gab schon viele zuvor. Das Buch will das Einfache und Selbst-verständliche ans Licht holen, über das Innerste des Menschen nachdenken, über seine Biographie und schließlich über die Verschränkung von Naturwissenschaft und Geisteswissenschaft.

Das Selbst-verständliche ist oft das Große, das niemand bemerkt und das sich aus sich selbst heraus versteht. Aber was versteht sich aus sich selbst heraus? Versteht sich nicht alles vom anderen her: von der Familie, vom Geschlecht, von der Nationalität, von der Bildung, von naturwissenschaftlichen Zusammenhängen her? Gibt es in all dem Verständnis vom-anderen-her auch ein Verstehen aus-sich-selbst-heraus? Gibt es etwas ursprünglich Aufspringendes im Menschen, Originäres, Neues, Einmaliges, noch nie Dagewesenes, Absolutes, Selbst-verständliches? Verweist das Selbstverständliche und Ursprüngliche im Menschen auf einen letzten Ursprung? Ist das Ursprüngliche jenes eigenartige „Phänomen", das man kaum bemerkt, weil es so still ist? Ist das Selbstverständliche in allem zu finden? Ist es versteckt, muss man es erst ent-decken? Das Buch versucht, dieses Selbstverständliche ans Licht zu heben und die Frage zu beantworten, wie der Mensch dazu hinfindet.

Eigenartig: Das Selbstverständliche soll ans Licht gehoben werden, als wäre es verborgen? Ist es verborgen und muss erst ent-borgen und entdeckt werden? Muss die Decke erst weggezogen werden? Das Wegziehen dieser Decke und der Prozess des Entdeckens ist ein Weg vom Verborgenen ins Entborgene und damit ein Weg zur Wahrheit. Der griechische Begriff für Wahrheit meint genau dies: A-letheia ist das Unverborgene. Die Wahrheit ist das Unverborgene. Die Wahrheit ist verborgen und muss ans Licht geholt werden, sie ist schon da und muss entdeckt werden.

Das Finden und Entbergen dieser Wahrheit ist ein lebenslanger Prozess. Es ist ein dialogischer Prozess nach außen zur Welt, nach innen zu sich selbst und letztlich zur Wahrheit hinter allem. Die Wahrheit selbst ist dialogisch, sie ist lebendig, sie bewegt sich, sie zeigt sich und entzieht sich, sie drängt ans Licht und verbirgt sich. Wenn man sich ihr öffnet, öffnet sie sich, wenn man sich ihr gegenüber verschließt, verschließt sie sich. Augustinus hat es so ausgedrückt: Die Wahrheit bricht sich Bahn. Dem, der sich ihr öffnet, eröffnet sie sich, dem der sich ihr verschließt, verschließt sie sich.

Wenn man die ans Licht drängende Wahrheit zurückhalten will, bricht sie sich auf anderen Wegen Bahn. Zurückhalten kann man sie auf Dauer nicht, dazu ist ihre Dynamik zu groß. Es liegt in ihrem „Wesen", in die Unverborgenheit zu drängen. Sie ist der Horizont, an dem man sich orientiert bei allen Fragen, die da lauten: Wie ist das eigentlich, wie verhält es sich, wie sind diese und jene Zusammenhänge, aber auch bei der Frage: Wer bin ich eigentlich und was soll das Ganze? Die Wahrheit ist Anzeige ihrer selbst und ihres Gegenteils, sie bringt auch die Unwahrheit ans Licht. Wenn man sich ihr nicht öffnet, verbirgt sie sich. Dann hört der Mensch zwar äußerlich, aber er hört nicht die tiefere Botschaft, er sieht die Phänomene und sieht doch nicht durch sie hindurch, es geht ihm letztlich kein Licht auf. Er hat die Wahl: Er kann sich der Wahrheit öffnen oder sich ihr verschließen. Insofern ist er seines Glückes Schmied. Wer die Wahrheit erkennt und das Erkannte auch umsetzt, kommt zum Licht (Joh 3,21).

Die Wahrheit hat verschiedene Aspekte. Es kann die Wahrheit des eigenen Lebens sein, die Wahrheit im Gegensatz zur Unwahrheit, es kann die Wahrheit der Welt sein, die „Wahrheit" der Mathematik oder die Wahrheit in allem, in jedem Moment oder die Wahrheit hinter allem. Selbst der Naturwissenschaftler sucht implizit nach dieser Wahrheit. Er will wissen, wie die Dinge sich verhalten, wie sie sind. Er will herausfinden, wie Natur, Pflanze, Tier und Mensch funktionieren. Zwar bringen Naturwissenschaften keine Wahrheit hervor, aber sie versuchen, dieser Wahrheit näher zu kommen: mit Modellen und Hypothesen, die sich bewahrheiten oder als falsch herausstellen, die sich verifizieren oder falsifizieren lassen. Naturwissenschaften suchen implizit nach dem Sein der Dinge, nach dem, was die Welt im Innersten zusammenhält, aber sie können es nicht finden.

Denn ihre Methode ist nicht dazu geeignet, diese letzten Dinge zu erfassen, das bleibt der Philosophie und Theologie überlassen. Die moderne Naturwissenschaft stellt solche letzten Fragen auch nicht ausdrücklich. Die Philosophie eines Aristoteles hat es noch getan. Die Beschäftigung mit dem Lebendigen heißt bei ihm Physik (von physis die Natur) und die Wissenschaft, die sich mit den Grundfragen des Seins beschäftigt, Metaphysik. Diese versucht, wie es bei Aristoteles heißt, das Seiende als das Seiende zu erfassen, also nach dem Wesen der Dinge zu suchen, nach dem, was die Dinge an sich, in sich und aus sich heraus sind. Sie sucht nach den innersten Zusammenhängen, nach dem, was sich in allem und hinter allem zeigt.

Die Frage nach dem Wesen der Dinge ist heute weithin verloren gegangen, aber gerade eine moderne Wissenschaft braucht wieder beide Zugänge zur Interpretation der Welt: den naturwissenschaftlichen und den geisteswissenschaftlichen. Beide sind von ihrer Methode her klar zu unterscheiden, sie sollten sich aber komplementär ergänzen. Sonst ist die Struktur der Welt nicht mehr hinreichend zu erfassen und ethische Fragen sind nicht mehr adäquat zu beantworten. Die moderne Ethik im Kontext von Biologie und Medizin enthält schon dieses komplementäre Zueinander von Natur- und Geisteswissenschaften. Zur Beantwortung aktueller medizinethischer und bioethischer Fragen bedarf es des naturwissenschaftlichen Sachverstandes, der Einordnung in ein konkretes Menschenbild (Anthropologie) und der ethischen Urteilsbildung zum richtigen und guten Handeln. Auch die Forschung sollte von ihren Ansätzen her bereits interdisziplinär und komplementär arbeiten. Es gilt, eine transdisziplinäre Forschung zu entwickeln, die von vornherein die verschiedenen Wissenschaften in Forschungsprojekte einbindet.

Die moderne Naturwissenschaft sucht nach Einzelerkenntnissen und Lebensgesetzen, Philosophie und Theologie hingegen suchen nach dem Ganzen des Lebens und der Frage, warum es überhaupt etwas gibt und nicht vielmehr nichts (Leibniz). Deswegen können sich Naturwissenschaft und Theologie auch nicht widersprechen, weil ihre Fragen und Methoden ganz unterschiedlich sind. Zum Beispiel kann man bei der Frage von Schöpfung oder Evolution sagen, dass Schöpfung sehr wohl evolutiv vonstatten gehen kann. Gott kann etwas ins Sein setzen, das sich dann von selbst weiter entwickelt.

Die Evolutionstheorie versucht, mit ihrer naturwissenschaftlichen Methode, den Werdeprozess der Welt zu erklären. Sie kann als Theorie verändert, ergänzt oder im Sinne eines Paradigmenwechsels ganz neu geschrieben werden. Sie wird bereits durch neuere Forschungen ergänzt. (Die neuere Forschungsrichtung „EvoDevo", evolutionary development, versucht Erkenntnisse aus der Embryonalentwicklung auf jene der Evolutionstheorie zu übertragen.)[1] Naturwissenschaften können nur Theorien und Hypothesen an die Welt herantragen und zusehen, ob die Phänomene sich mit diesen Theorien hinreichend plausibel erklären lassen. Solange die Sternenkonstellationen noch ausreichend mit der Annahme interpretiert werden konnten, dass die Erde im Mittelpunkt der Welt steht und die Sonne sich um sie herum dreht (daher bis heute die Rede von Sonnenaufgang), wurde nicht weiter darüber nachgedacht.

Als aber klar wurde, dass durch genauere Meßmethoden die Unerklärbarkeiten zunahmen, ging Kopernikus von einer neuen Annahme aus, dass die Sonne im Mittelpunkt unseres Sonnensystems steht und die Welt sich rotierend um die Sonne dreht. Und siehe da, bestimmte Phänomene und Konstellationen konnten jetzt besser erklärt werden. Das nennt man einen Paradigmenwechsel. Man stellt sich auf einen neuen Standpunkt und findet bessere Erklärungen für bestimmte Phänomene. Solche Paradigmenwechsel geschehen häufiger in naturwissenschaftlichen Theorien. Ein solcher geschah auch beim Übergang von der Newtonschen Mechanik zur Quantenphysik, und er geschieht heute in gewisser Weise im Kontext der Genetik. Diese dachte bis vor kurzer Zeit, dass die Informationen für den Organismus und für Krankheiten in den Genen alleine liegen. Inzwischen wird aber immer klarer, dass Gene aktiviert und inaktiviert werden müssen und dass dafür verschiedene Faktoren in der Umwelt, aber auch im Lebensstil des Menschen, seinem Denken und Fühlen sowie seinen zwischenmenschlichen Beziehungen liegen. Diese Faktoren nennt man epigenetische Faktoren.

Es zeigt sich also, dass naturwissenschaftliche Theorien sich ändern können, und dass Naturwissenschaften keine absoluten Wahrheiten hervorbringen. Naturwissenschaften stellen – wie erwähnt – Hypothesen auf und sehen zu, ob diese sich bewahrheiten (verifizieren) lassen oder sich als falsch herausstellen (falsifizierbar sind). Die Theologie stellt hingegen keine Theorien auf, ob es Gott gibt oder nicht und versucht dann, eine solche Theorie zu verifizieren oder falsifizieren (das geht gar nicht), sondern sie geht im Judentum und Christentum davon aus, dass Gott der Schöpfer der Welt ist und sich in dieser Welt gezeigt hat, und sie versucht unter anderem darüber nachzudenken, ob eine solche Vorstellung von Schöpfung und Offenbarung möglich ist und sinnvoll gedacht werden kann. Sie macht als Geisteswissenschaft auch keine Experimente, und die Bibel ist kein naturwissenschaftliches Buch.

So ist die Evolutionstheorie ein naturwissenschaftlicher Zugang zur Interpretation der Welt und die Theologie ein geisteswissenschaftlicher. Beide haben unterschiedliche Methoden und Problemstellungen. Die Evolutionstheorie fragt, *wie* die Welt sich womöglich entwickelt hat und die Theologie fragt, *warum* es sie überhaupt gibt. Beide können sich also gar nicht widersprechen, weil ihre Fragen ganz andere sind. Aus theologischer Sicht schmälert es nicht die Größe Gottes, wenn man davon ausgeht, dass er etwas ins Sein setzt, was sich dann selbst weiter entwickelt und transzendiert (Selbsttranszendenz), und was das heliozentrische Weltbild mit der Sonne im Mittelpunkt angeht, ist es sogar plausibler davon auszugehen, dass die Sonne als Licht der Welt im Zentrum steht und nicht die Erde. Naturwissenschaftliche Theorien können das theologische Denken befruchten, das Staunen vor der Größe Gottes befruchten und sogar neue Aspekte eines Gottesbildes aufzeigen.

Bei ihrer Suche nach der „Wahrheit" entdeckt die Naturwissenschaft immer wieder Neues, aber die ganze „Wahrheit" erkennt sie nie. Das Ganze entzieht sich ihrem Zugriff. Das Ganze ist nur vom Ganzen her zu erkennen und nicht aus der empirischen Forschung von den Einzelteilen her. In allen „Einzelerkenntnissen" zeigt sich aber eine andere Art von Wahrheit, die eigens reflektiert werden kann: Die Naturwissenschaft und die Naturwissenschaftler gehen nämlich *implizit* davon aus, dass die Welt *geordnet* ist, sonst könnten sie gar keine Naturwissenschaft betreiben. Nur wegen dieser Ordnung ist es möglich, weltweit Forschungsergebnisse zu vergleichen: Zellen, Gewebe, Organe wachsen bei gleichen Bedingungen in Europa genauso wie in den USA und in China. Das ist ja der Siegeszug der modernen Naturwissenschaften. Sie funktionieren auf der ganzen Welt, unabhängig von kulturellen Kontexten.

Allerdings bedeutet diese Ordnung nicht, dass alle physiologischen Abläufe bereits genau festgelegt sind. Die Ordnung im Lebendigen ist keine festgelegte Starrheit, sondern höchste Form von Flexibilität, Komplexität, ständiger Wechselwirkung und Dialog. Gerade die Erkenntnisse der modernen Biologie bringen im Kontext der Genetik viel von diesem Wechselwirkungsgeschehen ans Licht. Denn die Gene enthalten nicht die ganze Information für den Organismus. Sie sind nur die Grundinformation und müssen ständig an- und abgeschaltet, aktiviert und inaktiviert werden. Nur in diesem ständigen Wechselwirkungsgeschehen entsteht Information für den Organismus (worauf später genauer eingegangen wird.) Diese Prozesse sind hochkomplex und laufen in jeder Sekunde im Organismus milliardenfach und unbemerkt ab. Sie geschehen „von selbst", selbstverständlich und ohne Geräusch. Erst wenn die Prozesse entgleisen, nimmt man sie als Krankheit oder Schmerz wahr. Gesundheit merkt man nicht, Krankheit wird spürbar.

Ordnung und Spielraum, Ordnung und Zufall, Ordnung und Freiheit gehen Hand in Hand. Gerade dieses Zusammen von Ordnung und Spielraum, Ordnung und Zufall macht das Lebendige aus. Gäbe es die Ordnung nicht und herrschte nur der Zufall, gäbe es den Zufall nicht mehr. Denn gäbe es nur Zufall, wäre der Zufall aufgehoben. Zufall kann es nur im Kontext von Ordnung geben. Außerdem würde im Kontext des dauernden Zufalls kein Organismus mehr funktionieren. Das Herz muss immer schlagen und das Auge immer sehen. Es darf nicht plötzlich anfangen zu hören. Gäbe es andererseits innerhalb der Ordnung nicht den Spielraum, die Veränderbarkeit und die „Freiheit", gäbe es keine Weiterentwicklung. Alles wäre starr festgelegt. Beides also ist notwendig: Ordnung und Freiraum. Noch einmal anders: Wäre alles zufällig und beliebig, käme die Ordnung durcheinander und der Mensch hätte nie entstehen können. Eine derartige Unordnung zeigt sich zum Beispiel bei Krebserkrankungen.[2] Bei diesen Erkrankungen ist die Ordnung gestört und Zellen aus der Lunge tauchen plötzlich im Gehirn auf. Da gehören sie nicht hin. Diese Zellen nennt man Metastasen. Eine solche Unordnung ist mit dem Leben nicht vereinbar.

Auch im Kosmos herrscht diese Ordnung: die Sonne geht jeden Morgen im Osten auf und nicht mal im Süden, mal im Westen oder mal im Norden. (Wir wissen längst, dass die Sonne überhaupt nicht aufgeht, sondern dass die Erde sich dreht und es so aussieht, als ginge die Sonne auf.) Ginge sie morgen im Süden und übermorgen im Westen auf, hörte die Welt auf zu existieren. So gibt es eine Ordnung im Kosmos, in der Natur, im Organismus, im Inneren des Menschen, auch im menschlichen Geist. Dort ist es die Ordnung der Logik und des logischen Denkens, das sich nicht in Widersprüchen bewegen darf. So ist die Ordnung auf jeder Ebene eine andere und dennoch durchzieht sie das ganze Sein. Sie besteht im Kosmos in der Ordnung der Planeten und Sterne, im Lebendigen in einem ständigen Wechselwirkungsgeschehen zur Aufrechterhaltung eines dynamischen Gleichgewichtes im Organismus und im menschlichen Geist in der Logik des Denkens und der Ausrichtung auf den logos.

Die Ordnung ist im biologisch Lebendigen vorgegeben und muss gleichzeitig im Lebensvollzug immer wieder eingeholt werden. Das erfordert Aufwand und „Arbeit". Das Tote neigt zur je größeren Unordnung, wie die Physik herausgearbeitet hat. Diese Tendenz zur Unordnung wird als Entropie bezeichnet. Im Lebendigen muss dieser Neigung zur Unordnung durch Energiezufuhr immer wieder entgegengewirkt werden. Daher spricht man auch von negativer Entropie im Lebendigen.[3] Diese Ordnung und die Tendenz zur Unordnung gibt es in anderer Weise auch im Seelischen und im Geistigen. Auch dort neigt das „Tote" im übertragenen Sinn zu Unordnung, Zerstreuung und Desintegration. Dieser Tendenz zur seelisch-geistigen Zerstreuung und Desintegration muss ebenfalls durch je neue Integrationsarbeit entgegengearbeitet werden.

Im Griechischen wird die Kraft zur Desintegration und Zerstreuung mit dem Begriff des Dia-bolos belegt (dia-bolos kommt von dia-ballein: zerstreuen, auseinanderreißen). Diesem Begriff steht jener des Sym-bols (von sym-ballein zusammenwerfen) gegenüber. Er weist auf die integrierenden Momente des Lebens hin. Es wird im Laufe des Buches zu zeigen sein, wie die desintegrierenden Kräfte im Menschen je neu zusammengehalten und integriert werden können und was diese Integrationsarbeit mit dem Begriff des Symbols zu tun hat.

2. Die Vieldimensionalität des Lebens und der Selbststand

Das menschliche Leben hat viele Dimensionen. Das ist eine triviale Aussage. Spannend aber wird die Frage, wie diese Dimensionen sich gegenseitig im Leben durchdringen. Wissenschaftstheoretisch müssen die verschiedenen Ebenen von Naturwissenschaft, Medizin, Psychologie, Soziologie, Philosophie und Theologie genau auseinandergehalten[4] werden und greifen doch im konkreten Leben ineinander. Die Naturwissenschaften versuchen, die Welt und die Einzeldinge in ihrer Ausdehnung und Messbarkeit zu erfassen (res extensa bei René Descartes), die Geisteswissenschaften befassen sich mit dem Nicht-Ausgedehnten und Nicht-Messbaren des menschlichen Geistes (res cogitans). Diese Sichtweise des Descartes impliziert zwar einen Leib-Seele-Dualismus in der Unterscheidung von Geist und Materie, aber diese Unterscheidung ist zunächst geeignet, um die unterschiedlichen Perspektiven aufzuzeigen. Sie wachsen heute mehr und mehr zusammen.

Es gibt Phänomene im Leben, die sich der Messbarkeit und Wägbarkeit entziehen. Es wäre unsinnig, das Gewicht oder die Zentimeter von Gedanken oder von Liebe und Treue bestimmen zu wollen. Im menschlichen Lebensvollzug existiert beides zugleich: die messbaren physiologischen Veränderungen im Organismus (Zellveränderungen, Blutwerte, Hormone) und die nichtmessbaren Phänomene wie Liebe, Treue, Vertrauen, Wahrheit. Außerdem gibt es noch die emotionale Gefühlsebene, die von der Psychologie betrachtet wird. Alle Dimensionen sind im Menschen gleichzeitig „da", sie dürfen wissenschaftlich gesehen nicht vermischt, im Lebensvollzug aber auch nicht von einander getrennt werden. Auch hier gilt: unvermischt und ungetrennt.

Eine naturwissenschaftlich geprägte Welt geht oft davon aus, dass nur das existent ist, was messbar ist und übersieht dabei, dass die größere Zahl von alltäglichen Vollzügen des menschlichen Miteinanders gerade nicht messbar ist. Es sind dies die geistigen Vollzüge und die täglichen personalen Begegnungen. Jeder Gedanke, jedes Versprechen, jede Liebe und Treue sind in dem Sinne zunächst nicht messbar. Zwar versucht die Hirnphysiologie immer wieder, auch den Vollzug des Denkens messbar zu machen und die hirnphysiologischen Veränderungen beim Denken und Fühlen darzustellen. Aber mit diesen Messungen erfasst man nur die „Außenseite" eines Gedankens oder eines Gefühls, nicht aber den Gedanken, das Gefühl oder das Phänomen der Liebe selbst. Das Messbare ist die objektive Sicht auf ein Phänomen (auch als die „Dritte-Person-Perspektive" bezeichnet), während das subjektive Erleben und der subjektive Vollzug („Erste-Person-Perspektive) kaum messbar ist.

So sehr es hilfreich ist, hirnphysiologische Veränderungen im Gehirn liebender Menschen, meditierender Mönche oder betender Menschen aufzuzeichnen, so wenig erfasst man doch die Liebe als Liebe oder das Gebet als Gebet. Man kann auch bestimmte Konfliktsituationen im Gehirn darstellen, aber damit ist der Konflikt noch nicht als Konflikt in seiner existentiellen Bedeutung für zwei Menschen begriffen. Man erfasst nur eine Korrelation zwischen Gedanken und hirnphysiologischen Veränderungen, nur die äußeren Wirkungen eines inneren Geschehens. Vor allem kann man nicht sagen – wie manche Hirnphysiologen es tun – dass die Veränderungen im Gehirn die *Ursache* für den Gedanken, den Konflikt, die Tat, die Liebe sind. Man kann nur von einer Korrelation zwischen Gedanken und Veränderungen im Gehirn sprechen.[5]

Will man bis hierher eine Zusammenschau der verschiedenen wissenschaftlichen Zugänge zum Menschen (Naturwissenschaften, Psychologie, Soziologie, Medizin, Philosophie, Theologie) im Blick auf den konkreten Lebensvollzug des Menschen wagen, kann man es so sehen: Der Mensch hat naturwissenschaftliche Grundlagen (z. B. Genetik, Epigenetik, Geschlecht), er hat psychische Prägungen durch Eltern und Vorfahren (Beziehung zu den Eltern, Ängste, Konflikte) und er hat einen menschlichen Geist (er ist ein Geistwesen), der sich philosophisch und theologisch mit Fragen nach dem Sinn des Lebens und den letzten Gründen des Seins auseinandersetzen kann. Die natürlichen Vorgaben sind dem Menschen mitgegeben, sein Leben ist ihm als Aufgabe aufgegeben. Im Leben gibt es –

wissenschaftlich gesehen – die naturwissenschaftlich messbare und verallgemeinerbare Dimension im Menschen, die psychisch individuell geprägte, die mit anderen individuellen Prägungen verglichen werden kann und die geistige, die im Lebensvollzug etwas Einmaliges und Unvergleichbares enthält: Jeder Mensch hat seine eigenen Gedanken, seine individuelle Lebensführung, seinen eigenen Namen, seine Identität und Berufung, seine je individuelle Krankheit und letztlich stirbt er auch seinen eigenen Tod. Niemand kann ihn dabei vertreten.

Allerdings vermischen sich gerade heutzutage die Ebenen des Verallgemeinerbaren und des Individuellen immer mehr. Gerade die naturwissenschaftlichen Forschungen im Bereich der Medizin, die eigentlich alles zu verallgemeinern suchen, nehmen gegenwärtig immer mehr das Individuelle in den Blick. Sie erkennen, dass jeder Mensch ein ganz individuelles Genom hat und zum Beispiel Arzneimittel wegen dieser Unterschiedlichkeit in jedem Menschen anders wirken. Das Fachgebiet der Pharmacogenomics befasst sich mit diesem Einmaligen. Man spricht immer mehr von individualisierter Medizin, die sich mit dem Individuellen im Blick auf die genetische Ausstattung befasst. Philosophisch-theologisch umfassender muss man von einer personalisierten Medizin sprechen, die sich dem ganzen Menschen mit seiner Innenwelt, Umwelt und seiner seelisch-geistigen Verfasstheit zuwendet. So gibt es verallgemeinerbare Phänomene im Menschen, die wissenschaftlich gesehen vergleichbar sind, aber es ist doch immer der eine, individuelle und einzigartige Mensch, der krank ist, sich freut, denkt und fühlt.

Die Einzigartigkeit des Menschen hat auch mit seinem Geistsein und seiner Vernunftbegabung zu tun. Die geistige Verfasstheit setzt den Menschen instand, sich mit den verschiedenen Dimensionen seines Seins in seinem Lebensvollzug auseinanderzusetzen und sie zu einer Einheit zu integrieren. Er kann seine genetischen Veranlagungen nutzen, sich mit seinem Leben identifizieren oder es ablehnen, er kann ein gutes Selbstverhältnis aufbauen und seine elterlichen Prägungen in sein Leben integrieren oder sich dagegen wehren. Der Mensch kann auf Grund seiner Geistverfasstheit auch über sein ganzes Leben und den Tod nachdenken. Der Geist ragt von sich aus über den Tod hinaus und in den Bereich jenseits des Lebens hinein. Er übersteigt die Endlichkeit der Welt. Der Mensch, der seine Existenz und die Welt als *endlich* erkennt, ist mit seinem Geist schon darüber hinaus. Er ist schon im Raum des Absoluten, sonst könnte er die Grenze nicht als *Grenze* erkennen, so hat es Hegel formuliert.

Der Mensch kann nicht nur nach draußen über die Endlichkeit hinausschauen, sondern auch nach innen. Er kann in jeder Re-flexion (reflectere, sich zurückbeugen) und inneren Versammlung in einer schrittweisen Distanzierung von den Dingen langsam zu sich selbst zurückkehren und bei sich sein. Die Tradition nennt das die vollständige Rückkehr zu sich selbst. In dieser Rückkehr zu sich selbst überschreitet der Mensch sich ebenfalls auf einen letzten Grund hin und findet diesen letzten Grund in sich. In ihm findet er seinen inneren Halt und Selbststand und lernt von dort aus, es mit sich selbst auszuhalten. Das Selbststand-Finden und das Mit-sich-Aushalten hat Seneca etwas anders ausgedrückt: Es ist das Zeichen des geordneten Geistes, dass er es mit sich selbst aushält: „Für den ersten Beweis eines geordneten Geistes halte ich das Stehen-Bleiben-Können und Mit-Sich-Verweilen."[6]

Dieses Mit-sich-selbst-Aushalten, Mit-sich-allein-sein-Können und seinen Selbststand in sich finden ist die Bedingung der Möglichkeit für gelingende Beziehungen. Nur wer es mit sich selbst aushält, wird es auf Dauer auch mit anderen aushalten. Ohne dass der Mensch seinen Selbststand erlangt – und diesen erreicht der Mensch nur, wenn er sich selbst überschreitet und im Absoluten seinen tragenden Grund und letzten Halt findet (s. u.) –, steht der Mensch immer in der Gefahr, andere oder anderes zu verabsolutieren oder als fremd abzulehnen. Wenn die innere Souveränität oder der Selbststand fehlen und das sichere In-sich-Stehen nicht entwickelt ist, wird das Fremde immer als etwas Bedrohliches erlebt und abgelehnt werden. Das In-sich-Halt-Finden ist deshalb so wichtig, da es dem Menschen Stand und „Sicherheit" verleiht, es mit sich selbst auszuhalten, den anderen in seiner Andersartigkeit zu „ertragen" und – bei Freundschaften und Beziehungen – den anderen nicht durch Verabsolutierung zu überfordern. Der mangelnde Selbststand, die mangelnde innere Sicherheit und die Verabsolutierung des anderen stört zwischenmenschliche Beziehungen und letztlich auch die Freiheit des Menschen. Denn diese bedeutet über die Handlungsfreiheit und Willensfreiheit hinaus auch die Freiheit von bestimmten Abhängigkeiten, die den Menschen hindern, sein inneres Wesen und seine Berufung leben zu können.[7]

3. Die Frage nach dem letzten Grund

Der Mensch kann in seinem tiefsten Inneren den letzten Grund finden, der ihm Halt gibt, der ihn trägt und frei werden lässt von anderen Abhängigkeiten. In seinem tiefsten Seelengrund trifft der Mensch auf das Absolute. Dieses Absolute und dieser letzte Grund ist aber auch der Horizont des gesamten Seins und aus jüdisch-christlicher Sicht ein personaler Grund. Er ist im Menschen „da" und gleichzeitig als Grund der Welt gegenwärtig. Nach einem solchen Grund haben die Menschen Jahrtausende lang gesucht. Aber sie wussten nicht, ob es ihn gibt und wie er „aussieht". (Der deutsche Begriff „Grund" taucht zum ersten Mal in der mittelalterlichen Mystik als Seelengrund auf. Der Mensch, der nach Begründungen sucht und immer weiter sucht, kommt schließlich auf einen letzten Grund, und diesen nennen alle Gott, so formuliert es Thomas von Aquin. Diesen letzten Grund findet der Mensch als Grund der Welt und als Seelengrund in sich selbst.)

Dieser Grund beginnt sich nach der Auffassung des Judentums und Christentums im Laufe der Geschichte schrittweise zu zeigen und zu offenbaren. Der Gott Jahwe tritt aus seinem dunklen Seinsgrund und seinem „Versteck" hervor und – so die Meinung des Judentums – beginnt zu sprechen. Dieses Sprechen ist nicht nur eine Mitteilung im Sinne der Weitergabe einer Information, sondern Gott fängt an, sich selbst mitzuteilen und sein Leben mit den Menschen zu teilen. Er sagt, wer er ist: „Ich bin der ich bin", der „Ich-bin-Da" (Ex 3,14). Das heißt, er ist das Da-sein, das Sein, er ist der, der er ist und auch das Für-den-anderen-da-Sein.

Dieses Sprechen Gottes, das Wort Gottes, das zunächst noch anfanghaft und distanziert ist (niemand hat Gott je gesehen) beginnt sich später - so die Auffassung des Christentums - dem Menschen genauer zu zeigen und zu offenbaren. Das Sprechen Gottes vermenschlicht sich, das Wort

Gottes wird Mensch, kommt dem Menschen entgegen und macht ihm vor, wie Leben geht. „Ich bin das Leben" (Joh 14,6). Dieses „Wort" Gottes, das sich im irdischen Leben zeigt, heißt im Griechischen „logos". Der logos zeigt sich in dieser Welt als Mensch, er zeigt sich in jedem Menschen und erweist sich als Grund der Welt. Daher heißt es im Johannesevangelium: Im Anfang war der logos, im Anfang war das Wort (Joh 1,1-2).

Bewusst heißt es: „Im Anfang" war das Wort und nicht „Am Anfang". Es geht nicht um den Anfang der Welt, den man eher mit dem Begriff des Beginns belegen müsste, sondern es geht um das je neu Anfanghafte und Ursprüngliche, in dem der absolute Grund „da" ist und der in jedem Moment des Lebens aufspringt und etwas Neues ins Sein setzt, das noch nie da war. Es sagt etwas aus über den letzten Grund des Seins, den das Judentum den Schöpfer nennt: Alles wird täglich erneuert, das Leben lebt von dieser ständigen Erneuerung, die von selbst und ganz still vonstatten geht. Selbst Zellen im Organismus werden unmerklich in jeder Sekunde erneuert, abgebaut, umgebaut, neu gebaut.

Bei Hermann Hesse heißt es: Allem Anfang wohnt ein Zauber inne. Allem Anfang wohnt dieses Neue, Junge, Anfanghafte und Ursprüngliche inne. Jeder Moment des Lebens ist ein solcher Anfang im Kontinuum des schon Gewesenen, Vergangenen und Zukünftigen. Im Jetzt des Augenblicks fallen Vergangenheit, Gegenwart und Zukunft zusammen. Das je neu Anfanghafte und Aufspringende des Ursprünglichen ist das Jetzt der ständigen Gegenwart. Ständige Gegenwart ist Ewigkeit. So ist im Vorbeizug der Zeit das Ewige immer schon „da" und in jedem neuen Moment des Lebens, der noch nie da war, das Bleibende präsent. Das Neue knüpft an schon Bekanntes an, sonst könnte der Mensch sich gar nicht zurecht finden. So ist es neu und doch nicht ganz unbekannt. Jedem Augen-Blick des Lebens wohnt das Anfanghafte des Ur-wortes inne. Man muss es nur entdecken, es ist ganz still.

Dieses Wort ist nach christlicher Auffassung in der Person Jesu Christi Mensch geworden und wohnt auch in jedem Menschen. Daher drückt Augustinus die Anwesenheit dieses Wortes im Seelengrund des Menschen personal so aus: „Du bist mir innerlicher als ich mir selbst bin" und „unruhig ist unser Herz, bis es ruht in Dir".

3. DIE FRAGE NACH DEM LETZTEN GRUND

Wenn dem so ist, dann ist der Mensch derjenige, der auf dieses Ur-Wort ant-worten (gegen-worten) muss. Darin besteht seine tiefste und letzte Ver-ant-wortung.

Nun kann der Begriff „logos" nicht nur mit „Wort", sondern auch mit Logik, Vernunft und Sinn übersetzt werden, und dann meint dies, dass die Welt von einer Art Ur-logik, Ur-vernunft und einem Ur-Sinn durchdrungen ist. Man findet diesen logos in der Ordnung des Kosmos, in der Ordnung und dem Spielraum der lebendigen Natur sowie in der Ordnung und Freiheit der Vernunftnatur des Menschen. Diese Ur-logik und das Ur-Wort durchdringen alles und zeigen sich in allem. Sie müssen nur ent-deckt werden.

Wenn diese Urlogik in allem ist und der Mensch auf den Logos, der sich in der Welt zeigt, antworten muss, dann meint das konkret, dass er in eine bereits vorfindliche Welt hineingeboren wird und daher „nur" der „Gegen-Worter" und nicht der „Worter" ist. Er ist das zweite Glied in der Kette, er ist Geschöpf und nicht Schöpfer. Er muss sich auf die vorfindliche Welt einlassen, kann deren Gesetze erforschen und darüber nach-denken, was die Welt im Innersten zusammenhält. Vor-denken kann er die Welt nicht, sie ist schon „da". Auch ein Vordenker ist in diesem Sinne ein Nachdenker.

Der Mensch muss im konkreten Alltag immer wieder neu auf die ihm begegnenden Ereignisse des Lebens reagieren und kann, wenn es gut geht, sein Leben ein Stück weit selbst mitgestalten. In ständigen Entscheidungen muss er auf das auf ihn Zukommende (Zu-kunft) antworten und kann doch selbst auch Anfänge setzen. Im tiefsten Sinne „machen" kann er die Zukunft nicht. Es kann sein, dass es morgen keine Zukunft mehr gibt. Wenn es sie aber gibt und die Welt nicht untergeht, kann er im Rahmen seiner Vorgegebenheiten anfanghaft etwas Selbstursprüngliches setzen, er ist nicht nur Spielball fremder Mächte.[8]

4. Der Lebensbeginn

Das Leben beginnt ganz still und unscheinbar: Ein menschlicher Same und eine Eizelle vereinigen sich zur Zygote, dann geht alles wie von selbst, zwei Zellen, vier, acht. Es ist ein neues Leben entstanden. Dieses neu entstandene Leben ist einmalig, vor ihm war noch nie eines so und nach ihm wird keines mehr so sein. Es ist es sogar in seiner genetischen Ausstattung, auch aufgrund der epigenetischen Faktoren. Daher unterscheiden sich auch eineiige Zwillinge. Dieses neue Leben hat ein Geschlecht, es ist lebendig, es ist ein Menschenleben und keine Sache. Es weiß nichts von seiner Existenz und wurde auch nicht gefragt, ob es leben will. Das Leben wird ihm zugemutet. Später muss sich der junge Mensch zu seinem Leben, zu sich selbst und zu seiner Umgebung irgendwie verhalten.

Das Spermium findet die Eizelle, indem es durch bestimmte Duftstoffe angelockt wird (Chemotaxis). Spermium und Eizelle wandern im Eileiter aufeinander zu. Es kann passieren, dass aufgrund eines genetischen Defekts ein Spermium die Eizelle nicht findet oder es zu schwach ist, in sie einzudringen. Dann findet keine Befruchtung statt. Nur *ein* Spermium von den vielen Millionen, die auf die Eizelle zuwandern, darf in die Eizelle eindringen. Nach dem Eindringen des einen Spermiums verschließt sich die Eizelle. Gelangt ein zweites Spermium hinein, ist dies mit dem Leben nicht vereinbar.

Die Eizelle hat eine sehr dicke Hülle, so dass nur gesunde Spermien eindringen können. Haben Spermien zum Beispiel einen genetischen Schaden und können die Eizellhülle nicht durchdringen, findet keine Befruchtung statt. Die Medizin kann hier zwar nachhelfen und mit Hilfe einer Spritze ein Spermium in die Eizelle einbringen (intracytoplasmatische Spermieninjektion, ICSI). Sie kann aber das eingebrachte Spermium vorher nicht genetisch untersuchen, da es bei der Untersuchung zerstört würde. So gelangt möglicherweise ein genetisch geschädigtes Spermium in die Eizelle, so dass bei den späteren Kindern Schäden entstehen können.[9]

4. DER LEBENSBEGINN

Es beginnt ein stiller, geräuschloser, von selbst ablaufender, komplizierter physiologischer Prozess. Die erste Zelle teilt sich, es entstehen zwei Zellen, dann vier, dann acht. Es geschieht das, was Aristoteles „Selbstbewegung" nennt. Der Begriff meint, dass sich das Leben jetzt von selbst weiter entwickelt und von innen her Gestalt wird. Die Zygote (erste Zelle) und der Embryo wachsen und die Zellen differenzieren sich in die etwa 220 verschiedenen Zelltypen, die ein erwachsener Mensch hat. Die Zygote hat bereits eine aktive Potentialität, das heißt, sie hat alles in sich, was sie zur Entwicklung hin zum Embryo und zur weiteren Entwicklung braucht. Von außen bedarf sie nur der Nahrung und der richtigen physiologischen Umgebung. Diese aktive Potentialität führt zu einem Lebens- und Entfaltungsprozess, der nicht zu stoppen ist. Um ihn zu stoppen, muss man den Embryo töten. Leben ist ständige Veränderung. Und Veränderung braucht zwei Prinzipien: ein sich änderndes und ein sich durchhaltendes. Das erste nannte Aristoteles „Materie", und dasjenige Prinzip, das sich im Innersten des sich verändernden Lebendigen durchhält und die Identität des Seienden ausmacht, nannte er Seele.

Das sich entwickelnde Leben drängt nach vorne, nach Wachstum, Veränderung, Differenzierung und schließlich nach Geborenwerden. Es ist ein unumkehrbarer Prozess, eine Einbahnstraße. Es geht nur in eine Richtung nach vorne und nicht zurück, es drängt nach vorne und nach draußen. Der Embryo und der spätere Fetus (ab dem dritten Monat so genannt) entwickeln sich als Mensch und nicht erst zum Menschen. Der aktiven Potentialität der Zygote, des Embryos und des Fetus, die zur Selbstentfaltung führt, steht die passive Potentialität von Samen und Eizelle gegenüber. Diese besitzen jeweils nur den halben Chromosomensatz und bedürfen daher des jeweils anderen, um lebensfähig zu sein. Allein sind sie es auf Dauer nicht.

Der neu entstandene Embryo hat bereits anfanghaft etwas von einem „Selbst"[10]. Zwar beginnt die Umsetzung der eigenen genetischen Information in konkrete Eiweißstoffe (Genexpression) nach Meinung einiger Autoren erst zwischen dem Vier- und Achtzellstadium[11]. Aber die Selbststeuerung im Sinne eines eigenen Stoffwechsels des Embryos beginnt bereits früher:

„Die Selbststeuerung des Embryos beginnt nicht erst im Achtzellstadium, in welchem die Aktivierung der embryonalen DNA zur Transskription beobachtet wird; sie erfolgt wahrscheinlich schon im Pronukleusstadium, spätestens aber in der Zygote, die sich in einem durch die Zona pellucida begrenzten Reaktionsraum befindet und ihren eigenen Stoffwechsel hat. Als Folge dieses Stoffwechsels und der eigenen Proteinsynthese wird der Vorrat an mütterlicher mRNA allmählich verbraucht. Schließlich wird die Transskription der eigenen DNA angeschaltet. Die Selbstorganisation beginnt mit dem eigenen Stoffwechsel im Reaktionsraum der Zona pellucida."[12]

Der Embryo ist auf diese Selbststeuerung und eine anfanghafte Eigenaktivität angewiesen. Denn er hat die Hälfte des genetischen Materials vom Vater und dieses müsste eigentlich vom Immunsystem der Mutter als fremd erkannt und der Embryo abgestoßen werden. Offensichtlich kann sich aber der Embryo durch seine Selbststeuerung und Eigenaktivität vor dieser Abwehr des mütterlichen Immunsystems schützen. Wie das funktioniert, ist noch nicht ganz geklärt.[13] Aber es wurde zum Beispiel bei der „Maus schon wenige Stunden nach der Befruchtung ein immunsuppressiver Faktor (EPF: Early Pregnancy Factor) gefunden, der das Immunsystem der Mutter unterdrückt und eine Abstoßungsreaktion verhindert".[14]

Die Zygote und der spätere Embryo müssen also nach der Verschmelzung von Samen und Eizelle ihr eigenes Programm aktivieren und der Mutter signalisieren, dass sie ihn nicht abstoßen soll. Im Blick auf die Veränderungen bei der Mutter und die Individualität des Embryos formuliert Günter Rager: „Der Austausch der Signale führt unter anderem dazu, dass der mütterliche Organismus sich auf Schwangerschaft einstellt (humanes Choriongonadotropin, HCG) und verhindert, dass der Embryo bei der Einnistung in den Uterus als Fremdkörper angesehen und abgestoßen wird (early pregnancy factor, EPF)."[15]

Der neu entstandene Organismus agiert also von Beginn an als eine Einheit und „sendet an die Mutter Signale, die den embryo-maternalen Dialog einleiten und zur Steuerung (Synchronisation) und Feinabstimmung des embryonalen und mütterlichen Systems beitragen".[16] Hier findet auf einer ganz physiologischen Ebene ein erster „Dialog" und eine erste „Kommunikation" im Sinne einer Wechselwirkung zwischen Embryo und Mutter statt. Ohne eine solche Kommunikation wäre ein Überleben des Embryos nicht möglich.

Daher ist die Rede vom Lebensbeginn, der erst mit der Implantation in die Gebärmutter anzusetzen ist, biologisch nicht schlüssig, da der embryo-maternale „Dialog" *vor* der Implantation als Bedingung der Möglichkeit für die Einnistung des Embryos beginnen muss. Der menschliche Embryo durchläuft dann eine typisch menschliche Entwicklung. Neben der Selbstbewegung und Gestaltwerdung des Embryos findet eine Ortsbewegung statt. Er wandert vom Eileiter zur Gebärmutter. Selbstbewegung im Sinne des inneren Wachstums und Ortsbewegung gehören zusammen. Die Zygote wächst heran und die Zellverbindungen verdichten sich. Der sich entwickelnde Embryo darf nach außen hin nicht an Größe zunehmen, sonst bleibt er bei der Wanderung zur Gebärmutter im Eileiter stecken. So gehören Wachstum, Verdichtung und Kompaktierung zusammen.

Nach der Entstehung der Zygote beginnt einige Stunden später die erste Zellteilung. Bald danach folgen die nächsten. Diese Zellteilungen gehen „von selbst" und aus sich selbst heraus, nahezu selbstverständlich. Die Teilungen gehen immer weiter, nichts kann sie stoppen, nur der Tod. Mancher Biologe fragt sich, woher die Zellen „wissen", dass sie sich teilen müssen und wie sie sich teilen müssen, damit Leber-, Gehirn- oder Muskelzellen entstehen. Mancher Biologe fragt sogar, wie eine Zelle „denkt" und wie sie mit anderen Zellen kommuniziert. Denken und Kommunizieren sind eigentlich geisteswissenschaftliche Begriffe. Zellen denken nicht, aber sie kommunizieren miteinander und tauschen sich über Hormone, Zellmembranen und haptische Kontakte aus. „Solange diese vier Funktionen (Vermehrung, Stoffwechsel, Abgrenzung, Kommunikation) aufrecht sind, lebt die Zelle."[17] Aufgrund dieser Kommunikation ist die Frage nach dem Denken der Zellen nicht falsch gestellt, denn offensichtlich wohnt dem biologischen Leben, zumal dem menschlichen, ein gewisser „Geist", ein logos, eine Urlogik und Urvernunft inne.

Dass die Zellteilungen reibungslos vonstatten gehen, ist gar nicht selbstverständlich. Denn bei jeder Zellteilung muss das genetische Material im Zellkern sowie das gesamte Zytoplasma, das um den Zellkern herum gruppiert ist, verdoppelt werden. Dann muss die Zellteilung akkurat und vollständig vonstatten gehen, so dass wirklich zwei neue Zellen entstehen. Diese Zellteilungen finden nicht nur in der Embryonalentwicklung statt, sondern ständig auch im ausgewachsenen Organismus. In jeder Sekunde werden Milliarden Zellen neu produziert, sie werden aufgebaut, abgebaut, umgebaut. Bei all diesen Verdoppelungs-, Abschreibe- und Teilungsprozessen können Fehler passieren. Diese Fehler werden im Organismus aber repariert oder aber die Zellen werden ausgesondert, wenn die Reparatur nicht gelingt (Apoptose). Der Organismus hat eine Vielzahl von „checkpoints", an denen jede Zelle, bevor sie in den Kreislauf gelangt, auf ihre Funktionstüchtigkeit hin untersucht wird.

Bei der milliardenfachen Anzahl dieser Zellteilungen und Vermehrungsschritte ist es nicht verwunderlich (eher sogar wahrscheinlich), dass einmal einer dieser Schritte nicht funktioniert und der Fehler nicht repariert wird. Es können genetische Veränderungen eintreten, Mutationen auf den Chromosomen stattfinden oder Chromosomen falsch verteilt werden. Wenn zum Beispiel ein Chromosom in der Zelle zuviel ist, entstehen Schäden beim Embryo. Die bekannteste Krankheit ist die Trisomie 21, bei der das Chromosom 21 dreimal vorhanden ist (Down Syndrom).

Hat der Embryo einen *genetischen* Schaden, *kann* dieser zu einer Krankheit führen, *muss* aber nicht. Das hängt mit dem physiologischen Mechanismus zusammen, dass Gene aktiviert und inaktiviert werden müssen. Nur aktivierte kranke Gene führen zu einer Krankheit. Wird ein geschädigtes Gen nicht aktiviert, entsteht auch keine Krankheit. Bei der Vielzahl der milliardenfachen Zellteilungsprozesse sind Abschreibefehler statistisch gesehen viel wahrscheinlicher als das Gelingen dieser Prozesse. All diese Mechanismen laufen „von selbst" und nahezu selbstverständlich ab, aber selbstverständlich sind sie gerade wegen der hohen Fehlerwahrscheinlichkeit nicht. Es sterben auch immer wieder Embryonen ab.

Ab dem Achtzellstadium beginnen sich die Zellen in die etwa zweihundertzwanzig verschiedenen Zelltypen zu differenzieren. Diese Differenzierung geschieht ebenfalls dadurch, dass einzelne Gene ab- und andere angeschaltet werden. Jede Zelle enthält dieselben etwa dreißigtausend Gene (Ausnahme Same und Eizelle und einige andere Zelltypen). Durch das Abschalten einzelner Gene entstehen die verschiedenen Zelltypen. Man nennt diesen Prozess Methylierung (da Methylgruppen an die Gene angeheftet werden) oder auch Imprinting, da jeder Zelltyp seinen individuellen Fingerabdruck bekommt. Es ist etwa so wie bei einer Flöte, bei der unterschiedliche Töne herauskommen, je nachdem welche Löcher offen oder geschlossen sind. Da die Zellen alle dieselbe Grundinformation haben und lediglich in den unterschiedlichen Zelltypen je anders geschaltet sind, können womöglich geschädigte Zellen durch andere Zellen von einem ursprünglich anderen Zelltypus ersetzt werden. Sie können womöglich umprogrammiert werden.

Ein Zelltyp ist bei dieser Zelldifferenzierung ganz eigenartig: Er fängt irgendwann einmal an zu zucken. Diese Kontraktionen vollzieht er dann siebzig Mal in der Minute und dies oft siebzig oder achtzig Jahre lang. Es sind dies die Herzzellen. Diese Zellen kontrahieren sich *von selbst*, das Herz schlägt von selbst, niemand weiß genau warum, selbst wenn man die physiologischen Mechanismen kennt. Wenn es nicht mehr schlägt, kann die Medizin es nach einem Herzstillstand manchmal wieder zum Schlagen bringen. Man nennt diesen Vorgang eine re-anima-tion, was wörtlich bedeutet: die Seele zurückgeben. Dem Organismus wird im übertragenen Sinn die Seele im Sinne der Lebenskraft zurückgegeben, indem das Herz wieder anfängt zu schlagen. Dann aber muss es wieder von selbst schlagen, machen kann der Mensch den Herzschlag nicht. Auch dies ist ein „Von selbst", etwas vermeintlich Selbstverständliches. Aber selbstverständlich ist es nicht. Bei der millionenfachen Schlagzahl des Herzens ist die Wahrscheinlichkeit, dass es zwischendurch einmal aufhört zu schlagen, sehr viel größer.

Um den dritten Monat herum sind die Organe und das Gehirn angelegt. Jetzt finden kaum noch Zelldifferenzierungen statt, sondern der Embryo, der ab jetzt Fetus genannt wird, wächst nur noch heran. Das erste Sinnesorgan, das sich entwickelt, ist das Ohr. Der Embryo beginnt zu hören und nimmt den Rhythmus des Herzschlages der Mutter wahr. Die Wahrnehmung des jungen Menschen beginnt also mit der Wahrnehmung eines Rhythmus'. Spätestens jetzt (wahrscheinlich schon früher) beginnt auch der emotionale Dialog mit der Mutter. Der Fetus wird in ihren Rhythmus mit hineingenommen, die pränatale Psychologie weiß einiges davon. Hier werden erste Weichen für die weitere Biographie des Menschen gestellt.

Dass die Zelldifferenzierungen durch die erwähnten Abschaltmechanismen geschehen, bedeutet, dass die Information für den Organismus nicht allein in den Genen liegt, sondern verteilt ist auf die genetische Grundinformation und die epigenetische Schaltinformation aus der Umgebung (Epigenetik). Diese die Gene an- und abschaltenden Faktoren sind zum Teil bekannt, zum Teil noch unbekannt. Sie liegen auf den Chromosomen in den Bereichen zwischen den Genen (diese Abschnitte hat man bisher für billiges Zeug gehalten, cheap junk), sie liegen im Zytoplasma der Zellen, sie bestehen in der Interaktion zwischen den Genen selbst und den Genen mit den Proteinen. Im erwachsenen Organismus reichen diese Interaktionen bis zum Nervensystem und zum menschlichen Gehirn. „Auch das Gehirn ... nimmt direkten Einfluß darauf, welche Gene einer Zelle aktiviert und welche Funktionen von der Zelle infolgedessen ausgeführt werden."[18] Die Information liegt aber nicht nur in den Genen (DNS, Desoxyribonucleinsäure) und ihrer Umgebung, sondern vor allem auch in der Ribonucleinsäure (RNS). „Information und Stoffwechsel. Die zwei wichtigsten Eigenschaften des Lebens. Beide in einem Molekül"[19], nämlich der RNS.

Es findet also eine ständige Wechselwirkung statt zwischen den Genen, zwischen Genen und Proteinen, zwischen Genen und ihrer Umgebung, zwischen DNS und RNS, zwischen den Zellen sowie der Umgebung der Zellen, zwischen dem ganzen Organismus und den Zellen, den Genen und Proteinen sowie der Umgebung des Organismus. Auch die soziale Umwelt, die Ernährung und die Innenwelt des Menschen mit seinem Denken und Fühlen haben Einfluss auf diese genetischen Interaktionen. In der Embryonalentwicklung wird das Genom durch diese ständigen Interaktionen erst langsam geformt und dabei müssen die genetische Grundinformation und die epigenetische Schaltinformationen genau aufeinander abgestimmt sein, damit die Zelldifferenzierung beim Embryo geordnet abläuft. Verläuft sie ungeordnet, entstehen Missbildungen. Eine solche *un-*

geordnete Zelldifferenzierung findet zum Beispiel statt, wenn man aus einem fünf Tage alten Embryo Zellen entnimmt und diese Zellen zu embryonalen Stammzellen verwandelt, um sie zu therapeutischen Zwecken beispielsweise bei Patienten mit Parkinson, Diabetes, Krebs, Alzheimer zu verwenden.

Transplantiert man diese jungen fünf Tage alten Zellen in den anderen Organismus des Patienten, dann bleibt zwar die genetische Grundinformation zur Zelldifferenzierung bestehen, aber diese Zelldifferenzierung läuft jetzt wegen der anderen Umgebung im Patienten („Schaltinformation") *ungeordnet* ab. Und eine ungeordnete Zelldifferenzierung ist das, was man als Krebs bezeichnet. Daher haben bisher seit zehn Jahren alle Therapieversuche (weltweit) mit diesen jungen und unreifen Zellen, die man embryonale Stammzellen nennt, zu Krebserkrankungen geführt.

Schon auf dieser physiologischen Zellebene sieht man, dass die Information im Organismus nicht eindimensional starr festgelegt ist, sondern sich als ein ständiges Wechselwirkungs- und Interaktionsgeschehen darstellt zwischen genetischer Grundinformation und epigenetischer Schaltinformation. Das Genom des Menschen scheint sich in der Embryonalentwicklung erst langsam zu formen, es liegt nicht starr fest, sondern wird erst langsam Gestalt. Dabei spielt offensichtlich das Verhältnis zur Mutter und später auch zum Vater eine wesentliche Rolle. Die drei entscheidenden Phasen dieser Formung sind die pränatale Phase im Mutterleib, die Geburtsphase und die Pubertät.[20]

Interessant ist, dass in der Embryonalentwicklung viele „Aktivitäten" bereits vom Embryo ausgehen. Sie reichen von der schon erwähnten Hormonausschüttung zur Verhinderung der Abstoßung bis hin zum langsamen Sich-Eingraben des Embryos in die Gebärmutter (zwischen 6. und 14. Tag) sowie der Ausbildung der Nabelschnur und der Geburtseinleitung durch den Fetus. Er gibt die Signale zum Beginn der Geburt. Daher sind frühzeitig eingeleitete Geburten und Kaiserschnitte (wenn sie nicht absolut notwendig sind) nicht das Mittel der Wahl, da der Fetus noch nicht zur Geburt reif ist und eine vorgezogene Geburt Stress bei ihm auslöst.

So ist der Entwicklungsprozess von der Zygote bis hin zum geborenen Kind eine Einbahnstraße. Der Organismus entsteht durch die Verschmelzung von Samen und Eizelle, er wächst, wird Gestalt und muss geboren werden. Bleibt er in seiner Entwicklung stehen oder im Geburtskanal stecken, stirbt er ab und vergiftet womöglich den Organismus der Mutter. Der Weg hin zur „Befreiung" aus dem dunklen Mutterschoß, zum „Erblicken" des Lichtes ist unumkehrbar. Lebensentfaltung ist Entwicklung nach vorne und bedarf eines geordneten Wachstums mit zielgerichteter Veränderung. Ohne eine solche Ordnung und Zielgerichtetheit ist der Organismus nicht lebensfähig.

5. Geburt – Neugeborenes

Der Fetus wird geboren, die Nabelschnur durchtrennt, das neugeborene Kind muss selbständig atmen. Dieses Von-selbst-Atmen nennt man Spontanatmung. Sie geschieht „von selbst", man kann sie nicht machen. Man kennt zwar die physiologischen Mechanismen im Atemzentrum im Stammhirn, aber das Phänomen des „Von selbst" taucht auch hier wieder auf. Setzt die Spontanatmung beim neugeborenen Kind nicht ein, müsste es beatmet werden. Auf Dauer aber muss es von selbst atmen. Tut es dies nicht und muss beatmet werden, stellt sich irgendwann die Frage, wann man die Beatmungsmaschine abstellen darf. (Um hier ein Kriterium einzuführen, hat man vor etwa vierzig Jahren das Hirntodkriterium definiert. Dies besagt, dass man den Patienten für tot erklärt, wenn in den drei großen Arealen des Gehirns – Großhirn, Zwischen-, Mittel-, Kleinhirn und Stammhirn – keine Aktivitäten mehr gemessen werden können, das sogenannte Nulllinien-EEG.). Solche Beatmungen geschehen auch bei Operationen, nach denen der Patient wieder von der Beatmungsmaschine wegkommen muss oder auch nach sogenannten Re-anima-tionen (wörtlich: Wiederbeseelungen), wenn nach einem Herzstillstand das Herz wieder zum Schlagen gebracht wird. Dann muss der Mensch solange beatmet werden, bis der Organismus sich erholt hat. Auch dann muss der Patient irgendwann wieder von der Maschine loskommen und allein atmen.

In all diesen Bereichen geht es um ein „Von-Selbst": beim Atmen, beim Herzschlag, bei der physiologischen Lebensentfaltung. Alle diese Dimensionen haben etwas miteinander zu tun. Das findet sich in vielen Kulturen und Religionen. In Meditationstechniken lernt man, auf seinen Atem zu achten und dadurch still zu werden. Man findet diese Zusammenhänge in Begriffen wie atman (Sanskrit), was mit Atem und mit dem Ewigen zu tun hat. Im Alten Testament heißt es, dass Gott dem Menschen den Atem einhaucht – dargestellt im Gemälde von Michelangelo in der Sixtinischen Kapelle in Rom – und dass der Mensch am Ende seines Lebens den Atem wieder aushaucht. Man sagt, seine Seele verlasse seinen Leib. (Das Christentum geht von einer Leib-Seele-Einheit und der leiblichen Auferstehung des Menschen aus, so dass hier einige theologische Fragen entstehen, wie die Leib-Seele-Einheit nach dem Tod zu denken ist.) Auch der Herzschlag geht von selbst. Das Judentum sieht das Herz als den Sitz der Seele und tut sich deshalb mit der Hirntoddefinition schwer. Es akzeptiert sie, wenn damit ein Leben gerettet werden kann. Auch das Leben, die Zellteilung, der Stoffwechsel, die Zellkommunikation geschieht „von selbst", das Lebendige braucht von außen nur Nahrung, Wasser und Licht, alles andere geschieht von innen von alleine.

Der Fetus wird also abgenabelt und das Kind muss selbständig atmen. Selbstverständlich ist das nicht, denn auch hier können viele Störungen auftreten wie zum Beispiel ein Atemstillstand (der allerdings bei Kindern selten ist, bei Erwachsenen immer wieder vorkommt). Mit der Geburt beginnt eine erste Form von Eigenstand. Das Kind ist abgeschnitten von der Nabelschnur, es erblickt das Licht der Welt und muss „selbständig" leben und atmen, ohne selbständig zu sein. Es ist total abhängig von seiner Umgebung. Es tritt in eine neue Beziehung mit der Mutter. Im Lächeln der Mutter erkennt das Kind die mütterliche Liebe und wird durch sie „ins Bewußtsein gerufen".[21] Im weiteren Verlauf dieser Begegnung eröffnet sich ihm „der Horizont des gesamten unendlichen Seins und zeigt ihm vier Dinge: 1. Daß es ‚eins' ist in der Liebe mit seiner Mutter, obwohl ihr gegenübergestellt, also daß alles Sein ‚eins' ist. 2. Daß diese Liebe ‚gut' ist: also alles Sein ‚gut' ist. 3. Daß diese Liebe ‚wahr' ist, also alles Sein ‚wahr' ist. 4. Daß diese Liebe ‚Freude' weckt, also alles Sein ‚schön' ist."[22]

Durch das Lächeln der Mutter hindurch erkennt das Kind das gesamte Sein in seiner Einheit, Gutheit, Wahrheit und Schönheit: „Das Lächeln der Mutter wird vom Kind verstanden, wobei hinter der Bilderwelt die Welt des Seins im Ganzen sich lichtet: gleichzeitig im Ich und im Du, im Innen und Außen."[23]

Auch die Mutter muss sich auf das neue Kommunikationsgeschehen einstellen. Aus der genetischen, hormonellen, zellulären, pränatalen „Kommunikation" ist eine Kommunikation von Ant-litz zu Ant-litz geworden. Die Mutter blickt das Kind an und das Kind blickt die Mutter an (ant-litz, ahd.: gegen-blicken). Der Mensch ist der Gegen-Blicker, so wie er der

Gegen-Worter, der Ant-Worter ist. Das Kind wird angeblickt und angesprochen, es blickt zurück, kann aber noch nicht mit Worten antworten. Es ist auf Blicke und Zuwendung der Mutter angewiesen, es selbst kann sich nur äußern durch Bewegungen und Schreien. Übermäßiges Schreien deutet dabei bereits auf eine Kommunikationsstörung mit der Mutter im Mutterleib hin oder auf eine körperliche Störung. Die Not des Kindes besteht darin, sich nicht verbal verständlich machen zu können. Es kommen Hunger, Durst und womöglich erste Schmerzen hinzu. Außerdem ist das Kind total abhängig von der Mutter oder von anderen Menschen, die sich um das Kind kümmern.

6. Kindheit

Das Kind versteht sich zunächst von der Mutter, dann auch vom Vater und der Umgebung, also vom Du her. Vom Du kommt es zum Ich. Wenn es anfängt zu sprechen, spricht es zunächst so, als wenn ein anderer über es spräche: „Paul Auto putt macht." Es dauert einige Zeit, bis das Kind „Ich" sagen kann. Über die Innenwelt des Kindes kann man nur schwer etwas sagen. Das Kind kann sich nur rudimentär äußern. Erst wenn es sprechen kann, kann es mehr von sich mitteilen und schließlich sich selbst mitteilen. Die Mutter „versteht" es meist besser als mancher Fremde. Wenn das Sprechen beginnt, beginnt eine neue Form der Kommunikation, die nonverbale wird durch die verbale ergänzt.

Sprechen lernt der Mensch durchs Sprechen. Das geht ebenfall fast wie „von selbst". Ein Kind lernt Chinesisch genauso leicht wie Englisch oder Deutsch. Es spricht einfach nach, was es hört und dies geht nahezu unbemerkt von selbst vonstatten. Es wird angesprochen und spricht zurück. Das Sprechen in Worten ist dabei nur ein Teil der Kommunikation, es bleibt die nonverbale Kommunikation durch Zeichen und Gesten. Das Kind *begreift* die Dinge zunächst, indem es sie mit den Händen be-greift und anfasst, später begreift es sie auch geistig und lernt darüber zu sprechen.

Selbst wenn der Mensch das Sprechen erst langsam lernen muss, gehört doch die Sprache zu seinem Wesen. Auch Tiere haben eine Art „Sprache" (Bienensprache), aber ihre Sprache dient vornehmlich der Verständigung. Zwar dient auch die menschliche Sprache der Verständigung, sie ist aber vor allem Selbstmitteilung. Im Sprechen gibt der Mensch etwas von sich preis, im Sprechen drückt er sich aus, im Sprechen öffnet er sich dem anderen. Sprechen ist auch notwendig zur Orientierung im Leben, zur Kulturbildung, zur Abstraktion des Konkreten im Begriff, zum Nachdenken über den Sinn des Lebens. Selbst Denken geht nur in Worten und ist ein Sprechen mit sich selbst. Außerdem ist der Mensch das Wesen, das ein Versprechen abgeben kann.

6. KINDHEIT

So beginnt das Wort im Menschen konkret zu werden, auch das ewige Wort. Der Dialog mit den Eltern und Gleichaltrigen beginnt. Es kommen Kindergarten und Schule hinzu, das Kind lernt lesen und schreiben, eine weitere Form, sich sprachlich auszudrücken. Was soll das Kind lernen? Es muss Wissen erwerben, um sich in der Welt zurechtzufinden. Innerhalb dieses Wissens, das von außen kommt und von Eltern und Schule vermittelt wird, bildet sich langsam auch ein inneres Wissen heraus. Es bildet sich langsam ein Ge-wissen heran, das einerseits schon angelegt ist und doch erst gebildet werden muss. Es ist eine Form von Wissen, das alles umfasst.

So wie ein Ge-birge den Zusammenschluss von Bergen meint, so ist das Ge-wissen ein Zusammenfließen von mehreren Arten von Wissen: Geisteswissen und Herzenswissen, Sachwissen und Faktenwissen, Wissen der Vorfahren und Eltern, Konventions- und Höflichkeitsregeln, Lernen von Geboten und Verboten, Respekt vor dem anderen und in allem das Lernen der Liebe durch das Geliebtwerden durch die Eltern (eine gute Beziehung zu Mutter und Vater vorausgesetzt). Das schon Angelegte des Gewissens und der Liebesfähigkeit muss entfaltet werden. Auch angelegte Talente müssen gefördert werden, damit sie sich entfalten können. Das Kind muss Beziehungen zu anderen Menschen lernen und sozialisiert werden. Wird es das nicht, kann es sich nicht in der Welt zurecht finden und wird möglicherweise „auf die schiefe Bahn" geraten. Von jugendlichen Straftätern und Gefängnisinsassen sagt man oft, sie müssten nach der Verbüßung der Strafe re-sozialisiert werden. Offenbar können sie aber oft gar nicht re-sozialisiert werden, weil sie primär gar nicht sozialisiert worden sind.

Dieses Lernen und die Aneignung von Wissen ist aber nur ein Teil der Entwicklung und der Gewissensbildung. Es bietet dem Kind eine grobe Orientierung. Es handelt sich um das sogenannte Über-Ich Sigmund Freuds. Dem jungen Menschen wird von außen gesagt, was er zu tun und zu lassen hat. Sigmund Freud hielt dieses Über-Ich, das von außen geprägt wird und sich im Menschen internalisiert, schon für das ganze Gewissen des Menschen. Aber in all dem „Von außen" ist immer auch schon ein „Von innen" angelegt. Dieses „Von innen" ist etwas je Einmaliges und Individuelles, das in den Bereich des Absoluten hineinragt. Es überschreitet das innerweltliche und relative Über-Ich sowie das Ich des Menschen. Daher ist das Gewissen mehr als das Über-Ich, es beinhaltet trotz aller innerweltlichen Prägung eine ganz andere Dimension des Seins.

Diese ganz andere Dimension ist das schon angesprochene Absolute auf dem Grund der menschlichen Seele. Dieses Absolute stellt nach christlicher Auffassung eine personale Größe dar, die ein personales Antlitz und ein Gesicht hat. Dieses personale Absolute ist jene Größe, die nach jüdischer Sicht im Lauf der Geschichte angefangen hat zu sprechen und sich nach christlicher Auffassung in der Person Jesu Christi verleiblicht hat. Sie ist auch in jedem Menschen „da" und kann den Menschen im Gewissen „ansprechen". Allerdings – so hat es Heidegger formuliert – spricht diese Stimme im Menschen in der Weise des Schweigens. Diese schweigende Stimme im Innersten des Menschen ist die Stimme der Wahrheit, christlich gesprochen die Stimme Gottes. Diese Stimme Gottes, die sich in der Person Jesu verleiblicht hat und die Stimme der Wahrheit ist („Ich bin die Wahrheit", Joh 14,6), ist in jedem Menschen präsent.

Gäbe es diese „Stimme" nicht, die mehr ist als das Über-Ich der Eltern oder äußerer Autoritäten, könnte ein Kind niemals zu einer anderen Gewissensentscheidung gelangen als die Eltern. Diese Stimme ist etwas Einmaliges und Neues. Sie ist in jedem Menschen präsent, wenngleich er zunächst von außen geprägt und damit fremd-bestimmt ist. Sie ist „da", obwohl zunächst viele andere „Stimmen" der Mutter, des Vaters, der Geschwister, der Freunde, des Über-Ich im jungen Menschen „sprechen". Schon frühzeitig kann man dem Kind und dem späteren Erwachsenen helfen, diese fremden Stimmen von der leisen Stimme des Absoluten und der Wahrheit unterscheiden zu lernen . (Darauf wird später in Teil C über die Berufung des Menschen und die innere Stimmigkeit detailliert eingegangen.) Diese leise Stimme ist die Stimme eines ganz anderen und zugleich die tiefste Stimme des eigenen Ich, die das Ich im Sinne des Ego überschreitet. Der tiefste Grund im Menschen ist Dialog mit dem Absoluten. Dieser Dialog ist überlagert von vielen anderen Stimmen.

Es bleibt eine lebenslange Aufgabe, diese fremden Stimmen immer mehr von jener Stimme der Wahrheit unterscheiden zu lernen, die den Menschen schrittweise vom Fremden zum Eigenen, von der Heteronomie zur Autonomie führen will. Wirkliche Autonomie erlangt der Mensch, wenn er im absoluten Grund seinen Halt findet, der das Leben trägt und das innerweltliche Ich übersteigt. So wird die Unterscheidung der verschiedenen Stimmen, die in der geistlichen Literatur als Unterscheidung der Geister bezeichnet wird, zur zentralen Lebensaufgabe. Die frühzeitige Erziehung dazu hin ist von lebensentscheidender Bedeutung, da jeder wichtigen Entscheidung diese Unterscheidung vorausgehen sollte. Später wird genauer darauf eingegangen.

Neben dieser inneren Ausbildung muss das Kind aber auch eine äußere Ausbildung durchlaufen, es muss sozialisiert werden und Beziehungen leben lernen. Gerade auf diese Sozialisierung ist der Mensch existentiell angewiesen, da er als „physiologische Frühgeburt" (Portmann) eigentlich viel zu früh und damit ganz unreif auf die Welt kommt. Er ist somit vollständig hilflos und total angewiesen auf die Zuwendung durch andere Menschen. Diese Sozialisierung geschieht zunächst in der Beziehung zur Mutter und zum Vater, dann auch in den Auseinandersetzungen mit Geschwistern und anderen Kindern.

Das Kind erfährt Freiräume und Grenzen. Es muss sich mit anderen reiben lernen und im wörtlichen Sinn mit ihnen auseinander-setzen. Das bedeutet zu erkennen: hier bin ich und dort bist du, hier ist meine Freiheit, dort ist deine Freiheit. Wir beide sind zwei ganz verschiedene Menschen und meine Freiheit endet dort, wo deine anfängt. Schon der junge Mensch muss in kleinen Schritten den anderen als den anderen erkennen und respektieren lernen. Er lernt Jungen von Mädchen zu unterscheiden, er wird Freunde und Gegner gewinnen, Freude und Enttäuschungen erfahren.

Er wird Laufen lernen und dabei immer wieder hinfallen. Die Schmerzen des Hinfallens werden ihn zu mehr Wachsamkeit erziehen. Würde das Hinfallen nicht Schmerzen verursachen, würde das Kind wohl nie wachsam genug werden, um richtig laufen zu lernen. Man schneidet sich in einer Sekunde in den Finger und es dauert Tage und Wochen, bis es heilt. Diese Diskrepanz kann dazu dienen, beim nächsten Mal aufmerksamer zu sein, um eine neuerliche Verletzung zu vermeiden. Wäre man genauso schnell wieder gesund, wie man sich verletzt hat, würde wohl kein Erkenntnisfortschritt stattfinden. Schmerz und Leiden können in diesem

Sinn zu einer tieferen Erkenntnis und „Heilung" führen. Das gilt für den Rest des Lebens und zwar nicht nur für körperliche Schmerzen, sondern auch für seelische.

Schließlich werden Kinderkrankheiten das Kind plagen. Kinderkrankheiten haben einen ganz physiologischen Sinn, nämlich jenen, das Immunsystem aufzubauen und zu stärken. Dieses Immunsystem ist für das ganze weitere Leben das Zentrum des physiologischen Abwehrsystems, das den Organismus vor Krankheiten schützen soll. Das Immunsystem hat – wie andere Zellen auch – ein Gedächtnis und muss ein Leben lang Bakterien, Viren, Pilze oder auch Krebszellen, die jeder in sich trägt, als fremd erkennen und abwehren. Krebszellen im *fortgeschrittenen* Stadium entziehen sich allerdings dem Immunsystem.

Gesundheit und Krankheit sind als Folgen von diesen Prozessen eine Frage des ständig aufrecht zu erhaltenden Gleichgewichtes zwischen „Angreifern" und dem abwehrenden Immunsystem. Der Mensch steht in einem ständigen Kampf zwischen Krankheit und Gesundheit. Er ist umgeben von Millionen von Bakterien, Viren, Pilzen, und ein intaktes Immunsystem muss diese ständig in Schach halten. Durch diese ständige Auseinandersetzung bleibt das Immunsystem „fit" und der Mensch gesund. Gesundheit ist eine Art Zwischenzustand zwischen krank und gesund. Man nennt dieses Gleichgewicht Homöostase. Die vermeintlich selbstverständliche Gesundheit muss immer wieder neu durch „physiologische Arbeit" errungen werden. Sie ist nicht selbstverständlich.

So ist das Leben insgesamt eine ständige Auseinandersetzung zwischen Eigenem und Fremdem, zwischen Angreifern und Verteidigern, zwischen Schwerkraft und Leichtigkeit. Dies gilt auf der Ebene der Physiologie, des Zwischenmenschlichen, des Seelischen und des Geistigen. Ohne diese Auseinandersetzung wird der Mensch träge und ohne diese positive Spannung wird der Mensch leer und stirbt letztlich ab. Man findet diese Spannung und Auseinandersetzung bereits auf der Ebene der Physik mit der Schwerkraft der Welt. Diese lässt den Menschen überhaupt erst stehen und nicht abheben, sie bringt auch das Kind zum Hinfallen.

Nur wenn der Körper ständig mit dieser Schwerkraft „kämpft", werden Knochen und Muskeln immer wieder aufgebaut und bleiben stabil.

6. KINDHEIT

Jeder Astronaut, der sich im schwerelosen Raum bewegt, weiß, dass seine Knochen und Muskeln bald abgebaut sind, wenn er nicht hart trainiert. Wenn sie keinem Widerstand ausgesetzt sind, werden sie abgebaut. Ähnliches gilt für das gesamte Leben. Auch das Gehirn muss ständig trainiert werden in der Auseinandersetzung mit der Welt. Je besser diese Auseinandersetzung gelingt und je besser der Mensch geistig unterwegs ist, desto eher können Abbauprozesse im Gehirn verlangsamt werden.

Je älter das Kind wird, desto mehr kommen eigene Entscheidungen hinzu. Diese entscheiden mit über Glück und Unglück, Gesundheit und Krankheit, Leid, Gelingen oder Misslingen des Lebens. Natürlich spielen auch äußere Einflüsse eine große Rolle. Aber in allen äußerlichen Prozessen, in all den physiologischen, psychischen und zwischenmenschlichen Auseinandersetzungen sind bereits geistige Prozesse zugegen. Die Prozesse der Auseinandersetzungen trainieren die psychischen und sozialen Fähigkeiten, sie dienen dem seelischen Reifungsprozess und im günstigsten Fall der Stärkung des Ich. Dieses Ich, das im Sinne der Psychologie im Idealfall zu einer gesunden Ichstärke heranreift (ohne im Egoismus stecken zu bleiben), ist auch jenes Ich, dass erst vom Absoluten her zu sich selbst heranreift.

In all den physischen, psychischen, sozialen Reifungsprozessen finden geistig-geistliche Prozesse statt. Der Geist ist im Menschen immer schon da und muss sich dennoch erst entfalten und entwickeln. Er muss im konkreten Lebensvollzug die verschiedenen Ebenen der naturwissenschaftlichen Vorgaben (Genetik, Geschlecht, Begabungen) und der psychischen Prägungen (Eltern, Umgebung) immer wieder neu durchdringen und zu einer inneren Ganzheit integrieren. Die schon vorhandene innere Ganzheit der Leib-Seele-Einheit[24] muss im Alltag immer wieder neu errungen werden. Diese ist je neue Integrationsarbeit und erfordert Energie. Im Kapitel über innere Zerrissenheit und Stimmigkeit wird dies genauer erläutert.

Der physiologischen Tendenz zur Unordnung, die das Tote ausmacht und – wie schon gehört – als Entropie bezeichnet wird, muss ständig mittels Nahrungs- und Energiezufuhr entgegengewirkt werden. Den psychischen Tendenzen zur Desintegration der Kräfte muss durch Kultivierung der verschiedenen Triebe im Menschen entgegengewirkt werden, und der Geist des Menschen muss geistig-intellektuell und geistlich-spirituell gebildet werden, um die auseinanderdriftenden Antriebe je neu zur inneren Mitte zusammenzuführen. Dies geschieht durch Erziehung, Bildung und spirituell religiöse Unterweisung. Hier ist vor allem eine gute Pädagogik durch Eltern und Schule gefragt, die dem Menschen eine äußere und innere Bildung vermittelt.

Diese Bild-ung soll das Bild, das im Mensch schon „da" ist, ans Licht holen. Sie sollte den Einzelnen zur Erkenntnis, Selbsterkenntnis und Erkenntnis des anderen führen, zur Selbstliebe und Nächstenliebe sowie zum Umgang mit Freude und Lebensfülle, aber auch zu Selbstbeherrschung und Verzicht anleiten. Und das alles dazu hin, dass der Mensch äußerlich und innerlich frei wird, Selbststand findet und zu seiner eigentlichen Größe heranreift. Alle Gebote und Verbote, alles Einüben von inneren Haltungen und Tugenden sollen nur dem einen Ziel dienen, dass das Leben gelingt und zur Erfüllung kommt – und das des Nachbarn auch.

Selbsterkenntnis, Fremderkenntnis, Selbststand-Finden, Selbstliebe und Nächstenliebe kommen allerdings erst zu sich, wenn sie durch das Relative hindurch den Grund des Absoluten finden. Erst von dort her führt die Erkenntnis zu tieferer Selbsterkenntnis und diese ist Voraussetzung für die Erkenntnis des anderen *als des anderen* (Levinas). Den anderen als den anderen zu erkennen und nicht nur durch die Brille eigener Prägungen, Vorstellungen, Projektionen, Wünsche und Verstellungen, ist die Voraussetzung für das Gelingen von Beziehungen. Die Rücknahme dieser Projektionen, die ein Leben lang zu leisten ist, ist ein Weg der Bewusstmachung eigener Prägungen und des sich je neu Überschreitens auf das Absolute hin. Eine gute religiös-spirituelle Erziehung kann dazu beitragen.

7. Kindheit – Intuition und Fragen

In der frühen Kindheit hat die Hinwendung zum Absoluten eher intuitiven Charakter. Das Kind stellt wie selbstverständlich Fragen nach den letzten Gründen des Seins: wo ist die verstorbene Großmutter, was ist nach dem Tod, kommen Tiere auch in den Himmel, ist der liebe Gott auch wirklich lieb, wo wohnt er und warum hängt der Mann da am Kreuz? Diese Fragen treffen ins Zentrum des Lebens, und ein Kind kann mehr Fragen stellen als viele Philosophen beantworten können. Da Antworten auf die Fragen der Kinder nicht ganz leicht zu geben sind und die intellektuellen Zugänge für das Kind noch zu schwer zu verstehen sind, gilt es in dieser Phase der Entwicklung, ihnen *atmosphärisch* einen Zugang zum Absoluten zu ermöglichen: durch Musik, Stille sowie das Lesen heiliger Texte in versammelter Atmosphäre. Dennoch sollte man sich auch um Antworten bemühen.

Das Kind hat für die Tiefendimensionen des Lebens schon ein inneres Gespür. Gerade in jungen Jahren haben die meist noch unverstellten Kinder viele Fragen, die sich auf die letzten Dinge beziehen. Man sollte diese Fragen ernst nehmen und nicht belächeln. Man sollte sie fördern und kindgerecht zu beantworten suchen. Es ist eine erste wichtige Phase der Orientierung im Leben. Kinder haben neben der Ahnung vom Absoluten auch schon etwas von der Brüchigkeit der Welt erlebt, den Streit mit den anderen Kindern im Kindergarten oder in der Schule, den Streit der Eltern und vielleicht auch deren Trennung. Sie haben die Härte des Lebens schon ein Stück weit kennengelernt und in allem die Grenzen und Zerbrechlichkeit des Lebens. Angesichts dieser Erfahrung der Fragmentarität des Lebens sowie einer Ahnung vom Absoluten fragt das Kind intuitiv darüber hinaus. Es hat ein Gespür dafür, dass vieles so nicht sein sollte und dass es vielleicht noch etwas ganz anderes gibt.

Im Ernstnehmen der Fragen des Kindes und im Bemühen, diese Fragen zu beantworten, werden wesentliche Weichen für das weitere Leben gestellt. Es werden Grundlagen gelegt für ein Vertrauen ins Leben und in eine Macht jenseits der elterlichen Autorität, die das Leben trägt. Die Vorstellung von der elterlichen Allmacht zerbricht in der Pubertät sowieso. Oft haben schon sehr junge Menschen im Alter von sieben oder acht Jahren tiefe intuitive und geistliche Einsichten in eine andere Dimension des Seins. Friedrich Nietzsche soll schon mit acht Jahren gesagt haben, er müsse ein Heiliger werden und die anderen Freunde hätten nicht so schwere Bedingungen.[25] Sein Leben lang war er auf der Suche nach seiner religiösen Berufung, viele seiner Schriften geben Auskunft von diesem Ringen.

Das, was der Mensch später an Halt und Orientierung braucht, wird in Kindertagen als Urvertrauen grundgelegt. Was Kinder erleben und erfahren, prägt ihr weiteres Leben, womöglich sogar bis hinein in die Zellen und die Formung des Genoms. Denn es scheint so zu sein, dass das Genom des Menschen, das – wie schon erwähnt – aus genetischer Grundinformation und epigenetischer Schaltinformation besteht, noch bis zur Pubertät durch die Umgebung sowie durch die Beziehung zur Mutter und zum Vater mitgeformt wird. Es ist nicht starr festgelegt, sondern wird erst langsam Gestalt. So wäre es möglich, dass die Atmosphäre im Elternhaus, Vertrauen und Angst, Frieden und Streit auf diese prägende Phase bis in das Genom hinein Einfluss haben.

Aber zurück zu den Fragen der Kinder. Ihre Fragen kommen ganz automatisch und wie von selbst. Entscheidend ist, wie die Antworten ausfallen. Eltern sollten sich herausfordern lassen durch die Fragen der Kinder. Sie sollten sich bemühen, kindgerechte Antworten zu geben und die Fragen nicht als kindlich abzutun. Dazu müssen sich die Eltern selbst mit den existentiellen Fragen des Lebens auseinandersetzen. Bemühen sie sich nicht um gute Antworten und schieben die Fragen der Kinder als lächerlich beiseite, erlischt mit der Zeit deren Interesse und die Bereitschaft zum Fragen. Mit jeder unbeantworteten Frage wächst die Frustration und führt langsam dazu, nicht mehr zu fragen.

Umgekehrt wächst mit jeder Antwort die Neugierde weiterzufragen und durch den Dialog und das Sprechen mit den Kindern deren Interesse an den Dingen, die sie umgeben. Man sieht nur, was man weiß. Das heißt, dass mehr Wissen den Menschen auch mehr sehen lässt und ein Mehr-

Sehen wieder zu mehr Wissen und zu mehr Inter-esse führt (inter-esse, dazwischen sein, drinnen sein). Schließlich wächst auch die Nähe zwischen Eltern und Kind. Denn beide arbeiten gemeinsam an einem Problem oder erschließen sich ein neues Gebiet und kommen sich so näher. Gemeinsam gelebtes Leben und gemeinsames Ringen vertieft die Beziehung.

Das Schlimmste ist, wenn Eltern nicht für Gespräche zur Verfügung stehen und Kinder keine Fragen mehr stellen. Derjenige, der keine Fragen mehr stellt, ist womöglich so enttäuscht worden, dass er gar nicht mehr damit rechnet, Antworten zu bekommen. Eine als lächerlich abgetane Frage verunsichert den jungen Menschen. Eine Mischung aus dem Nicht-mehr-weiter-Fragen und einer wachsenden inneren Unsicherheit kann sich im Laufe des Lebens zur Arroganz (a-rogare, nicht fragen) entwickeln, die meint, schon alles zu wissen. Halbbildung macht frech, sagt der Volksmund. Daher ist das Wecken des Interesses in Sinne des Wissen-Wollens und Weiterfragens so wichtig, da dieses Fragen zu den letzten Fragen des Seins führt und gleichzeitig bescheiden macht angesichts des Wissens, was man alles nicht weiß und dass man nichts weiß (Sokrates).

Wer immer weiter fragt, kommt schließlich auf einen letzten Grund. Thomas von Aquin war der Meinung, dass der Mensch, der immer weiter fragt, schließlich auf diesen letzten Grund stößt und diesen letzten Grund nennen alle Gott. Es ist der Grund, der alles trägt und auf den man sich verlassen kann. Es ist der Grund, der die Welt trägt und im Innersten Halt gibt. Aus diesem Grund heraus wachsen dem Menschen – wie von selbst – jene Kräfte zu, die er zum Leben braucht. Dieser Grund ist wie ein Quell lebendigen Wassers im Innersten des Menschen. Manchmal muss der einzelne im späteren Leben erst zu-grunde-gehen, um wieder Anschluss an diesen Quellgrund zu bekommen.

Wenn der Grund und damit die Kraftquelle verschüttet sind, ist der Mensch kraftlos, leer, vielleicht depressiv. Dann muss dieser Grund wieder frei gelegt werden, vielleicht in einem ersten Schritt durch Psychotherapie, letztlich aber durch die Wiederanbindung an den Grund durch Stille, Meditation, Gebet. Die geringfügige „Arbeit", die man leisten muss, um an diesem Grund dran zu bleiben, ihn nicht zu verlieren oder wieder zu ihm zurückzukehren, ist täglich ein wenig Rückzug und Stille sowie ein Hören auf das göttliche Wort. Dazu muss der Mensch sich je neu freischaufeln von all dem, was ihn im Alltag zuzudecken und zu erdrücken droht.

So sollte eine gute Pädagogik das Fragen der Kinder und Jugendlichen – übrigens auch der Erwachsenen – fördern und es ihnen nicht abgewöhnen. Der Mensch, der nicht mehr fragt, ist wie abgestorben, innerlich tot und desinteressiert. Dabei ist das Inter-esse, das Dazwischen-Sein, ein zentrales Moment am Menschsein. Der Mensch kann mit seinem Intellekt (intus legere, drinnen lesen) in den Dingen und hinter den Dingen lesen. Das schafft die Möglichkeit, sich in dieser Welt zurechtzufinden, sich zu orientieren und die Größe der Welt und des Lebens zu entdecken. Dazu sollten bereits Kinder angeleitet werden.

Um das zu können, müssen Kinder Sprechen, Lesen, Schreiben lernen, sie müssen sich verständlich machen können und Kommunikation üben, soziales Verhalten lernen und die eigenen Grenzen und die des anderen respektieren lernen. Da dies ein großes und anstrengendes Programm ist, dürfen Ruhe und Versammlung, aber auch Spielen, Sport, Freizeit und Musizieren nicht fehlen. Vor allem Sprechen, Schreiben und Kommunikation sind von zentraler Bedeutung für die Entwicklung des Kindes. Ein junger Mensch, dessen Kommunikation mit der Umwelt nicht gelingt, vereinsamt. Er wird nicht sozialisiert. Menschen, die nicht Lesen und Schreiben können, sind von großen Teilen der Welt ausgeschlossen. Kommunikationsstörungen führen auf Dauer zu Beziehungsstörungen und Beziehungsstörungen führen zu Kommunikationsstörungen. Beides führt zu Leid, Einsamkeit und Verzweiflung.

So ist es wegen der hohen Intuition der Kinder für existentielle und religiöse Fragen sinnvoll, schon kleine Kinder in die Grundfragen der Religion einzuführen. Zum Beispiel können schon im Kindergarten einfache Gebetsformen eingeübt und religiöse Fragen beantwortet werden. Zusammen mit guten menschlichen Kontakten wird dies dem Kind Halt und Ausrichtung geben. Es ist auch sinnvoll, zum Beispiel die Feier der Erstkommunion (im katholischen Raum) in dieser frühen Phase vorzunehmen, da Kinder vieles intuitiv aufnehmen, obwohl sie noch nicht alles verstehen können. Aber auch der Erwachsene ringt ein Leben lang um dieses Verständnis. Daher sollte man auch Eltern in die religiöse Erziehung der Kinder mit einbeziehen, wenn ihre Kinder im christlichen Kontext an die Sakramente (Erstkommunion, später Firmung, Konfirmation) herangeführt werden. Symbole und Zeichen müssen erklärt werden, auch sie sind eine Art Sprache.

8. Pubertät als Krise

Mit der Pubertät beginnt der zweite Abnabelungsprozess des jungen Menschen von der Mutter und den Eltern. Alles gerät durcheinander, alles wird infrage gestellt. Hormone spielen verrückt, aus dem Jungen wird ein junger Mann, aus dem Mädchen eine Frau. Die Geschlechtsreife beginnt und bald können die Jugendlichen eigene Kinder zeugen. Werte brechen um, die Absolutheit der Eltern wird hinterfragt. Bei manchem bricht Langeweile oder die Null-Bock-Mentalität auf. War bei den Kindern noch ein intuitiver Zugang zum Religiösen möglich, wird auch dieser jetzt infrage gestellt. Der Sinn von Religion überhaupt wird bei vielen fragwürdig. Religion ist für die einen gar nicht mehr „cool", andere wollen verstehen, wozu der Glaube an Gott überhaupt gut sein soll. Der junge Mensch sucht nach Antworten und setzt sich kritisch mit seinen Eltern und mit allem, was ihm von außen vorgegeben ist, auseinander. Das dient der Findung des Eigenstandes. Die Eltern werden in die Auseinandersetzungen einbezogen oder abgelehnt, sie müssen vieles aushalten und argumentativ erläutern. Um hier mit den Kindern im Gespräch zu bleiben, müssen sie sich weiterhin mit den wesentlichen Fragen des Lebens auseinandersetzen und neu argumentieren lernen.

Fragen und Antworten will gelernt sein, und das kann man trainieren. Im Mittelalter gab es eine eigene Methode des Fragens und Antwortens, eine Anleitung zum Argumentieren. Bei diesem Argumentationstraining sollte man im Gespräch zunächst wiederholen, was der andere gesagt hat, sich rückversichern, dass man ihn richtig verstanden hat und dann erst antworten. Wie viele Missverständnisse kämen gar nicht erst zustande, wenn man sich so verhielte. Und zweitens sollte man im Disput das Argument des anderen stark machen und nicht schwächen. Das eigene Argument sollte besser sein als das stärkste des Gesprächspartners.

Die Diskussionen sollten bei aller Unterschiedlichkeit der Meinungen in angemessenem Respekt und mit Wohlwollen so geführt werden, dass man den anderen nicht bewusst missversteht und verletzt. Philosophieren heißt Weiterfragen, so hat es Carl Friedrich von Weizsäcker einmal formuliert. Mit dem Weiterfragen und dem Versuch der Beantwortung einer Frage entstehen neue Fragen, und neue Fragen bringen das Interesse voran. Dieses Interesse des Fragens und Suchens sollte man auch bei Jugendlichen fördern. Immerhin heißt es: wer suchet, der findet (Mt 7,8).

Was also macht der junge Mensch mit diesem Durcheinander, mit diesem Chaos, mit dieser Krise? Was geschieht jetzt? Wie soll dieser Umbruch der beginnenden Herauslösung aus dem Elternhaus gelingen und gestaltet werden? Der junge Mensch will schon ganz frei und selbstständig sein und kann doch nicht allein leben. Er hat schon Allmachtsphantasien und ist doch noch ganz abhängig. Er ist gerade zwölf bis fünfzehn Jahre alt. Wie löst man diese Spannung? Und woher bekommt man Antwort?

Offensichtlich ist dieser Prozess nicht nur ein Prozess der Befreiung von etwas, also von den Eltern und anderen Fremdbestimmungen, sondern auch ein Prozess zu etwas hin, nämlich zum Finden der eigenen Identität, Wahrheit und Berufung. Wie kann der junge Mensch zu diesem Eigenen durchreifen? Er ist noch sehr jung, kann noch nicht ganz weg vom Elternhaus, aber ganz zu Hause ist er auch nicht mehr. Wie kommt er aus der Spannung des Nicht-mehr-ganz-bei-den-Eltern- und Noch-nicht-ganz-bei-sich-selbst-Seins, aus dem Frei-sein-Wollen, aber noch nicht ganz Frei-sein-Können heraus?

Bedarf es gerade zum Aushalten dieser Spannung und für das Überwinden dieses Abgrundes und des Zwischen-den-Welten-Seins einer ganz anderen Dimension, eines Überstieges in eine andere Welt, die jetzt in diesem Chaos tragende Kraft bekommt und neue innere Ordnung schafft? Bedarf es gerade für diesen schrittweisen Überstieg zur Selbstwerdung einer ganz anderen Ebene? Das klingt paradox. Der Mensch soll ja gerade aus der Fremdbestimmung durch die Eltern langsam zum eigenen Ich heranreifen. Und jetzt soll noch eine andere zusätzliche Ebene, womöglich eine neue „fremde Macht" ins Spiel kommen? Soll der junge Mensch aus einer Fremdbestimmung in eine andere Fremdbestimmung hineingeraten? Das klingt widersprüchlich.

Damit das nicht geschieht, müsste diese „andere Dimension" „da" sein und doch nicht vereinnahmen, sie müsste ganz zurücktreten und doch Halt geben. Sie müsste im innersten Innen des Menschen ansetzen und doch Orientierung geben, sie müsste Wegweisung sein und doch Raum geben zur Selbstentfaltung. Sie müsste von innen her Halt geben und in den Eigenstand und die Freiheit führen. Sie dürfte den jungen Menschen nicht wiederum von außen her fremd bestimmen wie eine äußere Autorität, sondern müsste eine innere Autorität sein, die dem Menschen wie ein Kompass den Weg weist. Sie müsste ihm helfen, zu sich selbst zu erwachen und den eigenen Lebensweg schrittweise zu finden. Sie müsste die Selbstwerdung fördern und nicht blockieren, sie müsste den Menschen groß machen und nicht klein, ihn wachsen lassen und nicht schrumpfen, ihm Vertrauen schenken und nicht Angst einflößen, den Weg ins Unbekannte bahnen helfen und nicht im Alten stecken bleiben. Eine solche Macht müsste den Menschen überschreiten und doch in ihm sein, sie müsste dem Menschen innerlicher sein als er sich selbst innerlich sein kann.

Bevor diese Macht und die innere Autorität näher beschrieben wird, sollen zunächst zwei weitere grundsätzliche Fragen bedacht werden: Zum einen jene über die Brüchigkeit der Welt, die sich gerade in Krisen- und Umbruchszeiten zeigt, und zum anderen jene über die Grundstruktur des Menschen, die sich vor allem in seinem Geist- und Vernunftcharakter zeigt. Wer diese Zwischenüberlegungen nicht mitvollziehen will, möge gleich zu Kapitel 17 „Pubertät als Seinsüberstieg" übergehen.

Teil B

Grundreflexionen über die Welt, den Menschen und die Frage nach dem Absoluten

9. Die Brüchigkeit und Zerrissenheit der Welt

Die Welt ist endlich und hat Mängel, sie ist kein Paradies. Das merkt schon das Kind, der junge Mensch, der Pubertierende. Es kann sein, dass der Heranwachsende in der Pubertät gar nicht mehr weiß, wie er mit sich selbst und mit anderen umgehen soll. Er wird sich und womöglich auch den anderen ein Stück weit fremd. Selbst wenn er spürt, dass es in der Welt eine Ordnung gibt, herrscht dennoch auch Unordnung und Chaos in ihm und um ihn herum. Es gibt konstruktive Kräfte des Aufbauens und destruktive der Zerstörung. Es gibt Krankheit und Leid, Erfahrung von Endlichkeit und Tod. Es gibt Scheitern und Enttäuschung, Naturkatastrophen und Kriege. Es gibt Chaos in der Natur, aber auch Chaos im eigenen Inneren und im menschlichen Leben. Es wird Leid ausgelöst durch menschliches Handeln und den Missbrauch der menschlichen Freiheit: malum physicum und malum morale nennt das die Tradition. Es gibt das Übel in der Natur und das Übel durch menschliches Handeln.

In all dem Hin und Her muss der Mensch Orientierung finden. Er muss das Gute vom Schlechten unterscheiden lernen, die desintegrierenden und ihn in Verwirrung bringenden Kräften von jenen unterscheiden lernen, die ihn zur inneren Mitte und zum inneren Frieden führen. Das geht nicht von heute auf morgen. Es bedarf verschiedener Suchbewegungen, Grenzerfahrungen, Scheiterns und Gelingens, Gesprächs mit Älteren und gegenseitigen Austausches. In Umbruchszeiten, wenn Äußeres zusammenbricht, sucht der Mensch im Chaos des eigenen Lebens nach neuem Halt. Das gilt für die persönliche Biographie, das gilt aber auch für geschichtliche Perioden von Umbruchzeiten.

Die gegenwärtige Zeit ist eine Zeit derartiger Umbrüche. Diese sind begleitet von einem Verlust an Grundwerten, Zerbrechen von Beziehungen und Strukturen, von enormer Zeitbeschleunigung und Verdichtung von Zeit durch immer mehr zu bewältigende Aufgaben. Die Neuorientierungen geschehen in einer ständig komplexer werdenden Welt mit einer

9. DIE BRÜCHIGKEIT UND ZERRISSENHEIT DER WELT

nahezu unüberschaubaren Zunahme an Informationen. Außerdem kommt es durch Internet und Handy-Kultur zu ganz neuen Formen der Kommunikation sowie zu einem Gleichzeitig-Werden mit der ganzen Welt. Eine immer tiefere Durchmischung von Kulturen und Religionen. Migrationsbewegungen, Reisen sowie Flugverkehr beschleunigen diesen Vorgang.

Dieses zum Teil undurchschaubare Vielerlei führt zu einer Suche nach Ethik und Spiritualität, der Mensch sucht in dieser aufgewühlten Zeit nach Ruhe, Orientierung und innerer Ausrichtung. Er droht einerseits in der Flut von Angeboten unterzugehen, im Pluralismus von Meinungen und Sinnangeboten seine Orientierung zu verlieren und andererseits zu vereinsamen und in die Isolation zu geraten. Er braucht für sich selbst und für andere neue Orientierungspunkte. Auch die Gesellschaft muss sich neu ausrichten und sich fragen, wohin die Reise eigentlich gehen soll und welche Grundwerte sie aufrecht erhalten will. Was in einer Einzelbiographie in der Pubertät an Unruhe aufbricht und durcheinander gerät, scheint auch in Zeitepochen immer wieder zu geschehen: Umbruch, Aufbruch, neue Orientierung, tieferen Stand finden. Die Gegenwart ist eine solche Zeit der Umbrüche und Transformationen. Sie bedarf einer neuen Ausrichtung und einer tieferen Verankerung des Lebens.

In einer derartigen Zeit der Krise des Staates entstand die Nikomachische Ethik von Aristoteles, ein Buch, das dem Menschen helfen will, wieder Halt und Orientierung zu finden. Aristoteles geht davon aus, dass der Mensch diese Orientierung braucht, wenn er sein Leben nicht verfehlen will. Im letzten will der einzelne, dass sein Leben gelingt. Er sucht nach seinem Glück. Nach diesem Glück strebt – so Aristoteles und später Thomas von Aquin – jeder Mensch, allein der Weg dahin ist schwer zu finden. Glück heißt im Griechischen Eu-daimonia („eu" heißt gut und „daimon" ist der Geist). Diesen Begriff kann man frei so übersetzen: dem guten Geist folgen. Der Mensch findet sein Glück, wenn er dem guten Geist folgt.

Glück kann man nicht machen, aber Glück stellt sich ein, wenn man richtig lebt und dem guten Geist folgt. Richtig leben und dem guten Geist folgen bedeutet für Aristoteles: ein tugendhaftes Leben zu leben. Und das heißt wiederum – sehr verkürzt – die vier Tugenden der Klugheit, Tapferkeit, des Maßes und der Gerechtigkeit im Leben umzusetzen. Es bedeutet, in allem das rechte Maß zu finden, nicht zuviel, nicht zu wenig, die rechte Mitte einzuhalten zwischen den Extremen. Der Mensch soll klug entscheiden und klug handeln, mutig und tapfer nach vorne leben und nach der Gerechtigkeit streben. Gerade diese Werte und ein solches Leben interessieren aber den Pubertierenden womöglich gar nicht.

Orientierung suchen heißt auch, nach Selbstvergewisserung Ausschau halten, nach Haltepunkten, die nicht brechen. Einen solchen Versuch, nach derartigen Haltepunkten zu suchen, unternahm schon Augustinus. Er fragte sich, ob in Situationen, wo alles rundherum zusammenbricht, wirklich alles bricht oder ob es nicht doch noch etwas gibt, was sicher ist, woran man sich halten kann. Seine Antwort war: Selbst wenn alles zusammenbricht, selbst wenn der Mensch an allem zweifelt, selbst wenn er sich in vielem täuscht und getäuscht wird, selbst wenn Gott ihn täuschen sollte, so wird ihm doch klar, dass er es selbst ist, der da zweifelt, sich täuscht oder getäuscht wird. Si enim fallor sum: Selbst wenn ich mich täusche, bin ich[26], selbst wenn ich in allem getäuscht werde, weiß ich doch, dass ich es bin, der da getäuscht wird, wenn ich mich irre, weiß ich, dass ich bin und dass ich mich irre.

René Descartes hat später diese Grundeinsicht, die Augustinus mit der Täuschung durchreflektiert hat, auf das Denken selbst übertragen. Sein Satz: cogito ergo sum (ich denke, also bin ich) stellt ebenfalls einen Versuch dar, sich seiner selbst gewiss zu werden. Die Tatsache, dass der Mensch über all diese Fragen nachdenken kann, zeigt, dass er sich in einem nicht täuschen kann, nämlich darin, dass er selbst es ist, der da denkt. Bei Augustinus lief der Weg zur Selbstvergewisserung über die Täuschung, bei Descartes über das Denken, heutzutage würde er vermutlich über das Fühlen oder das Nicht-mehr Fühlen laufen.

Viele Menschen sagen: Ich fühle nichts mehr, es ist so leer in mir, es ist alles wie abgetötet. Die Depression ist nahezu Volkskrankheit Nummer eins geworden. Manche wollen cool sein, Spaß haben, Chillen. Und hier könnte man sagen: Ja, es ist so leer in dir und du fühlst nichts, aber du kannst erkennen, dass du es bist, der nichts fühlt und dass es deine Leere und Gefühllosigkeit ist. Und man könnte sogar hinzufügen: Du kannst

9. DIE BRÜCHIGKEIT UND ZERRISSENHEIT DER WELT

etwas dagegen tun. Heidegger würde sagen, der Mensch ist immer irgendwie gestimmt: traurig, fröhlich, leer, erfüllt. Der Mensch kann aber darauf reflektieren, dass es *seine* Stimmung ist und nicht die eines anderen. So kann der Mensch auch im Bereich der Stimmungen und Gefühle eine Art Selbstvergewisserung suchen: Ich fühle, also bin ich, oder: Ich fühle nichts, also bin ich. Aus dieser Perspektive tritt das Ich in den Vordergrund. Aber es muss gefragt werden, ob dieses Ich schon das letzte ist, das den Menschen ausmacht oder ob auch das Fühlen, das Denken und das Getäuschtwerden auf etwas anderes verweist, ob es nicht eine dialogische Struktur hat.

Kehren wir zunächst zurück zum Lebensvollzug. Der Mensch in der Umbruchzeit sucht Halt, zunächst bei den Mitmenschen. Aber gerade diese Menschen wie zum Beispiel die Eltern verlieren ihren Absolutheitsstatus. Das Elternhaus wird brüchig, man beginnt sich davon zu entfernen. Wenn es gut geht, sind Freunde da und Gleichgesinnte, auf die Verlass ist. Neue peer-groups entstehen, es finden sich Gleichaltrige, mit denen man auf Augenhöhe diskutieren kann. (Missbrauchsfälle entstehen oft in Situationen, wo Abhängigkeitsverhältnisse bestehen und gerade keine peer-groups vorhanden sind und nicht auf Augenhöhe miteinander kommuniziert wird.) Gerade in einer solchen Phase braucht man Menschen, mit denen man sprechen kann, mit denen man seine Probleme und Visionen teilen kann. Mancher gerät auch in Gruppen, die ihm nicht gut tun. Selbst wenn der einzelne das spürt, dass er in falschen Gruppen unterwegs ist, scheint für ihn die Hauptsache zu sein, nicht allein zu sein, irgendwo dazuzugehören, verstanden zu werden, angenommen zu sein, nicht ausgestoßen zu werden und geliebt zu sein trotz der schwierigen Phase, in der er steckt.

Diese Fragen bleiben ein ganzes Leben lang: Wo bin ich zu Hause, wo kann ich mich anlehnen, wo finde ich meine innere Ruhe? Wo bin ich anerkannt und akzeptiert, selbst in meiner Unleidlichkeit? Wo kann ich so sein, wie ich bin, wo muss ich mich nicht verstellen? Wohin soll der Mensch sich wenden, wenn der Halt bei den Mitmenschen verloren geht, wenn Mitmenschen ihn enttäuschen, wenn Eltern nicht da sind oder ihre Autorität und Absolutheit verlieren, wenn beginnende Freundschaften zerbrechen, wenn man sich selbst nicht mag und keine rechte Beziehung zu sich selbst und zu anderen aufbauen kann, wenn man gar ein anderer sein möchte und in die Einsamkeit gerät. Da ist oft Leere und Verzweiflung.

Die größte Verzweiflung ist die, so hat Sören Kierkegaard es formuliert, ein anderer sein zu wollen, als man selbst ist: „Diese Form von Verzweiflung ist: verzweifelt nicht man selbst sein wollen, oder noch niedriger: verzweifelt nicht ein Selbst sein wollen, oder am allerniedrigsten: verzweifelt ein anderer sein wollen als man selbst, ein neues Selbst sich wünschen."[27] Die Frage ist, wie man aus dieser Einsamkeit und der inneren Zerrissenheit, aus der Zweiheit, in die die Verzweiflung einen geführt hat, wieder zurück zur Einheit und Gemeinschaft gelangt. Hier gibt es viele Angebote aus der Psychologie und Psychiatrie, manches aus der Esoterik und den Religionen. Seriöse Therapien können helfen, mit der Zerrissenheit fertig zu werden, zumindest kurzfristig. Langfristig wird man sich tiefer verankern müssen. (Mehr dazu im Kapitel über die Stimmigkeit.)

Die Brüchigkeit des Lebens lässt also Ausschau halten nach Haltgebendem, Bleibendem und Absolutem. In jedem Zusammenbrechen muss doch etwas Bleibendes sein, es bricht ja immer nur Etwas, nie das Ganze zusammen (es sei denn, der Mensch stirbt und die Welt geht unter). Der Mangel deutet darauf hin, dass er auch behoben werden kann, der Durst deutet darauf hin, dass es irgendwo Wasser gibt, die Zerrissenheit auf Einheit, die Ungerechtigkeit auf Gerechtigkeit, das Unglück auf Glück, die Lüge auf Wahrheit, die Krankheit auf die Möglichkeit der Gesundheit.

Dabei ist es ist nicht so, dass es das Unglück geben muss, damit es auch das Glück geben kann, dass es das Dunkel geben muss, damit es das Licht gibt, oder den Teufel und das Böse, damit es Gott und das Gute geben kann. Sondern man muss die Asymmetrie der Welt als Asymmetrie ernst nehmen und die Gerichtetheit der Welt sehen lernen. Hier herrscht ein Gefälle: Die Zerrissenheit ist die *Abweichung* von der Einheit, das Unglück die *Abweichung* vom Glück, die Lüge *Abweichung* von der Wahrheit, die Ungerechtigkeit *Abweichung* von der Gerechtigkeit. Und nicht umgekehrt!

Der Maßstab der Bewertung ist immer das Positive. Die Wahrheit ist der Maßstab für die Lüge und nicht umgekehrt. Andersherum ist der Be-

9. DIE BRÜCHIGKEIT UND ZERRISSENHEIT DER WELT

griff der Lüge ein wertender Begriff und deutet implizit darauf hin, dass Wahrheit sein soll, der Begriff der Krankheit deutet darauf hin, dass eigentlich Gesundheit sein soll, die Zerrissenheit, dass Stimmigkeit und Einheit sein soll. In einem Satz zusammengefasst: Die Wahrheit ist Anzeige ihrer selbst und ihres Gegenteils. Die Welt des Mangels ist die Welt des „Abfalls" vom Guten, vom Wahren und vom Schönen. Es sind nicht zwei gleichwertige Welten, die des Bösen und des Guten, die sich hier gegenüber stehen. Das Böse ist der Mangel an Gutem, man könnte auch sagen, das Böse ist das pervertierte Gute. Es zieht die Kraft aus dem Guten, oder wie Ignatius von Loyola einmal sagte: Das Böse kommt oft unter dem Anschein des Guten.

So deutet die Gebrochenheit und Brüchigkeit des Lebens darauf hin, dass es eigentlich nicht so sein sollte, dass es heil und ganz sein sollte. Allein die Frage, wie man zu dieser Ganzheit hinfindet, ist entscheidend. Der Mangel und die Brüchigkeit des Lebens zeigen sich wohl am schmerzlichsten in gescheiterten Beziehungen, im Abschied nehmen müssen, im Tod. Der Mensch sucht ein Leben lang nach bleibenden guten Beziehungen, nach bleibendem Beieinandersein, nach Nicht-Abschied-nehmen-Müssen, nach Nicht-Streit-Haben, sondern Frieden, nach Anerkanntsein, Geliebtwerden und Erkanntwerden. Lieben und Erkennen sind im Hebräischen ein Wort. Der andere soll sein Gegenüber wahrnehmen wie er „wirklich" ist. Es sollen Begegnungen stattfinden und keine – wie Heidegger es nennt – Vergegnungen.

Das größte Leid und die schwersten Folgen für das Leben mit all seinen Entscheidungen, die oft weit in die Politik und die Weltgeschichte hineinreichen, ist das Nicht-Angenommensein, das Verlassen-Werden und die quälende Einsamkeit. Es sind zerstörte Beziehungen, zerbrochene Lieben, enttäuschte Erwartungen, das Nicht-Geliebt-Werden. Es entstehen Minderwertigkeitsgefühle des Nicht-gut-genug-Seins, des Nicht-Anerkannt Werdens, des Von-der-Welt-nicht-Wahrgenommenwerdens, des Versagens. Als Reaktion darauf kommt es zu Kompensationen der Minderwertigkeitsgefühle, zu Machtausübung und Unterdrückung des anderen. Die Kompensationsmechanismen können das große Auto sein oder der Reichtum, es kann die Sehnsucht nach Geltung und Macht sein, die Sucht nach Erfolg. Es können die kleinen Dinge des Alltags sein, aber auch die Weltpolitik lebt von diesen Kompensationshandlungen. Mancher Diktator hat aus Gefühlen der Minderwertigkeit heraus ein ganzes Regime aufgebaut bis zur Vernichtung der Welt.

Alfred Adler hat eine ganze Psychologie dieser Minderwertigkeitsgefühle mit ihren Kompensationsmechanismen entwickelt. Viele psychologische Forschungen befassen sich mit den dahinter liegenden Beziehungsstörungen, frühkindlichen und sogar pränatalen Störungen in der Beziehung zwischen Mutter und Kind. Fast könnte man sagen: Das größte Unheil der Menschheitsgeschichte sind misslungene und gestörte Beziehungen, die verletzte oder nicht gewährte Liebe. Eine gestörte Beziehung zum anderen hat oft auch eine gestörte Beziehung zu sich selbst zur Folge oder umgekehrt, das gestörte Verhältnis zu sich selbst führt zu Beziehungsstörungen.

Hinter all diesen Fehlstellungen steckt die große Sehnsucht des Menschen, geradezu der Schrei nach Wahrgenommenwerden, Erkanntwerden, Angenommensein, Geliebtwerden, Geborgenheit, nach Heilsein und Ganzsein, nach Lebensentfaltung. Warum? Weil man im Raum des Angenommenseins ausruhen kann und seinen Frieden findet, weil man sich dort nicht mehr verstellen und mit dem Leben lügen muss, weil man seine Wahrheit leben kann und keinen Schein mehr aufbauen muss, der das wahre Sein verdeckt. Das schafft innere Ruhe und Gelassenheit, es gibt Vertrauen und Mut, in das Leben hineinzuleben. Es gibt auch die Kraft zur Lebensentfaltung und Lebensfreude. Das Seinkönnen im eigenen Sein befreit zum Selbstsein.

10. Der Mensch als Wesen des Geistes und der Transzendenz – Glauben und Wissen

Es war die Rede von der Brüchigkeit der Welt, von den Umbrüchen und der Suche nach Halt. Besonders in der Pubertät, in der Lebensmitte und im Alter, aber letztlich auch immer wieder mitten im Alltag wird der Mensch von der Brüchigkeit des Lebens erfasst. Krankheit und Leid, Endlichkeit und Tod, zerbrechende Beziehungen und Sinnkrisen, der Verlust eines geliebten Menschen sowie der Verlust des Arbeitsplatzes erinnern den Menschen ständig an die Fragmentarität und Endlichkeit des Lebens.

Und gleichzeitig spürt der Mensch in all dem Zerbrechlichen, dass das womöglich nicht alles ist, und er hält Ausschau nach einer anderen, besseren Welt. Er spürt, dass die Welt doch so nicht gemeint sein kann, dass sie doch anders sein sollte. Manch innerweltliche Heilsversprechen wie beispielsweise der Marxismus mit seiner klassenlosen Gesellschaft oder auch der Nationalsozialismus meinten, das Paradies auf Erden errichten zu können. Dabei haben sie in je unterschiedlicher Weise denselben Fehler gemacht, nämlich die Endlichkeit der Welt zu verabsolutieren und sie nicht als *Endlichkeit* zu erkennen. Damit haben sie die *grundsätzliche* Fragmentarität, Endlichkeit und Zerbrechlichkeit der Welt nicht akzeptiert und die Menschen in die Irre geführt.

Diese Endlichkeit kann kein politisches System überwinden. Innerhalb von Raum und Zeit gibt es eben diese Begrenztheit, die sich erst jenseits von Raum und Zeit auflösen kann. Das heißt wiederum nicht, dass man innerhalb der Endlichkeit nicht versuchen sollte, dem Leid, den Krankheiten und Ungerechtigkeiten entgegenzuarbeiten, statt die Menschen auf ein besseres Jenseits zu vertrösten. Es müssen alle Anstrengungen in dieser Welt unternommen werden, um Ungerechtigkeit, Leid, Krankheit, Scheitern von Leben zu verhindern. Und gleichzeitig muss der Mensch sich der grundsätzlichen Endlichkeit dieser Welt bewusst sein, sonst besteht die Gefahr, in totalitäre und autoritäre Systeme zurückzufallen.

So kommen die Erfahrung der Brüchigkeit der Welt und die Sehnsucht nach Heilwerden zusammen und gleichzeitig taucht der Zweifel auf, ob es ein solches Heilwerden überhaupt gibt oder ob am Ende nicht das totale Zerbrechen und das totale Nichts steht. Während noch das kleine Kind unbewusst und fast wie selbstverständlich über den Himmel und den lieben Gott spricht, kommen später Zweifel daran auf, ob es diesen Gott überhaupt gibt und ob Religion überhaupt etwas zum Heilwerden beitragen kann.

In dieser Erfahrung von Brüchigkeit und Sehnsucht nach Heilwerden zeigt sich eine weitere Dimension des Lebens, nämlich jene von Veränderung und Wandel sowie der Blick über den eigenen Horizont hinaus. Der Mensch lebt im ständigen Wandel. Er muss Bisheriges lassen und in Neues, Unbekanntes hineinwachsen. Er muss sich immer wieder neu überschreiten. Der lateinische Begriff für dieses Phänomen heißt transcendere oder davon abgeleitet: Transzendenz. Dieser Begriff muss zunächst noch nichts mit der Frage nach Gott zu tun haben, sondern deutet nur an, dass der Mensch sich immer wieder neu überschreiten muss. Die Frage ist allerdings, wohin er sich überschreiten soll, mit welcher Orientierung und mit welchem Ziel?

Das Überschreiten braucht eine Richtung, und diese Richtung kann nicht beliebig sein, so wie auch ein Weg eine Richtung braucht, wenn man an ein bestimmtes Ziel kommen will. Der Weg selbst kann nicht das Ziel sein, da der Weg auch in den Abgrund führen kann. Der Weg ist nur dann ein vernünftiger Weg, wenn er auch zu einem guten Ziel führt. Der Mensch, der auf dem Weg ist, braucht ein Ziel, das er anvisieren kann. Das können kurzfristige Ziele sein, wie eine gute Berufsausbildung, eine Familie, viel Geld verdienen, Ruhm und Ehre. Von letzterem würde Aristoteles sagen, wer nach Ehre strebt, ist immer abhängig von anderen Menschen, die ihm diese Ehre zuteil werden lassen.[28] Er meint, ein solches Ziel könne niemals ein letztes Ziel sein. Sondern das letzte Ziel müsse etwas sein, was von diesen äußeren Beurteilungen unabhängig ist.

All die Zwischenziele, die ein Mensch haben kann, müssten in einem

10. DER MENSCH ALS WESEN DES GEISTES UND DER TRANSZENDENZ

letzten Ziel enden, das im Menschen selbst liegt und nicht von anderen abhängig ist. Und er bestimmt dieses letzte Ziel des Menschen – wie oben schon angedeutet – als das Streben nach Glück. Alle Menschen streben nach Glück, und die Frage ist, welches die adäquaten Wege zu diesem Ziel des Glückes sind. Aristoteles sieht sie im tugendhaften Leben. Der Mensch soll dem guten Geist folgen. Später im Christentum heißt es, dass der Mensch zur Fülle des Lebens gelangt (der Begriff „Glück" kommt im Neuen Testament nur sehr wenig vor), wenn er dem Heiligen Geist folgt, also dem heilen („heil" hat etwas mit „ganz" zu tun) und heilenden Geist, dem richtig denkenden und richtig ausgerichteten Geist.

Der Weg kann also nicht das Ziel sein (wie der Volksmund denkt), da es zum Begriff des Zieles gehört, dass man das Ziel auch verfehlen kann. Den Weg kann man aber niemals verfehlen, da man immer irgendwie unterwegs ist, selbst wenn der Weg in den Abgrund führt. Der Weg sollte also immer ein Ziel haben, am besten ein Letztziel, dem alle anderen Ziele untergeordnet werden. Es sollte der *richtige* Weg sein, um das „Endziel" des Glückes oder der Fülle des Lebens zu erreichen.

So ist der Mensch nicht nur das Wesen der Sprache, der Frage, des In-Frage-Gestelltseins und der Zerrissenheit, sondern auch jenes Wesen auf der Suche nach seinem Glück, nach der Fülle des Lebens, nach dem Ganzen seiner Existenz und nach dem Weg dorthin. Auf diesem Weg muss es sich ständig neu überschreiten, er ist das Wesen der Transzendenz. Der Mensch überschreitet den Menschen um ein Unendliches, so hat es Pascal formuliert. Dies gilt für die kleinen Alltagsüberschreitungen, aber auch für den letzten Überstieg des Menschen auf den letzten Grund Seins. Dieses Sich-je-neu-Überschreiten beginnt mit dem Lebenbeginn und setzt sich ein Leben lang fort. Es ist der Beginn einer lebenslangen Reise, auf der der einzelne je neu aufbrechen muss und zwar im doppelten Sinn: Aufbrechen im Sinn des Wegziehens aus dem Alten in Neues hinein und Aufbrechen im Sinne vom Aufbrechen und Zerbrechen von alten Grenzen. Der Mensch muss immer wieder neu hineinwachsen in die nächste Lebens- und Erkenntnisphase: Zeugung, pränatale Entwicklung, Geburt, Kindheit, Pubertät, Jugend, Schule, Beruf, Suche nach einem Partner, Beziehungen, Ehe, Kinder, Ehelosigkeit, Lebensmitte, Altern, Alter, Krankheit, Tod.

Diese Grundbestimmung des Menschen als transzendentes Wesen, das sich im letzten auf einen absoluten Grund hin überschreitet, bricht in jungen Jahren anfanghaft auf und begleitet den Menschen den Rest seines Lebens. Entscheidend ist, wie das Aufbrechen der Dimension des Sich-überschreiten-Müssens von der Umgebung (Eltern, Freunde, Lehrer) aufgenommen und begleitet wird. Das intuitive Wissen um das Ganze entsteht und weist auf die Grundbestimmung des Menschen hin. Es ist das Sich-überschreiten-Müssen und das immer schon „Über-sich-Hinaussein". Das Absolute ist immer schon da im Relativen. Es ist ein „Schon" und ein „Noch nicht". Das Neue, Anfanghafte und Ursprüngliche ist immer schon „da" und muss dennoch im Nacheinander der Zeit je neu eingeholt werden. Diese doppelte Erfahrung des „Schon" und „Noch nicht" begleitet den Menschen ein Leben lang. Nichts bleibt wie es war, jeder Tag ist anders und doch nicht ganz anders. Der Mensch muss sich immer wieder anpassen und neu einstellen, er ist immer neu herausgefordert und herausgerufen. Panta rhei, alles fließt, sagten die Griechen oder dass man nicht zweimal in denselben Fluss steigt. Aber nicht nur das: Es gibt auch das Bleibende. Es ist eben doch derselbe Fluss, aber jedes Mal anderes Wasser. Es ist eben doch derselbe Mensch, der sich aber ständig verändert.

Veränderung und Wandlung gibt es nur, weil es Bleibendes gibt, sonst wäre jeder Mensch jeden Tag ein ganz anderer. Das Verändernde nennt die alte aristotelische Tradition „Materie" und das Bleibende „Seele". Das Überschreiten in das je Neue hinein geht nur deshalb, weil es in allem Sich-Verändernden auch das Bleibende gibt, die innere Mitte, die die Veränderung auf dem Weg hält und die ihrerseits auf einem tragenden Grund aufruht, der den Menschen hält. Das Ganze ist dem Einzelnen voraus. Das Ganze ist schon in der Zygote da (wenn auch nicht starr und fixiert) und muss sich doch erst entwickeln. Das Ganze liegt dem Einzelnen zugrunde und der Mensch ist als Geistwesen auf das Ganze des Seins ausgerichtet. Er kann über das Ganze seines Leben nachdenken und sich zum Beispiel bei wichtigen Entscheidungen – wie es Ignatius von Loyola empfiehlt – in die Stunde seines Todes versetzen und zusehen, wie er von dort aus heute entschieden haben wollte.

10. DER MENSCH ALS WESEN DES GEISTES UND DER TRANSZENDENZ

Er kann mit seinem Geist auch seinem konkret gelebten Leben schon voraus sein, ohne die Zukunft zu kennen. Er kann nach einem letzten Grund fragen und nach allem, was ist. Der Mensch ist weltoffen und offen auf das gesamte Sein. Er stellt die Frage nach dem Ganzen und danach, was das Ganze im Innersten zusammenhält. Er fragt aber auch danach, was das Ganze eigentlich soll, warum die Welt da ist und warum es überhaupt etwas gibt und nicht vielmehr nichts (Leibniz). Er stellt – meist in Krisenzeiten – die Frage nach dem Sinn des Ganzen und dem Sinn des eigenen Lebens.

Dem „Schon" des Ganzen entspricht das zeitliche „Noch nicht". Man kann im Geist schon überall sein, und muss doch im Lebensvollzug die raumzeitlich strukturierte Materie in der Ausdehnung der Zeit mitnehmen. Der Mensch lebt in einem materiellen Leib und diese Materie ist „träge". Der Geist hat etwas Raum- und Zeitloses, er hat keine Ausdehnung, man kann ihn nicht in Zentimetern messen. Die ausgedehnte und messbare Materie begrenzt ihn. Sie verlangsamt die Geschwindigkeit und begrenzt die Raum- und Zeitlosigkeit des Geistes. Das macht bescheiden, führt zur Verlangsamung und zur Erdung. Das lateinische Wort für Erdung heißt humilitas (humus, Erde) und wird mit dem deutschen Wort „Demut" übersetzt.

Es geht also darum, dass der Geist auf die Erde in den konkreten Alltag hinunter geholt werden muss. Es geht um Erde, Erdung und Geerdetsein, um Bodenhaftung, Bescheidenheit und Demut. Der Geist muss in die Materie hinab und bekommt dadurch seinen Realitätsbezug und seine gründliche, auf den Grund gehende Ausrichtung. Er findet seine rechte Begrenzung in der Materie und letztlich die realitätsbezogene Geschwindigkeit des Denkens und des Handelns. Im Lebensvollzug muss der „materialisierte Geist" mühsam dasjenige Schritt für Schritt einholen, was er eigentlich immer schon weiß. Wohlgemerkt Schritt für Schritt, denn man kann keinen Schritt dabei auslassen. Auch das physiologische Gehen geht nur Schritt für Schritt, sonst stolpert der Mensch und fällt hin. So *geht auch das Leben* nur Schritt für Schritt, es ist ein Weg. Auch der Grashalm wächst nur Schritt für Schritt, er braucht seine Zeit zum Wachsen. Durch ständiges daran Ziehen beschleunigt man nicht den Wachstumsprozess, sondern lockert nur die Wurzeln und reißt ihn heraus.

Dieses „Schritt für Schritt" des Wachstums ist auch für das tägliche Handeln von Bedeutung. Beppo der Straßenfeger hat in Michael Endes Buch „Momo" folgende kluge Einsicht (frei wiedergegeben): Er sieht eine lange Straße vor sich, die er fegen soll. Aber sie ist so lang, dass er schon beim Anblick der Größe der Aufgabe vor dieser Aufgabe kapituliert. Er weiß aber, dass er sie fegen muss. Also fängt er eines Tages einfach an: Besenstrich und Atemzug, Besenstrich – Atemzug, Schritt für Schritt. Und bald war die ganze Straße gefegt, wie von selbst. Auch so geht Leben: Wenn man das Ganze anschaut, kann man vor der Größe der Aufgabe resignieren. Geht man aber einfach mal los, stellt man langsam fest: Es geht (irgendwie). Man weiß nicht genau wie. Biblisch heißt das: Was machst du dir Sorgen um den morgigen Tag, der heutige hat seine eigene Plage (Mt 6,34). Nur das Heutige musst du bewältigen, nur den nächsten Schritt musst du tun und dazu erhältst du die Kraft. Das entlastet. Die Brücke über das Wasser baut sich unter dem je neu zu setzenden Schritt erst auf, sehen kann man sie oft nicht, aber das Wasser trägt.

So lebt der Mensch eigentlich täglich mit einem tiefen, oft unreflektierten Vertrauen, dass es schon irgendwie gehen wird. Er „weiß" (und muss es doch glauben und darauf vertrauen), dass auch der morgige Tag zwar neu, aber nicht ganz anders sein wird als der heutige, und dass die Sonne wieder im Osten aufgeht und nicht im Süden. Er lebt auch in dem Vertrauen, dass das Leben trägt, dass es im letzten nicht im Nichts und in der totalen Sinnlosigkeit endet. Das meiste im Leben geht nur mit diesem Vertrauen. Sogar in der Wissenschaft muss man dem Kollegen vertrauen, dass er redlich gearbeitet und die Ergebnisse nicht geschönt oder gefälscht hat.

Fälschungen von naturwissenschaftlichen Ergebnissen in letzter Zeit weisen darauf hin, dass auch das vermeintlich sichere Wissen vom Glauben und Vertrauen lebt. Auch dem Lehrer und Professor muss man zunächst glauben, dass er das Richtige sagt, man kann es nicht immer gleich nachkontrollieren. Selbst Historikern muss man die Daten glauben, denn niemand war bei der Schlacht von Waterloo dabei, kann also in dem Sinne nicht genau wissen, ob es so war. Auch hier muss manches „Wissen" geglaubt werden. Schließlich muss man demjenigen glauben, den man nach dem Weg in einer fremden Stadt fragt. Man weiß erst, ob er den Weg richtig beschrieben hat, wenn man losfährt und nicht stehen bleibt. Bleibt man stehen und vertraut ihm nicht, erfährt man es nie. So geht es auch mit dem Weg des Lebens: es geht nur mit Vertrauen.

Allerdings gibt es für diese Art von Vertrauen noch Zusatzinformationen. Es ist dies die Vertrauenswürdigkeit derer, die man etwas fragt oder die etwas vortragen. Es geht um Vertrauenswürdigkeit und Glaubwürdigkeit, sogar um jene der Wissenschaftler sowie um das Vertrauen in den Konsens der Wissenschaftler insgesamt. Vertrauen, Glauben und Wissen gehören untrennbar zusammen. Der Mensch und seine Glaubwürdigkeit treten mehr und mehr ins Zentrum, selbst beim vermeintlich so sicheren Wissen wie dem naturwissenschaftlichen. In der immer größer werdenden Komplexität kann nicht jede wissenschaftliche Publikation sofort auf Wahrheit oder Fälschung hin erkannt werden. Selbst so renommierte naturwissenschaftliche Journals wie „Science" und „Nature" sind schon getäuscht worden. So basiert manches vermeintlich sichere „Wissen" auf Glauben, und umgekehrt ist mancher Glaube nahezu ein Wissen. Glaube ist dabei nicht so sehr ein Glaube an etwas, sondern ein personaler Akt im Sinne von „ich glaube dir", „ich vertraue dir", dass du mich nicht in die Irre führst und betrügst. Der Mensch hat die Möglichkeit, sich Gedanken darüber zu machen, wem er vertraut und wem nicht.

Aber zurück zur Transzendenz, zur Notwendigkeit des Menschen, sich zu überschreiten. Er muss sich im Alltag überschreiten und schließlich auch auf einen letzten Grund hin. Selbst wenn der Mensch meint, dieser letzte Grund sei das absolute Nichts. So verhält es sich mit den letzten Dingen: Auch die letzten Dinge haben mit Vertrauen und Glauben zu tun. Es war gesagt worden, dass der Mensch als Geistwesen ein Wesen der Transzendenz ist und auf das Absolute ausgerichtet ist. Eine Frage blieb noch unbeantwortet, nämlich ob das Absolute Es-haft oder du-haft ist. Mehr Möglichkeiten gibt es logisch nicht, weil es nicht mehr Personalpronomina gibt: „Ich, Du, Er, Sie" sind du-hafte Pronomina, „Es" ist ein sachhaftes Pronomen und „Wir, Ihr, Sie" sind wieder du-hafte Pronomina.

So stellt sich die Frage, ob der menschliche Geist, der immer schon auf das Absolute ausgerichtet ist und im Raum dieses Absoluten steht, diesem Absoluten überhaupt ausweichen kann. Wenn er ihm nicht ausweichen kann, weil es immer schon „da" ist, kann gefragt werden, ob er sich dann in einem es-haften Absoluten oder einem du-haften Absoluten befindet. Es stellt sich die Frage, ob er sich es-haften Schicksalsmächten ausgeliefert sieht oder einem Du, mit dem er kommunizieren kann und das es gut mit dem Menschen meint.

Wenn er sich auf das Absolute, das schon da ist und in dessen Raum er schon steht, einlässt und sich ihm anvertraut, dann scheint es sinnvoller zu sein, sich einem Du anzuvertrauen, das berechenbar ist und es gut mit dem Menschen meint, als einem Es (einem blinden Schicksal), das keinerlei Kriterien des Vertrauens aufweist und sowohl gut wie auch böse sein kann (obwohl nur Personen gut oder böse sein können und kein es-haftes Schicksal). Ein Schicksalsglaube in ein unberechenbares Schicksal führt entweder in die Passivität des Menschen und damit letztlich in eine Flucht vor der Verantwortung, da der Mensch glaubt, nichts für sein Leben tun zu können, da alles schon vom Schicksal entschieden ist, oder es führt zu einem Aberglauben, der meint, mit magischen Praktiken oder bestimmten Ritualen das Schicksal gnädig stimmen zu können.

Oder man nimmt an, dass das Schicksal es immer gut meint mit dem Menschen. Aber hat ein Schicksal eine Meinung, wer oder was ist dieses Schicksal? Anders gefragt: Kann man sich einem Schicksal anvertrauen, von dem man gar nicht weiß, ob es dem Menschen wohlgesonnen ist? Vertrauen kann man eigentlich nur einer personalen Macht, die es gut mit dem Menschen meint und ihn nicht in die Irre führt, die sich selbst zu erkennen gibt und nicht im Dunkeln weilt. Das ist jedenfalls die Auffassung des Judentums und des Christentums, dass sich der Absolute in dieser Welt gezeigt hat, dass er sein Wesen offenbart hat, dass er ein guter Gott ist, dass der Mensch sich ihm anvertrauen kann und dass er in diesem Sich-Gott-Anvertrauen sein Glück, sein Heil, seine Fülle des Lebens findet.

Wenn jemand sich diesem Gott nicht anvertraut oder seine Existenz leugnet, stellt sich die Frage, welchen Göttern, Schicksalsmächten oder endlichen Größen er sich anvertraut und welche endlichen Güter er für absolut erklärt. An irgendetwas oder irgendjemandem hält der Mensch sich immer fest und in irgendetwas oder irgendjemand setzt der Mensch immer sein Vertrauen, anders kann er gar nicht leben. Immer steht er dabei in der Gefahr, das Endliche und Relative für absolut zu erklären. Selbst die angestrebte Suche nach dem Glück bleibt endlich, sie kann immer wieder gestört werden. Das Glück selbst bleibt endlich, der Mensch kann nicht ständig glücklich sein. Das Glück wird gestört durch Leid und andere Ereignisse.

11. Die Frage nach Gott

All die bisher aufgeworfenen Fragen haben die Menschen immer bewegt: warum gibt es die Welt, warum gibt es mich, warum gibt es überhaupt etwas und nicht vielmehr nichts, wie findet der Mensch sein Glück, was ist der Tod und was kommt danach, was ist Krankheit und warum gibt es Krankheiten, was ist Leid und warum lässt der gute Gott es zu, warum zerbrechen Beziehungen, was sind die Mächte dieser Welt, was ist das Gute, was ist das Böse. Auf diese Fragen haben verschiedene Philosophen, Philosophien und Religionen ihre Antwortversuche gegeben. Für vieles Unerklärliche wurden Götter geschaffen, Phänomene oder Energien sowie zerstörende und erhaltende Kräfte wurden mit Göttern assoziiert, es wurde über die ewige Seele und den Vielgötterhimmel nachgedacht.

Sowohl im indischen Götterhimmel (Brahma, Shiva, Vishnu) als auch bei den Griechen (Gott des Weines, des Wasser, des Donners) sind Göttergestalten wohl der Versuch des Menschen, Unerklärbares und Undurchschaubares erklärlich zu machen, es zu personifizieren, um irgendwie des Unerklärlichen und Bedrohlichen habhaft zu werden und es durch Ansprache, Opfer und Gebet zähmen zu können. Der Mensch schafft sich seine Götter, um das Leben besser ertragen zu können und seine Rituale, um die Götter gnädig zu stimmen. So hätte es auch Ludwig Feuerbach formuliert: der Mensch schafft sich seine Götter oder seinen Gott, da er mit der Welt, seinem Leben und seinen Ängsten nicht zurecht kommt. Gott ist eine Projektion des Menschen. Aber welch ein Gott kommt da heraus? Nur ein Übermensch oder ein besserer Mensch, aber niemals der Gott, der die Welt erschaffen hat. Diesen Gott kann der Mensch sich nicht erschaffen. Er kann ihn auch gar nicht denken, weil er ganz anders und viel größer ist, als der Mensch ihn je denken könnte. Dieser Gott muss sich von selbst zeigen und offenbaren, damit der Mensch eine Ahnung von seiner Größe bekommen kann.

So suchte der Mensch über weite Strecken der Menschheitsgeschichte Antworten auf seine Fragen und schuf sich seine Götter. Seine

Antworten auf seine Fragen sind insofern philosophisch, als sie dem menschlichen Geist entstammen, sie stammen nicht „von Gott selbst". Allerdings kann man womöglich sagen, dass auch diese Gedanken nicht mehr rein philosophisch vom Menschen erdacht worden sind, sondern schon vom „göttlichen Geist" durchdrungen und inspiriert sind. Der Geist Gottes – so könnte man formulieren – hat sich in der Geschichte auf verschiedene Weise gezeigt: erst in sehr versteckter Weise in Naturreligionen, vorchristlichen Religionen, Vielgötterreligionen und in verschiedenen Philosophien. Dann hat er sich schrittweise immer mehr gezeigt, bis er schließlich aus seinem dunklen Urgrund aufgetaucht ist und – so das Judentum – selbst angefangen hat zu sprechen. Karl Jaspers hat sich in dieser Hinsicht über die großen Philosophien und die religiösen Größen der Weltgeschichte Gedanken gemacht.[29]

Im Zuge dieses schrittweisen sich Zeigens des Absoluten geschieht – etwas zugespitzt formuliert – in einem bestimmten Zeitfenster der Weltgeschichte eine Revolution. Diese Revolution besteht darin, dass das Volk Israel davon ausgeht, dass der verborgene Seinsgrund, nach dem die Menschen jahrtausendelang gesucht haben, zu sprechen beginnt. Er kommt aus seinem dunklen Grund hervor und zeigt sich. Er gibt nicht nur etwas von sich, sondern sich selbst preis und sagt, wer er ist: „Ich-bin-Da". Nach der Auffassung Israels beginnt Jahwe nicht nur zu sprechen, sondern schließt auch einen Bund mit seinem Volk. Das hebräische Wort für Sprechen und Tun ist dasselbe. „Gott sprach: es werde Licht. Und es wurde Licht" (Gen 1,3). Gott gibt erste Antworten auf die Fragen des Menschen, ob es einen solchen Gott gibt, was er für Eigenschaften hat, ob er ein unbewegter Beweger ist, wie ihn Aristoteles philosophisch zu beschreiben versucht, oder ob er ein persönlicher Gott ist, mit dem man sprechen kann. Außerdem befreit er das Volk Israel aus der Knechtschaft Ägyptens.

Hier nun muss der skeptische Leser einen Überstieg vollziehen und mit dem Volk Israel und dem Judentum davon ausgehen, dass es sich so ereignet hat oder zumindest, dass das Volk die befreiende Tat so interpretiert hat. An diesem Punkt scheiden sich die Geister. Man muss nicht mitgehen und „glauben", dass Gott „wirklich" gesprochen hat und aus seinem Versteck hervorgekommen ist. Man kann auch sagen, dass die Existenz und das Sprechen Gottes eine Erfindung des menschlichen Geistes ist, so wie es Ludwig Feuerbach getan hat. Wenn man sich auf diesen Gedanken Feuerbachs kurz einlassen will, muss man sich aber mehrere Fragen stellen, die schon angedeutet wurden:

Was soll da für ein Gott herauskommen, der eine Projektion des Menschen ist? Das kann auch nur ein Mensch werden, vielleicht ein Übermensch, wie bei Friedrich Nietzsche, aber kein Gott. Der Mensch kann von sich aus nicht in die göttliche Dimension hineinschauen. Er kann gedanklich bis zum Absoluten vorstoßen, aber aus sich heraus nicht wissen, ob dieser Gott existiert und wer dieser Gott ist, wenn er sich nicht selber zeigt. Bei einem solchen menschengemachten Gottesbild kann nur ein Zerrbild herauskommen, jedenfalls sicher nicht der Schöpfergott. Wenn Gott Gott sein soll, der nach jüdischer Auffassung den Kosmos, die Welt und den Menschen geschaffen hat, muss er ganz anders sein als der Mensch. Er muss dem Menschen voraus sein, muss Vorbild des Menschen sein und nicht umgekehrt das projizierte Abbild des Menschen.

Es muss der Schöpfergott sein, der immer schon von Ewigkeit her vor der Erschaffung der Welt aus sich selbst heraus existiert hat. Es muss der Schöpfer sein, der immer schon da ist und aus dem Nichts heraus etwas schaffen kann (creatio ex nihilo), was kein Mensch kann. Es muss jener Gott sein, der Raum und Zeit ins Leben ruft, der spricht, denkt und handelt, der den logos in sich hat und den Menschen nach seinem Bild schafft. Tatsächlich schafft sich der Mensch oft seinen Gott nach seinem Bild und wird dann von diesem Gott, der nur seine eigene Projektion ist, enttäuscht. Das muss er auch, weil dieser selbstgemachte Gott eben nicht der Gott Abrahams, Isaaks und Jakobs ist. Deshalb heißt es im Alten Testament: Du sollst dir kein Bild von Gott machen.

Wenn man diesen entscheidenden Schritt *nicht* mitmacht, anzuerkennen oder zumindest einmal gedanklich zuzulassen, dass Gott aus seiner Verborgenheit hervorgetreten sein könnte und sich *von sich aus* begonnen hat zu zeigen, versteht man weder das Judentum, noch das Christentum, noch den Islam. Denn alle drei Religionen sind monotheistische Offenbarungsreligionen, die davon ausgehen, dass dieser Gott sich (in je unterschiedlicher Weise) aus sich selbst heraus gezeigt hat, dass er sich offenbart hat und damit etwas von sich selbst preisgegeben hat. Er hat letztlich nicht nur etwas von sich preisgegeben, sondern nach Auffassung des Christentum sogar sich selbst ganz. Er hat wohl auch seine Allmacht preisgegeben, indem er den Menschen und damit eine endliche Freiheit geschaffen hat, die Gott ein „Nein" entgegenschleudern kann.

Genau das ist in der Paradiesesgeschichte erzählt, dass der Mensch Nein sagt zu den Anweisungen Gottes. Die Schlange sät den Zweifel, dass Gott es nicht gut meint mit dem Menschen und nicht sein Bestes will. Dieser Zweifel führt zur Abkehr des Menschen von Gott, er will Gott nicht folgen und gehorchen, sondern doch lieber selbst sein wie Gott, selbst entscheiden, was gut und böse ist und sein Leben an Gott vorbei selbst in die Hand nehmen. Das ist der Untergang des Menschen – bis heute.

Die Folge davon ist, dass im Menschen eine Störung entsteht. Das Sich-Abkoppeln von Gott führt zu einer Entfernung und Entfremdung von Gott und damit auch zu einer Entfremdung im Menschen selbst. Die Störung des Gottesverhältnisses führt zu einer Störung im Menschen und im Verhältnis zu seinem Nächsten. Er sieht, dass er nackt ist und schon bald folgt der Brudermord bei Kain und Abel. Die Abkehr von Gott und das Sein-wollen-wie-Gott durchzieht die ganze Menschheitsgeschichte und ist eine Ursache des Übels in der Welt. Es ist eine Verkehrung im Menschen, die im Christentum theologisch als Erbsünde bezeichnet wird. Dies hat nichts mit persönlicher Sünde zu tun, sondern wird als eine Grundverfasstheit des Menschen beschrieben, der sein will wie Gott, sich nicht unterordnen und sich nichts sagen lassen will. Er glaubt, dass die Unterordnung unter den Willen Gottes ihm das Wichtigste vom Leben vorenthalten würde. Das führt zur inneren Spaltung.

Der Mensch traut Gott nicht zu, dass er es gut mit ihm meint und ihm deshalb „empfiehlt", sich der Anordnung Gottes anzuvertrauen. Nicht weil Gott dem Menschen etwas vorenthalten will, sagt er ihm, er solle von dem Baum der Erkenntnis nicht essen. Sondern weil er ihn auf die Ordnung der Welt aufmerksam machen will, dass er der Schöpfer ist und der Mensch das Geschöpf. Gott allein weiß, wie das Leben geht, weil er die Welt geschaffen hat. Der Mensch weiß es zunächst aus sich heraus nicht, er muss es lernen. Wer aus der Ordnung und der Anbindung an Gott heraus fällt, fällt auch aus der Einheit mit sich selbst heraus und dann ist auch das Verhältnis zum anderen gestört. Der Mensch soll seinen Platz in der endlichen Welt finden und diese als endlich akzeptieren und nicht verabsolutieren.

Von daher soll er von dem *einen!* Baum nicht essen. Die Schlange hat das Wort Gottes verdreht und gefragt, ob sie denn von *keinem* der Bäume essen dürften. Eva verteidigt Gott und sagt: nein, nur von dem einen nicht. Beim Essen von diesem Baum geht es primär nicht um die Erkenntnis von Gut und Böse, denn das soll der Mensch in dieser Welt unterscheiden lernen. Es geht um das Sein-Wollen wie Gott. Man kann natürlich sagen, dass es im Paradies kein Gut und Böse gab und der Mensch erst nach seinem „Sündenfall" erkennt, dass er nackt ist und erst jetzt auch Gut und Böse unterscheiden lernt.

Ein modern denkender Mensch würde dies aber wohl nicht sagen, dass erst durch den Sündenfall die Welt aus der Unendlichkeit des Paradieses in die Endlichkeit der Welt und damit in die Unterscheidung von gut und böse abgestürzt ist.[30] Die Ursünde besteht wohl eher darin, dass der Mensch die Welt nicht als endlich akzeptieren und sich nicht damit abfinden will, dass er als Geschöpf der zweite in der Schöpfungsordnung ist und nicht der Schöpfer. Die Ursünde besteht also in der Anmaßung des Menschen, selbst wie Gott sein zu wollen. Diese Ursünde pflanzt sich bis heute fort (daher „Erbsünde") und ist tief im Menschen verankert.

Die Erbsünde besteht einerseits im Zweifel an der Güte Gottes, der es nicht gut meinen könnte mit dem Menschen, und andererseits im An-sich-reißen-Wollen der göttlichen Macht, im Sein-wollen-wie-Gott. Dieses Sein-wollen-wie-Gott kommt einerseits aus dem Misstrauen der Güte Gottes gegenüber und andererseits aus dem enormen Vermögen, das Gott dem Menschen als sein Ebenbild zugeteilt hat. Von diesem Vermögen und dieser Kraft her meint der Mensch, sie kämen aus ihm selbst heraus und er könne sie auch ohne die Anbindung an Gott entfalten. Er hält diese Gaben für selbstverständlich, wie er auch Gesundheit für selbstverständlich hält. Erst wenn er aus diesem Selbstverständlichen herausfällt, merkt er, dass es nicht selbstverständlich ist und dass er ganz nackt da steht, ohne Kraft und voller Angst.

11. DIE FRAGE NACH GOTT

Das vermeintlich Selbstverständliche muss auch als das wahrgenommen werden, was es ist: als das Göttliche. Anders gewendet: Die dem Menschen wie von selbst zuwachsende Kraft ist im letzten die aus Gott kommende Kraft, die verloren geht und ins Gegenteil des Bösen verkehrt wird, wenn der Mensch sich von Gott abkoppelt und seine Kraft zur eigenen Kraft machen will. So ist das Böse womöglich nicht nur ein Mangel an Gutem, wie es Thomas von Aquin gemeint hat, sondern das pervertierte Gute, das seine Kraft aus dem Guten zieht und es in sein Gegenteil verkehrt. Das scheint die enorme Kraft des Bösen auszumachen, dass es seine Kraft aus dem Guten zieht, in den Menschen eindringt und sich dort in sein Gegenteil verkehrt. Die Abkoppelung von Gott besteht darin, dass der Mensch sich nichts von Gott sagen lassen will, dass er sich nicht unterwerfen will, die Ordnung der Schöpfung nicht anerkennen will, sein will wie Gott und schon alles besser weiß. Sünde in diesem Sinne hat etwas mit Besserwisserei und Selbstherrlichkeit des Menschen zu tun.

Der Mensch will aus dieser Haltung heraus alles wissen und haben (wer kennt nicht diese Versuchung), und gerade dadurch verliert er alles. Er muss sich mit der Endlichkeit abfinden, er kann gerade nicht alles haben und wissen und muss daher Verzicht üben. Die Erlösung besteht christlich gesehen wohl darin, dass dem Menschen durch die Auferstehung Jesu gesagt wird, dass er eines Tages nach dem Durchgang durch den Tod doch alles bekommt. Er bekommt alles, was er ersehnt, aber nicht auf dieser endlichen Erde, sie ist nicht das Paradies. Und dieses „Alles" nennt die Tradition „Himmel", das Sein bei Gott, das Reich Gottes. Dieses kann der Mensch sich aber nicht nehmen wie den Apfel vom Baum, sondern er muss es von Gott her in Empfang nehmen. Er erhält es nicht vollständig in dieser endlichen Welt, sondern erst jenseits davon (was wiederum nicht heißt, das man den Menschen auf das Jenseits vertrösten sollte).

Wenn der Mensch das Endliche zum Absoluten macht, so wie Karl Marx die endliche Welt zum Paradies machen wollte, wird er alles verlieren, vor allem seine Freiheit (wie marxistische Staaten gezeigt haben). So ist es mit jedem endlichen Gut: Wenn der Mensch es verabsolutiert, wird er es verlieren. Wenn er einen Menschen verabsolutiert, wird er ihn überfordern und auf Dauer verlieren, wenn er den Erfolg verabsolutiert, wird es alles daran ausrichten und ihn letztlich auch verlieren. Das ist der tiefere Sinn des ersten Gebotes in den zehn Geboten. Der Mensch soll Gott und das Absolute an erste Stelle zu setzen und dann erst das Relative und nicht umgekehrt. Er soll das Relative nicht verabsolutieren.

Wenn er aber die Endlichkeit als Endlichkeit akzeptiert, dem Willen Gottes folgt (wie dieser zu finden ist, wird später beschrieben) und sich ihm ganz anvertraut im Vertrauen darauf, dass Gott das Beste für den Menschen will, bekommt er dieses Beste auch: Vielleicht zunächst nur in kleinen Dosen, die womöglich seinem Weg und seiner Fassungskraft entsprechen, auf Dauer aber bekommt er alles, den Himmel, das Sein bei Gott. Der Mensch aber will vorgreifen, sich selbst nehmen, was ihm nicht zusteht und gleich alles auf einmal haben. Das nennt man Gier. Daran erstickt der Mensch.

Das Verhaftetsein in Raum und Zeit lässt nur ein schrittweises Wachstum zu, eine schrittweise Entwicklung in kleinen Dosen. So muss der Mensch warten lernen und die Dinge reifen lassen. Die biblischen Gleichnisse vom Himmelreich sind durchgehend solche Wachstumsgleichnisse, die sagen, dass die Blumen von selbst wachsen und der Mensch es nicht beschleunigen kann. Er kann sie nur gießen, und das heißt im übertragenen Sinn, sich immer wieder Gott zuzuwenden und von ihm her Nahrung erhalten. Der Mensch will aber nicht warten und nichts reifen lassen, sondern alles sofort haben und es selber machen. Er will das Wachstum beschleunigen. Das nennt man Ungeduld, mangelndes Vertrauen, Unglauben. Darin steckt auch die Egozentrik, zu meinen, man stehe selbst im Zentrum der Welt und könne alles tun, was man will.

Der Mensch will Herr seines Lebens sein und wird gerade dadurch zum Knecht. Diese Tendenzen im Menschen bestehen bis heute, sie stellen geradezu eine Grundverfasstheit des Menschen dar. Diese Verfasstheit ist im letzten ein Nein zu Gott (daher ist der Mensch seinsmäßig ein Sünder und tut nicht nur einzelne Sünden). Es ist ein Nein der Güte Gottes gegenüber. In jedem Menschen gibt es diesen Geist, der stets verneint, wie es bei Goethe heißt. Von dieser Grundverfasstheit kann nur Gott selbst den Menschen befreien, das nennt man Erlösung.

Nach christlicher Auffassung hat Gott nicht nur etwas von sich gezeigt, sondern sich selbst ganz. Sein Wort ist in der Person Jesu Christi Mensch geworden. In ihm hat er sein innerstes Wesen nach außen gekehrt, sein innerstes Geheimnis gelüftet und damit auch seine Verletzlichkeit und Menschlichkeit kundgetan. Er hat sein innerstes Wesen dem Menschen hingehalten, er war dem Willen seines Vater ganz gehorsam bis in den Tod. Darin besteht seine Erlöserkraft, dass er die Trennung des Menschen von Gott dadurch in sich überwunden hat, dass er selbst dem Vater ganz gehorsam war. Der Ungehorsam des ersten Menschen wird durch seinen Gehorsam überwunden. In diesem Gehorsam hat er die Liebe und Wahrheit seines Vaters ganz durchgehalten, er war durch nichts korrumpierbar.

Gerade weil er die Wahrheit gelebt hat, ja sogar selbst die Wahrheit war („Ich bin die Wahrheit", Joh 14,6), hat er auch die Unwahrheit ans Licht gebracht. Die Wahrheit ist Anzeige ihrer selbst und des Gegenteils. Die Wahrheit bringt auch die Lüge als Lüge ans Licht. Gerade das aber will die Lüge nicht, sie will versteckt bleiben. Dadurch dass in der Person Jesu die Wahrheit erschienen ist und in ihm der heile und ganze Mensch (der Heiland) aufgetreten ist, konnten die Menschen von ihm geheilt werden. Allerdings gab es auch Widerstand gegen diese gelebte Wahrheit. Durch sie wurde die Unwahrheit im Menschen enttarnt, und diese Enttarnung führte zur Aggression gegen die Wahrheit. Das war das Schicksal Jesu und ist das Schicksal mancher Menschen bis heute.

Lässt man also einmal die Annahme zu, dass der Gott Jahwe sich von sich aus gezeigt und dass das Wort des Vaters in der Person Jesu Christi Mensch geworden ist und sich als Wort ganz ausgesagt hat (ohne Rest), dann erfährt der Mensch, wer dieser Gott ist und wie er handelt. Er macht vor, wie Leben geht. Dadurch wird er durchsichtig auf den letzten Grund des Lebens, auf den Urheber und Ursprung des Lebens, den Jesus Vater nennt (das aramäische Wort für Vater heißt auch Ursprung). Durch dieses Durchsichtigwerden kann man sich dann doch ein Bild von Gott machen, ja sogar sagen, Jesus ist das Bild des Vaters. „Wer mich gesehen hat, hat den Vater gesehen" (Joh 14,9). Durch die Person Jesu tönt die Stimme des Vaters hindurch, ja er ist die Stimme Gottes, er ist das Wort Gottes. So kann der Mensch durch die Person Jesu hindurch erkennen, wer der Vater ist und welche Eigenschaften er hat. Insofern kann er sich ein Bild von Gott machen. Allerdings bleibt das alttestamentarische Verbot, sich ein Bild von Gott zu machen in dem Sinn bestehen, dass der Mensch ihn nicht in seine kleine Welt pressen soll und meint, Gott müsse nach seinen Vorstellungen funktionieren. (Per-sonare kann man mit „hindurchtönen" übersetzen, wenngleich der Begriff etymologisch von persona, die Maske kommt. Aber auch durch die Maske tönt die Stimme des Schauspielers hindurch.)

Das Gottesbild des Volkes Israel kristallisiert sich langsam aus einem Vielgottglauben zu einem Eingottglauben heraus, und das Wort (der logos) dieses einen Gottes zeigt sich in der Person Jesu. Das heißt, Gott kommt dem Menschen in der Geschichte Schritt für Schritt entgegen. Dieses schrittweise Entgegenkommen findet auch in der persönlichen Biographie statt. Gott beantwortet in kleinen Schritten die Fragen des Menschen. Und zwar beantwortet er sie in dem Maße, wie der Mensch sich öffnet und sie verstehen kann. Und dies ebenfalls in der Weltgeschichte (als die Zeit reif war, kam der Sohn Gottes auf die Welt) wie auch in der Biographie des Einzelnen. Offenbarung ist ein dialogischer Prozess, je mehr sich der Mensch öffnet, desto mehr kann sich auch Gott öffnen und sich zeigen.

Auch der Islam geht von einer Offenbarung Gottes durch den Propheten Mohammed aus. Allerdings incarniert (verleiblicht) sich nach Auffassung des Islam das Wort und die Wahrheit Gottes nicht in einer Person (Jesus Christus), sondern im Buchstaben des Koran. Während das Christentum von einer Incarnation spricht, geht der Islam von einer Illiteration aus, dass das Wort Gottes Buchstabe des Koran wird. Dadurch entsteht eine gewisse Starrheit des Buchstabens und des im Buch festgehaltenen Wortes Gottes. In einer lebendigen Person ist das Wort Gottes beweglicher und flexibler unterwegs. Außerdem gibt es Anklänge an das Gesetzesdenken Israels, das das Christentum überwunden hat. Das Neue Testament enthält vier Evangelien und die Briefe des heiligen Paulus, wodurch eine große Vielfalt der Perspektiven entsteht. Weiterhin ist im Christentum durch die Auffassung vom dreifaltigen Gott der Gedanke der Liebe und Freiheit in Gott selbst grundgelegt, was im Koran so nicht zu finden ist.

Allerdings ist das Christentum auch durchsetzt von griechischem Denken und dem Imperialismus des römischen Reiches. Diese Gefahr des Imperialismus im Christentum beginnt zur Zeit zu schwinden.

Im Blick auf die Frage nach Gott kommt das „Schon" und „Noch nicht" wieder zum Vorschein. Innerweltlich gesehen kommt Gott dem Menschen im Lauf der Geschichte langsam entgegen. Aus der Sicht Gottes und der Schöpfung war Gott aber immer schon vor der Schöpfung ganz „da". Das was schon da war, muss sich im Lauf der Geschichte langsam ent-falten und ent-wickeln, personaler ausgedrückt: der, der schon da war, kann sich erst Stück für Stück dem Menschen zeigen in dem Maße, wie der Mensch es zulässt und ertragen kann. Je mehr der Mensch sich öffnet, desto mehr kann sich auch Gott öffnen und verströmen.

Öffnet sich der Mensch, öffnet sich Gott, verschließt sich der Mensch, verschließt sich auch Gott. So wie es Augustinus für die Wahrheit formuliert hat: Sie bricht sich Bahn und öffnet sich dem, der sich ihr öffnet und verschließt sich dem, der sich ihr verschließt. Das Wirken Gottes hängt vom Mit-wirken des Menschen ab. Gott kann gegen den Willen des Menschen nichts tun (hier endet wohl seine Allmacht), er kann den Menschen nicht zwingen.

Er will es auch nicht, weil es der Freiheit widerspricht und weil er das freie „Ja" des Menschen will. Beziehung und Liebe geht nur mit einem „Ja". Daher fragt Jesus die Menschen immer wieder: Was soll ich dir tun, was wollt ihr von mir, warum seid ihr so traurig? Er will einen wirklichen Dialog mit den Menschen und ein freies Ja zu ihm und seinem Wirken. Verweigert sich der Mensch, kann Gott nicht einmal Wunder wirken: Er konnte in seiner Heimat keine Wunder tun, da sie keinen Glauben hatten (Mk 6,5). Auch am Wunder-Wirken Gottes muss der Mensch durch ein Sich-Öffnen mitwirken.

So offenbart sich Gott in kleinen Dosen und wirft nicht mit einem Schlag seine ganze Wahrheit und Kraft auf diese Welt. Fast ist es so wie in der Medizin: dosis facit venenum, die Dosis macht das Gift. Wenig Salz ist gesund, zuviel Salz bringt den Menschen um. Die ganze Wucht Gottes würde den Menschen erschlagen. Wer Gott sieht, stirbt, heißt es im Alten Testament. Dasselbe gilt in analoger Weise für die Biographie des Einzelnen: Gott zeigt sich in kleinen Schritten in dem Maße, wie der Mensch sich öffnet. Der Mensch, so könnte man fast sagen, bestimmt die Geschwindigkeit der Offenbarung Gottes mit.

Gott zeigt sich in dieser Welt, äußert sich ganz in der Person Jesu und ent-äußert sich im Tod am Kreuz. Er hat die Wahrheit gelebt und damit auch das Böse ans Licht gebracht. Er hat trotz aller Bedrohung die Wahrheit und Liebe durchgehalten und war insofern seinem Vater gehorsam. Durch diesen Gehorsam hat er den Ungehorsam des Menschen, der zum Bösen geführt hat, ans Licht gehoben, gleichzeitig überwunden und erlöst. Es hat ihn allerdings das Leben gekostet. Doch dieses innerweltliche „Scheitern" wird aufgehoben durch ein neues Leben in einer anderen Dimension des Seins. Nach christlicher Auffassung ist der Tod nicht das Ende des Lebens, sondern Durchgang und Übergang in eine neue Seinsweise. Das Christentum nennt dies den Himmel oder die Ewigkeit, es spricht von der leiblichen Auferstehung von den Toten.

Mit dieser Perspektive über den Tod hinaus, die man auch mit dem Begriff der Hoffnung belegen kann, sind die wesentlichen Ängste des Menschen, die Angst vor der Brüchigkeit der Welt, des Abschieds, des Scheiterns, der zerbrochenen Beziehungen und der Sinnlosigkeit der eigenen Existenz in eine neue Weise des Heilseins und Ganzwerdens hinübergeführt. Zwar darf der Mensch nicht auf diese jenseitige Welt vertröstet werden, damit man ihm im Diesseits nicht zu helfen braucht. Irdisches Leid muss hier bekämpft werden. Aber es gibt doch eine Perspektive nach vorne, die über die Welt hinausragt. Von dieser Perspektive aus kann man die endliche Welt relativieren lernen, und insofern wirkt der Blick über die Welt hinaus gerade dadurch wieder in die irdische Welt zurück.

Der Mensch, der sich auf diese göttliche Wirklichkeit einlässt, kann langsam in eine innere Gelassenheit gelangen, die seine tiefste Sehnsucht nach Heilsein, Ganzsein, innerem Frieden, Angenommensein und Erkanntwerden, Liebe und Lebensfreude stillen kann: Hier in dieser Welt ist dies zwar nur ansatzhaft und fragmentarisch gegeben, durch den Tod hindurch aber endgültig und ganz. Je mehr der Mensch sich in dieser Welt mit der Person Jesu verbindet, desto mehr wird seine Sehnsucht nach Angenommensein, Erkanntwerden, Geliebtwerden auch in dieser Welt schon Erfüllung finden. Darüber hinaus gibt es die Perspektive nach vorne, die als Hoffnung über den Tod hinausragt. Die Hoffnungslosigkeit hat keine Perspektive nach vorne, sondern steht vor einer schwarzen Wand des Nichts.

Die Befreiung des Menschen aus seiner irdischen Enge, die aus christlicher Sicht durch den Tod hindurchgeht und jenseits von Raum und Zeit zur vollen Entfaltung kommt, hat mit der befreienden Tat Gottes im Alten Testament begonnen. Dort hat Gott sein Volk aus der Knechtschaft der *äußeren* Gefangenschaft Ägyptens befreit. Jesu Wirken hat jeden einzelnen aus der Gefangenschaft seiner *inneren* Verstellungen befreit und erlöst. Zur Freiheit hat Christus uns befreit, heißt es im Galaterbrief (Gal 5,1). Diese Freiheit hat eine Perspektive nach vorne über die endliche Welt hinaus als die endgültige Freiheit des Seins bei Gott jenseits von Raum und Zeit.

12. Das befreiende Handeln Gottes

Die befreiende Tat Gottes findet sich zusammengefasst im Vorspann zu den Zehn Geboten: „Ich bin Jahwe dein Gott, der dich aus Ägypten geführt hat, aus dem Sklavenhaus" (Ex 20,2). Und dann kommen die Zehn Gebote und sagen zusammengefasst: Wenn du deine Freiheit, die du jetzt durch das befreiende Handeln Gottes erfahren hast, nicht wieder verlieren willst, dann handle nach den Geboten. Der Mensch im Paradies hat seine Freiheit verloren, weil er dem Wort Gottes nicht gefolgt ist. Die hebräische Ausdrucksweise, die da lautet: Du sollst nicht töten, kann auch übersetzt werden mit: Du wirst es nicht mehr tun. Du hast das befreiende Handeln Gottes in seiner ganzen Größe und Tragweite erfahren und daher wirst du nicht mehr lügen, ehebrechen, morden. Anders gewendet: Wenn du deine Freiheit nicht wieder verspielen willst, dann lüge nicht, brich nicht die Ehe, begehr nicht deines Nächsten Hab und Gut.

Womöglich wirst du es nicht mehr tun, da du die Liebe und die befreiende Tat Gottes verstanden hast. Wenn du in dir ruhst und an Gott angebunden bist, brauchst du bestimmte Dinge nicht mehr zu tun. Das heißt, die Gebote sind kein Selbstzweck, sondern Ausdruck der befreienden Tat Gottes, der dem Menschen den Weg zum gelingenden Leben weist. Man kann die Gebote durchbuchstabieren und zuschauen, wo der Mensch durch das Nichteinhalten der Gebote seine Freiheit verliert und in neue Abhängigkeiten und Zerrissenheiten gerät.

Die drei ersten Gebote, die man mit dem neutestamentlichen Gebot der Gottes- und Nächstenliebe kombinieren kann, haben dabei eine besondere Relevanz: Ich bin der Herr, dein Gott, du sollst keine anderen Götter neben mir haben, du sollst Gott, deinen Herrn, lieben aus ganzer Kraft und ganzer Seele und deinen Nächsten wie dich selbst. Außerdem sollst du den Sabbat heiligen. Es geht darum, im Leben Prioritäten zu setzen und sein Leben auszurichten. First things first könnte man sagen. Das Wichtigste soll an erster Stelle stehen, das heißt, man soll eine Haltung entwickeln, bei der Gott den ersten Platz einnimmt und dann erst der Mensch:

Trachte *zuerst* nach dem Reich Gottes, dann wird dir alles andere hinzugegeben (Mt 6,33).

Die Umkehrung davon ist, dass der Mensch den anderen Menschen und die endlichen Dinge an die erste Stelle setzt: aversio a deo et conversio ad creaturam: Abwendung von Gott und Hinwendung zur Kreatur. Das klingt zunächst nicht verwerflich. Man soll sich ja dem Menschen zuwenden und den Menschen lieben wie sich selbst. Wenn aber die Beziehung zu Gott dabei verloren geht, wird das Relative verabsolutiert. Und wenn das Relative verabsolutiert wird, beginnt schon die Schieflage. Wenn man den endlichen und begrenzten Menschen verabsolutiert und vergöttert (zum Götzen macht), überfordert man ihn und nimmt ihm seine Freiheit. Von ihm wird etwas verlangt, was er aufgrund seiner Endlichkeit gar nicht leisten kann. Dadurch brechen menschliche Beziehungen auseinander.

Den Namen Gottes soll der Mensch nicht verunehren. Er soll nicht immer wieder den Namen Gottes gebrauchen für innerweltliche Dinge. Er soll Ehrfurcht und Respekt vor der Größe Gottes haben. Das Gebot, das den Sabbat betrifft, zielt darauf ab, dass Gott ruhte und auch der Mensch immer wieder ruhen soll, um sich je neu auszurichten auf das Wesentliche und Erste. Er muss dem Strom der innerweltlichen Zerstreuung immer wieder entgegenarbeiten. Wenn der Mensch nicht an Gott angebunden ist und Gott nicht an die erste Stelle setzt, findet er nicht genügend Halt in sich und in Gott. Er wird seinen Halt im Endlichen suchen. Außerdem wird er sich ohne diese innere Verankerung womöglich vom Anderen und Fremden bedroht oder verunsichert fühlen. Die innere Souveränität, die aus der Anbindung an Gott erwächst, ist Voraussetzung dafür, den anderen als den anderen zu erkennen und anzunehmen, das Fremde als Fremdes zu respektieren und sich vielleicht sogar von ihm bereichern zu lassen. Mangelnde innere Souveränität steht in der Gefahr, sich aus der vermeintlich bösen Welt ins Ghetto zurückzuziehen und abzugrenzen, statt die Welt wie Sauerteig zu durchsäuern und wie Schafe unter die Wölfe zu gehen.

Nimmt man die anderen Gebote hinzu, stellt man fest, dass es vor allem um zwei Fragen geht: Schadet der Mensch dem anderen oder sich selbst, nimmt er dem anderen seine Freiheit und verspielt damit auch seine eigene Freiheit. Letztlich geht es – christlich gesprochen – um die

Verletzung der Liebe, des Wohlwollens und des Respekts dem anderen gegenüber. Die Eltern soll der Mensch ehren (viertes Gebot) und im Alter nicht allein lassen. Sie haben das Kind auf die Welt gebracht und es ins Leben begleitet (mit vielen Opfern). Es entspricht der Liebe und dem Respekt den Eltern gegenüber, dass man gut mit ihnen umgeht und sie im Alter nicht allein lässt, was nicht heißt, dass es in Ablösungsprozessen nicht zu Spannungen kommen kann. Dies zeigt die Biographie Jesu: Er verschwindet mit zwölf Jahren einfach und seine Eltern machen ihm Vorwürfe. Er aber muss im Haus seines Vaters sein und sich schrittweise aus seinem irdischen Elternhaus herauslösen hinein in die Beziehung zu seinem göttlichen Vater. Er muss frei werden von innerweltlichen Bindungen, um frei zu werden für seine tiefste Berufung.

Wenn es im fünften Gebot heißt, dass der Mensch nicht töten und vor allem nicht morden soll (im Mord stecken niedere Motive und vorsätzliches Handeln, während Töten aus Notwehr in Einzelfällen notwendig sein kann), dann soll er dies nicht tun, weil er dem anderen Schaden zufügt, ihm das Leben als fundamentales Gut nimmt und ihn so seiner Freiheit beraubt. Wendet man dieses Verbot in eine moderne Sprache, bedeutet dies, dass jedem Menschen Würde zukommt und dass er von dort her ein Recht auf Leben und körperliche Unversehrtheit hat. Schließlich gerät der Täter auch mit sich selbst, seinem Inneren und seinem Gott ins Unreine. Er fügt dem anderen, dessen Familie und letztlich auch sich selbst Schaden zu. Der Liebe widerspricht ein Mord sowieso.

Der Ehebruch und das Begehren des Nächsten Frau (Gebot sechs und neun) widerspricht ebenfalls dem Grundgebot der Liebe. Es fügt dem anderen Schaden zu, weil beim Ehebruch wirklich etwas bricht und womöglich eine Beziehung zerbricht, die nicht wiederhergestellt werden kann. Der betroffene Partner leidet und womöglich auch die Kinder. Es beginnen Lügen, Verletzungen und Verstrickungen. Ehe und Familie waren in Israel (und sind es bis heute) eine Art Kleinunternehmen und dieses Unternehmen wird womöglich zerstört.

Auch das Stehlen (Gebote sieben und zehn) verletzt den anderen. Jemand Fremder dringt in seinen Intimbereich ein, er nimmt ihm etwas weg, was ihm nicht gehört. Er fügt dem Bestohlenen schweren Schaden zu, bringt ihn womöglich um seine Freiheit und findet auch selbst keine Ruhe, weil er ständig auf der Flucht ist. Wird er gestellt, verliert er seine eigene Handlungsfreiheit, weil er festgesetzt wird. Gesellschaftlich ist zu sagen, dass klar geregelte Eigentumsverhältnisse dem Frieden dienen. Thomas von Aquin sagte schon, dass man dem Menschen Eigentum geben solle, dann würde er sich besser darum kümmern als wenn es verstaatlicht ist und allen oder niemandem gehört.

Beim falsches Zeugnis Geben (Gebot acht) oder beim Lügen fügt der Handelnde dem anderen bewusst Schaden zu. Gerade eine Falschaussage vor Gericht will den anderen womöglich beschuldigen, obwohl er gar nicht schuldig ist. Der Begriff der Lüge ist genau so definiert, dass dem anderen mit einer Falschaussage geschadet werden soll. Es gibt auch Falschaussagen, die den anderen schützen wollen. Wenn jemand im Nationalsozialismus auf die Frage, ob er einen Juden versteckt hält, mit „Nein" antwortet, will er den Juden gerade schützen und ihm nicht schaden.

Es geht aber nicht nur um die Falschaussage vor Gericht, sondern auch um Formen des Rufmordes, durch den der andere desavouiert und schlecht gemacht werden soll. Auch dieser Rufmord widerspricht der Liebe, sie verletzt den anderen und raubt ihm möglicherweise ebenfalls die Freiheit, weil er ungerechtfertigterweise in der Gesellschaft angeklagt wird. Der Lügende fügt sich auch selbst Schaden zu: Er weiß ja in seinem Inneren, dass er lügt. Dieses Lügen verändert sogar die Materie. Diese Veränderungen (z. B. des Hautwiderstandes durch Schweißabsonderungen) kann man mit dem Lügendetektor messen. Heute kann man mit hirnphysiologischen Messungen noch genauer nachweisen, was im Gehirn beim Lügen geschieht. Der Lügende ist in sich zerrissen und fügt so letztlich auch sich selbst Schaden zu. In all dem muss mitbedacht werden, dass durch das Fehlverhalten des einen Menschen andere Menschen in Mitleidenschaft gezogen werden. Insofern hat das Phänomen der Sünde immer auch eine soziale Komponente.

13. Die Offenbarung Gottes im Neuen Testament und seine Wirkungsgeschichte

Der Gott des Alten Testamentes hat sich dem Menschen aus der Ferne gezeigt. Niemand hat Gott je gesehen. Gott hat sich schrittweise zu erkennen gegeben, er hat gesagt wer er ist, das Volk Israel aus der Knechtschaft in die Freiheit geführt und diese Befreiung des Menschen als ein Grundprinzip seines Handelns dargestellt. Nun geht die Offenbarungsgeschichte Gottes mit den Menschen weiter. Gott will den Menschen nicht nur äußerlich befreien, sondern auch innerlich von seinen Zwängen, Ängsten und Verstellungen. Dazu hat Gott sich noch mehr – wenn man so menschlich sprechen darf – in das Leben des Menschen eingemischt und wurde selber Mensch.

Nach Auffassung des Christentums wurde das Sprechen Gottes ganz menschlich, das Wort Gottes wurde Mensch. Und dieser Mensch gewordene Gott lebt selber das Leben vor, das er als Schöpfer dem Menschen zugemutet hat. Er zeigt dem Menschen, wie Leben gemeint ist, wie es geht und wie es gelingen kann. Er *ist* nach seinen eigenen Worten das Leben selbst. Der Sinn dieser Offenbarungsgeschichte ist, dass Gott nicht mehr aus der Distanz eines transzendenten unsichtbaren Gottes, dessen Namen der Mensch nicht nennen darf und von dem man sich kein Bild machen darf, zu den Menschen spricht, sondern dass er sehr konkret in dieser Welt erscheint und das Leben der Menschen mitlebt. Nun kann man sowohl an der Selbstoffenbarung Gottes im Alten Testament zweifeln als auch an der neutestamentlichen Botschaft, dass der logos Gottes Mensch geworden ist. Wurde der Zweifel an der Existenz Gottes bereits unter dem Aspekt der Feuerbachschen Projektionstheorie diskutiert, soll auf die Einwände gegen die Menschwerdung und Offenbarung des göttlichen logos mit der *Wirkungsgeschichte* des Christentums geantwortet werden.

Wenn man diesen Schritt nicht mitmacht, dass Gott sich in der Person Jesu Christi ganz gezeigt haben könnte, dann wird man auch nicht verstehen, warum man sich an diesen Mensch gewordenen Gott halten soll, wenn man wissen will, wie Leben geht. Die Frage ist, ob dieser Gott sich „wirklich" so in dieser Welt gezeigt haben kann oder ob auch diese Vorstellung nur eine Projektion des Menschen ist. Diese Frage kann nur indirekt beantwortet werden. Dazu soll ein Blick auf die Menschen geworfen werden, die etwas über den Mensch gewordenen Gott ausgesagt haben. Es geht dabei um die Glaubwürdigkeit und Vertrauenswürdigkeit der ersten Zeugen. Das sind vor allem die Jünger, die Fischer waren, die Evangelisten und schließlich Paulus, der dem irdischen Jesus nie begegnet ist. Es ist die Frage zu stellen, ob die Aussagen dieser Menschen glaubwürdig sind, ob sie gute Geschichten erfunden haben und warum daraus eine über zweitausendjährige Wirkungsgeschichte geworden ist. Man könnte ja sagen, die Idee war so gut, dass sie sich so lange gehalten hat.

Warum wirken diese eigenartigen Ereignisse von damals bis heute weiter und zwar weltweit? Warum sind sie nicht gleich nach der Kreuzigung Jesu oder nach zehn oder zwanzig Jahren in Vergessenheit geraten? Es muss von diesen Ereignissen eine Wirkung ausgegangen sein, die etwas Bleibendes hinterlassen hat, sonst wüssten wir heute nichts davon. Und dieses Bleibende wirkt offensichtlich immer noch. Sogar die Zeit hat man begonnen, nach Christi Geburt zu berechnen (wir zählen das Jahr 2012) und nicht mehr nach der Gründung der Stadt Rom (ab urbe condita).

Der Nazarener wurde geboren in einer kleinen jüdischen Stadt namens Bethlehem und ist aufgewachsen in Nazareth. Er war ein Prediger, hat Kranke geheilt und von Gott als seinem Vater gesprochen. Man hat ihn schließlich umgebracht, unter anderem weil er sich als Gottes Sohn bezeichnet und den Menschen den Spiegel der Wahrheit vorgehalten hat. Wenn es bei diesem Tod am Kreuz geblieben wäre, wäre er vollständig in Vergessenheit geraten. Aber, und das ist das Zentrum der christlichen Botschaft, er ist nicht im Tod geblieben, sondern – wie es heißt – von den Toten auferstanden und seinen Jüngern erschienen. Sie haben ihn erkannt an Merkmalen aus seinem Leben, an seiner Stimme, am Brotbrechen, an seinen Wundmalen. Und sie haben bezeugt, dass es so war.

Die zentrale Frage ist nun, ob die Jünger, die vom Leben Jesu, von seiner Auferstehung und vor allem von seinen Erscheinungen nach seinem

Tod berichtet haben, alles Psychopathen waren, die Halluzinationen hatten oder sich etwas ausgedacht haben. Die Theologie hat immer wieder die Frage nach der Glaubwürdigkeit der Zeugen gestellt. Diese ist nahezu der Dreh- und Angelpunkt der Überlieferung. Waren die Zeugen Spinner oder waren es glaubwürdige Zeugen für ein unglaubliches Geschehen? Kann man ihren Aussagen Glauben schenken?

Das Problem der Glaubwürdigkeit wurde schon für normale Alltagssituationen angesprochen und auch im Kontext der Glaubwürdigkeit von Wissenschaftlern. Im Zusammenhang mit den Berichten von der Auferstehung Jesu geht es um die Glaubwürdigkeit von Zeugen, deren Aussage nicht mit herkömmlichen Mitteln überprüfbar ist. Es sind keine wissenschaftlichen Aussagen und keine Aussagen, die sofort einsichtig sind. Es sind Behauptungen, die den wissenschaftlichen Rahmen sprengen und den Rahmen der Alltagserfahrung übersteigen. Insofern sind sie eher fragwürdig und unglaubwürdig.

Die ersten Schriften des Neuen Testamentes sind die Briefe des Apostels Paulus, der eine Art Gotteserlebnis hatte und nach diesem Erlebnis sein Leben verändert hat. Auch er war ein Zeuge des Einbruchs einer neuen Wirklichkeit in sein Leben, obwohl er Jesus innerweltlich nie begegnet ist. Er war ein gebildeter Jude, sprach Griechisch und war ein römischer Bürger. Er war bei der Verfolgung der ersten Christen und der Steinigung des Stephanus dabei. Warum sollte gerade dieser Mann etwas Derartiges erfinden?

Die Nachwirkungen der Zeugenaussagen von damals gehen tief hinein in die Kulturgeschichte der Welt. Die Paulusbriefe werden aufgeschrieben und veröffentlicht, die Evangelien werden verfasst. Vier Evangelisten beschreiben das Leben Jesu aus sehr unterschiedlicher Perspektive. Da gibt es Widersprüche und Inkonsistenzen. Es ist so, als würden vier Söhne ihren Vater oder ihre Mutter beschreiben. Jeder wird etwas anderes wahrgenommen haben: der Älteste vielleicht die Strenge des Vaters oder der Mutter, der Jüngste vielleicht deren Milde. So sind die Evangelien unterschiedlich, aber auch sehr lebendig. Sie beschreiben das Leben Jesu so, wie die Evangelisten es gesehen haben, manche Passage ist womöglich auch später noch hinzugekommen.

Ob sich alles so ereignet hat, kann der Mensch von heute nicht wissen. Es kann nicht bewiesen werden im Sinne eines naturwissenschaftlichen Beweises. Ob das Wort Gottes sich inkarniert hat und in Jesus Christus Mensch geworden ist, ist eine Glaubensfrage. Aber dieser Glaube kann rückfragen nach der Glaubwürdigkeit der Zeugen und – was hier geschehen soll – auf die Wirkungsgeschichte schauen. Damit bekommt man keine Beweise, aber Hinweise. Das ist bei vielen wichtigen Fragen des Lebens der Fall. Auch Liebe kann man nicht naturwissenschaftlich beweisen, aber es gibt *Hin*weise, die nahe legen, zu glauben, dass der andere einen wirklich liebt. Hier kommt die persönliche Beziehung und die Freiheit des Menschen ins Spiel. Das ist bei Glaubensfragen im religiösen Sinn auch der Fall.

Der Mensch kann nach Hinweisen für die Glaubwürdigkeit der Zeugen und nach der Wirkung in der Geschichte Ausschau halten. Der Mensch kann sehen, dass die Ereignisse von damals nicht nur ihren Niederschlag in den Schriften des Neuen Testamentes gefunden haben, sondern tief hineinwirken in die weitere Welt- und Kulturgeschichte. Es beginnt eine neue Zeitrechnung, die nahezu weltweit Platz gegriffen hat. Die Kulturgeschichte und Kunstgeschichte haben sich maßgeblich verändert. Als Folge des Christusereignisses sind zahllose Kirchen entstanden, frühchristliche, byzantinische, karolingische, ottonische, romanische und gotische, Renaissance-, Barock- und Rokokokirchen. Frühchristliche Malereien und Skulpturen bis in die Gegenwart hinein sind von christlichen Motiven geprägt.

Die Philosophiegeschichte hat eine maßgebliche Veränderung zum Beispiel durch die Reflexionen eines Augustinus über den freien Willen des Menschen – der eben nicht blinden Schicksalsmächten unterworfen ist – und die Herkunft des Bösen erfahren. Sie hat sich fortgesetzt im Denken eines Thomas von Aquin, Descartes, Spinoza, Kant, sowie im ganzen deutschen Idealismus mit Fichte, Hegel, Schelling bis hin zur Existenzphilosophie und zum Existentialismus eines Kierkegaard, Nietzsche, Jaspers, Heidegger, Sartre. Die Literaturgeschichte eines Dante, Shakespeare, Goethe, Schiller, Lessing und vieler anderer ist tief geprägt von christlichem Denken.

Die Musikgeschichte mit Palästrina, Bach, Mozart, Beethoven, Schubert, Brahms wäre ohne das Christentum und den gregorianischen Choral der Benediktinermönche undenkbar. In diesem Choral wurde die lateinische Sprache, die schon aus sich heraus eine Melodie hat, vertont. Das Abstrakte der lateinischen Sprache mit der Vertonung im gregorianischen Choral trifft in der Neuzeit auf das Erwachen des Subjekts (Dürer malt das erste Portrait) und der subjektiven Melodie. Das abstrakt Allgemeine und das Individuelle beginnen miteinander zu schwingen. Dieses Miteinander und Gegeneinander des Allgemeinen und Individuellen ist einer der Hintergründe der mehrstimmigen Musik.

Auch die Gründung von Universitäten mit dem Kanon ihrer verschiedenen Fächer hat mit dem Christentum zu tun. Meist waren es zunächst Kathedralschulen, in denen Lehrer und Schüler miteinander diskutierten. Die eine Welt sollte aus verschiedenen Perspektiven betrachtet werden. Das hängt damit zusammen, das der christliche Glaube geradezu nach philosophisch-theologischer und intellektueller Auseinandersetzung „ruft". Fides quaerens intellectum heißt es bei Anselm von Canterbury, der Glaube sucht den Intellekt, der Glaube sucht die Auseinandersetzung mit der Welt und muss sich vor der Vernunft verantworten. So entstanden langsam die Universitäten. Am Beginn war die Theologie noch die Universalwissenschaft Nummer eins. Daher hat sie an alten Universitäten immer noch die Fakultätsnummer 01.

Auch die Vorstellung von der Menschenwürde, aus der die Menschenrechte erwachsen sind, stammt aus dem jüdisch-christlichen Kontext. Zwar ist die Frage der Menschwürde schon bei Cicero reflektiert worden, aber dort noch in dem Kontext, dass der Mensch sich diese Würde verdienen muss und sie auch wieder verlieren kann. Das Judentum spricht vom Menschen und seiner Gottebenbildlichkeit und Paulus stellt fest, dass vor Gott alle Menschen gleich sind. Es gibt keine Unterschiede mehr zwischen Juden, Griechen oder Sklaven. Im Mittelalter ist es Pico della Mirandola, der sich mit der Freiheit des Menschen und seiner Würde beschäftigt, und schließlich ist es vor allem Immanuel Kant, der den Begriff der Würde im Unterschied zum Wert herausarbeitet. Auch der Begriff der Würde konnte wohl nur im jüdisch-christlichen Kontext entfaltet werden.

Der Begriff der Würde bedeutet, dass jeder Mensch um seiner selbst geachtet werden soll, unabhängig von seinem Alter, Geschlecht, Rasse, Genetik, Krankheit oder Gesundheit. Zur Würde des Menschen gehört, dass er ein Recht auf Leben und Unversehrtheit hat und dass er nicht total verzweckt werden darf. Die ganze Freiheitsgeschichte des Menschen (auch politisch) hat mit der befreienden Tat Jahwes begonnen, der das Volk Israel aus der Knechtschaft Ägyptens befreit hat und zieht sich durch die ganze weitere Weltgeschichte bis hin zur inneren Befreiung jedes einzelnen Menschen durch die Person Jesu Christi. Beides ist notwendig: Die äußere Befreiung des Menschen dazu hin, dass er seine Talente entfalten kann (dies geht nach wie vor am besten in einer Demokratie) und die innere Befreiung des Menschen, dass er von innen her in die Lage versetzt wird, alle inneren Blockaden langsam zu überwinden, um so in seine Berufung hineinzuwachsen, sein Wesen zu vollziehen und so zur Fülle des Lebens zu gelangen. Der Mensch wird so authentischer, er wird mehr er selbst.

Diese Wirkungsgeschichte mit all ihren Errungenschaften gehört zur Geschichte des Christentums. Leider gibt es da auch viel Negatives und Dunkles: Kreuzzüge, Inquisition, Hexenverfolgung und manch andere dunkle Seite. Aber insgesamt überwiegt wohl das Positive in der Wirkungsgeschichte des Christentums. Der moderne, säkulare, demokratische Staat hat womöglich manch christliches Gedankengut besser umgesetzt als kirchliche Institutionen. Vielleicht muss die säkulare Welt und ein demokratischer Staat dem Christentum und der Kirche immer wieder helfen, diese Schattenseiten anzuschauen, wie auch das Christentum mit seinen christlichen Grundwerten den Staat und seine Gesetzgebungen immer wieder hinterfragen muss. Hier kann es eine gute gegenseitige Kontrolle, Ergänzung und Korrektur geben. Die Trennung von Kirche und Staat könnte beiden dienen.

So ist die Wirkungsgeschichte des Christentums kein Beweis dafür, dass das göttliche Wort sich in Jesus Christus geoffenbart hat, sie gibt aber Hinweise auf die enorme Kraft, die davon ausgegangen ist. Womöglich kommt durch die gegenwärtige Krise hindurch das wahre Wesen des Christentums besser zum Vorschein, weil es gereinigt wird von manch geschichtlicher Verstellung.

14. Neuzeit und verändertes Weltbild

Wenn der Frage weiter nachgegangen wird, wie das Leben geht und dabei zum einen auf die geschichtliche Entwicklung und zum anderen auf die menschliche Biographie geschaut wird, dann sind die Veränderungen, die mit Beginn der Neuzeit, der Moderne und der Postmoderne auftreten, von besonderer Bedeutung für das vorliegende Thema. Bricht auf der einen Seite mit Beginn der Neuzeit die Einheit des mittelalterlichen Denkens auseinander, kommen auf der anderen Seite durch die Entwicklung der modernen Naturwissenschaften und der Medizin ganz neue Möglichkeiten für einen fruchtbaren Dialog zwischen Naturwissenschaften, Medizin und Theologie zustande.

Es wird möglich, naturwissenschaftliche und medizinische Erkenntnisse mit theologischen Themen komplementär zusammenzudenken und beispielweise Fragen über das Leben aus den verschiedensten Perspektiven zusammen zu sehen. Im Dienst am Menschen und der Frage, wie Leben geht, können aktuelle Erkenntnisse aus Hirnphysiologie, Genetik und Psychoneuroimmunologie sehr gut zusammengebracht werden mit theologischen und spirituellen Überlegungen. Sie können im Lebensvollzug des Einzelnen dazu beitragen, bestimmte Lebensentwicklungen oder genetische Hintergründe von Krankheiten mit dem Geistcharakter des Menschen zu verbinden. Gerade für die Medizin und die Interpretation von Krankheiten (und damit für den Menschen) ist dieses Zueinander von Geistes- und Naturwissenschaften, von Spiritualität und Medizin von großer Bedeutung.

Im Mittelalter ging es denkerisch noch um die innere Einheit des Menschen. Thomas von Aquin dachte den Menschen als eine Leib-Seele-Einheit und formulierte den zentralen Satz: anima forma corporis, die Seele formt den Körper zum Leib. Damit ging er von einem Menschenbild aus, das den Menschen von innen nach außen sieht. Die innere Geistseele durchseelt, durchformt und gestaltet den Körper zum je individuellen Leib. Die Neuzeit

14. NEUZEIT UND VERÄNDERTES WELTBILD

und die Gegenwart gehen hingegen genau umgekehrt von der Materie aus und meinen, der Geist entstehe geradezu aus der Materie und das Gehirn mit seinen Potentialschwankungen sei die Ursache für Gedanken und Handlungen des Menschen. Der Mensch sei gar nicht frei, er unterliege allein diesen Potentialschwankungen und müsse ihnen folgen.[31]

Dieser aufkommende „Materialismus" der Neuzeit ist eine Folge der am Ende des Mittelalters auseinanderbrechenden Einheit des Denkens der Leib-Seele-Einheit des Menschen. Mit dem Denken eines René Descartes kommt es zu einer Aufspaltung des Menschen in Geist und Materie. Die innere Mitte des Menschen geht verloren. Geist und Materie werden in der Unterscheidung von res cogitans und res extensa gänzlich voneinander getrennt. Die Entwicklung nach Descartes läßt sich so resümieren, daß alle Denkversuche, die durch ihn verloren gegangene Einheit von Seele und Leib wiederherzustellen, bis heute erfolglos geblieben sind. Harald Schöndorf fasst diesen Verlust so zusammen:

„Die radikale Entgegensetzung von Materie und Geist macht es für die nachfolgende Philosophie zu einem fundamentalen Problem, deren Einheit zu verstehen, die ja zumindest im Menschen offensichtlich da ist. Denn die cartesische Lösung erwies sich als inkonsistent. Okkasionalismus, monistischer Parallelismus (Spinoza), prästabilierte Harmonie (Leibniz), Materie als Erscheinung (Leibniz, Kant), spiritualistischer (Berkeley) oder materialistischer Reduktionismus, idealistische oder materialistische Dialektik können als Versuche verstanden werden, an Descartes' Verständnis von Geist und Materie festzuhalten und dabei doch die Einheit von Mensch und Welt zu denken."[32]

An den Fakultäten beginnt die Auseinanderentwicklung von Geisteswissenschaften und „Materie"- Wissenschaften, die man Naturwissenschaften nennt. Es beginnt das Zeitalter der Messbarkeiten und der modernen Naturwissenschaft. Nur was messbar ist, ist existent, so ist auch heute noch die Auffassung vieler Menschen. Die Materie ist alles.

Aber auch dieses Paradigma der Messbarkeiten und der eindeutigen Aussagen über die Natur durch die Naturwissenschaften kommt bereits an ein Ende. Schon die Physik hat zu Beginn des 20. Jahrhunderts erkannt, dass nicht alles messbar ist. Die Heisenbergsche Unschärferelation sagt aus, dass die Natur mit rein naturwissenschaftlichen Zugängen nicht zu erfassen ist. Ort und Impuls eines mikrophysikalischen Teilchens sind nicht gleichzeitig zu bestimmen, es bleibt eine Unschärfe der Erkenntnis. Auch die gegenwärtige Biologie erkennt anhand des Wissens über die komplexen Verschaltungen der Gene durch epigenetische Einflüsse, dass das Leben nicht so eindimensional strukturiert ist, wie bisher gedacht wurde und dass die Information für den Organismus sowie für Krankheit und Gesundheit auf mehrere Ebenen verteilt ist. Auch hier gibt es Unschärfen der Erkenntnis.

Die Frage, was Leben ist, ist schwer zu beantworten, „vielleicht überhaupt nicht".[33] Man kommt ihr aber näher, wenn man sie biologisch *und* philosophisch-theologisch zu beantworten sucht. Die Naturwissenschaften und hier insbesondere die Biologie erforschen derzeit empirisch das Lebendige von *außen*, was Thomas von Aquin in ganz anderer Weise (ontologisch) schon philosophisch von innen her über die Seele als inneres Form- und Lebensprinzip der Materie gesagt hat. Der empirische Begriff der In-forma-tion in der modernen Biologie kann komplementär mit der anima-forma-corporis-Lehre des Thomas zusammengedacht werden.[34]

Die mit der Neuzeit aufkommenden Naturwissenschaften wenden sich also der Analyse der Materie zu und die Geisteswissenschaften – besonders im deutschen Idealismus – dem Phänomen des menschlichen Geistes. Die „Phänomenologie des Geistes" (Hegel) befasst sich mit dem Bewusstsein und dem Selbstbewusstsein des Menschen, es wird das menschliche Ich und das Verhältnis des Menschen zu sich selbst analysiert, das absolute Ich als Grundlage der Tathandlung (Fichte) tritt hervor und im Subjekt wird nach den Bedingungen der Möglichkeit von Erkenntnis gesucht (Kant).

Mit Beginn der Neuzeit beginnt auch die führende Stellung der Theologie als Universalwissenschaft abzunehmen. Die Reformation lässt (1517) die Einheit der Kirche zerbrechen, (1054 war schon die Abspaltung der Ostkirche), Karl V. verliert sein Reich, die Endeckung Amerikas 1492 weitet den Blick und mit den Fallversuchen von Galileo Galilei am schiefen Turm von Pisa beginnt das Zeitalter der modernen Naturwissenschaften mit ihren Experimenten und Messbarkeiten. Hatten die Griechen den Kosmos nur

14. NEUZEIT UND VERÄNDERTES WELTBILD

betrachtet und bewundert (anthropos ist das griechische Wort für Mensch und heißt frei übersetzt: das Wesen, das schaut und staunt), beginnt die Neuzeit, die Natur zu zwingen, sich zu zeigen. Sie wird bis in ihre Einzelteile zerlegt, bis hinein in die kleinste Materie der Atome, Quarks, Higgs und Gene mit ihren epigenetischen Verschaltungen. Die Natur wird zum Gegenüber des Menschen und bis an den Rand ihrer Möglichkeiten ausgepresst und ausgebeutet. All diese Entwicklungen kommen gegenwärtig an ihre Grenzen.

Mit der Neuzeit kommt auch das Individuum stärker in den Blick. Dürer malt um 1500 das erste Portrait. Der Einzelne wird wichtiger, er bekommt ein Gesicht, es zählt nicht mehr nur das Allgemeine und die Einheit des Ganzen. Besonders im Protestantismus werden der Einzelne und seine Freiheit zentral. Pico della Mirandola hatte sich zuvor schon Gedanken über die Freiheit des Menschen gemacht, und Immanuel Kant reflektiert am Ende des achtzehnten Jahrhunderts die Bedingungen der Möglichkeit des Erkennens im menschlichen Subjekt. Er definiert den Begriff der Würde, den schon Cicero unter dem Aspekt, dass der Mensch sich diese Würde verdienen müsse und sie auch wieder verlieren könne, neu, indem er ausführt, dass diese Würde jedem einzelnen Menschen unabhängig von seinen Leistungen und konkreten Eigenschaften zukomme. Sören Kierkegaard stellt in der Mitte des neunzehnten Jahrhunderts mit seiner Existenzphilosophie die Existenz des Einzelnen in den Mittelpunkt im Gegensatz zur Essenz, die die allgemeine Wesenhaftigkeit des Menschen betrachtete. Es entwickelt sich mit Beginn der Neuzeit eine zunehmende Hinwendung zum Subjekt. (Man kann das Wort Existenz auch als Ek-sistenz schreiben, wie Heidegger das getan hat, um das Heraus-Stehen des Menschen in die Wahrheit des Seins hervorzuheben.)

Die Gefahr dieser Entwicklung ist heutzutage die Vereinzelung und Isolation des Menschen sowie das Missverständnis der Freiheit als reine Beliebigkeit. Es geht weithin um das reine Finden des Eigenstandes im Sinne eines Egoismus und Egozentrismus (ohne tiefere Anbindung an das Absolute)[35] mit der Gefahr, sich selbst gerade nicht zu finden, sondern zu verfehlen und den anderen als Mitmenschen nicht mehr wahrzunehmen. Dadurch kann es zu einer Abnahme an Mitmenschlichkeit kommen mit der Folge einer mangelnden Fähigkeit der Einfühlung in den anderen, einer mangelnden Empathie.

Als spirituelles und ethisches Gegengewicht gegen diesen Egozentrismus mit der Gefahr der Vereinzelung sollte heute umgekehrt die individuelle Berufung des Einzelnen mehr herausgestellt werden mit der Notwendigkeit zur Anbindung an seinen absoluten Seins- und Wahrheitsgrund zum Finden des „wirklichen" Eigenstandes. Damit würde der postmoderne Mensch in seiner Orientierungslosigkeit wieder instand gesetzt, mit dem anderen besser zu kommunizieren und Verantwortung zu übernehmen. Dazu muss der Mensch aber ausgebildet werden. Darin besteht wohl die zentrale spirituelle und ethische Herausforderung der Gegenwart. Ethik und Moral sollten, was den Einzelnen betrifft, mehr in die Nähe zur Spiritualität rücken, da sie dem Menschen zeigen müssen, dass der Einzelne erst durch eine tiefere innere Anbindung an das Absolute seinen wirklichen Eigenstand findet und in die Lage versetzt wird, ethisch gut und richtig zu handeln. Was die Ausrichtung auf die Gesellschaft angeht, muss die Ethik sich mit ihrer Verantwortung für die Normen und dem Bezug zum Recht auseinandersetzen.

Aber zurück zur Situation des Umbruches der Weltgeschichte zu Beginn der Neuzeit. In dieser Phase, in der alle äußeren Strukturen und Denkgebäude brechen (und die den heutigen Umbrüchen ähnlich sind, nur dass sie heute viel schneller verlaufen und tiefgreifender sind) und der Mensch sich seiner Subjektivität stärker bewusst wird, entwickelt Ignatius von Loyola, der Gründer des Jesuitenordens, seine Lehre zur Unterscheidung der verschiedenen Seelenregungen im Menschen. Auch er rückt den Einzelnen mehr in die Mitte des Interesses und will ihm helfen, in seinem Inneren einen Kompass zu entdecken, der ihm den Weg weist und hilft, sein Leben zum Gelingen zu bringen. Dieser Kompass sind die inneren Seelenbewegungen und verschiedenen Antriebe, die den Menschen bewegen und ihn mal hierhin und mal dorthin treiben, ihn mal voller Freude, innerem Frieden und Lebensdynamik und ein anderes mal wie niedergeschlagen, zerrissen, deprimiert und trostlos sein lassen. Dies wird in den nächsten Kapiteln genauer ausgeführt werden.

15. Gegenwart und moderne Biologie

Das Zerbrechen der Leib-Seele-Einheit am Ende des Mittelalters zu Beginn der Neuzeit, die Trennung von Geist und Materie mit dem denkerischen Verlust der inneren Mitte des Menschen sowie die Fokussierung der naturwissenschaftlichen und medizinischen Forschung auf die Materie der Welt und des Menschen, hat auch vor der Biologie nicht Halt gemacht. Craig Venter und andere entzifferten im Jahre 2003 das menschliche Genom. In einem Aufwall von Euphorie dachte man in den ersten Jahren, jetzt hätte man die Gene entschlüsselt und wüsste genau, wie Leben geht, wie Krankheiten entstehen und wie ein Organismus funktioniert.

So war die Forschung seit dem Jahre 2003 der Meinung, dass die Information für den Organismus in der Materie der Gene liegt, in der DNA. Schon bald danach kamen aber Erkenntnisse hinzu, die darstellten, dass Gene geschaltet werden müssen (aktiviert und inaktiviert) und insofern die Information im Organismus in einem riesigen Wechselwirkungsgeschehen zwischen Genetik und Umwelt, Lebensstil, Innenwelt des Menschen besteht. All diese Zusatzinformationen, die zusammen mit der Grundinformation erst die ganze Information für den Organismus darstellen, nennt man epigenetische Faktoren oder einfach Epigenetik. Mit deren Entdeckung war das eindimensionale Weltbild der Genetik zerstört. Es musste einem Modell weichen, das von einem ständigen inneren „Dialog" und Wechselwirkungsgeschehen zwischen Genetik und Epigenetik ausgeht. Es geht um vieldimensionale Verschaltungsprozesse.

So ist die erste Euphorie über die Entschlüsselung der Gene ein wenig verklungen und der Blick geweitet worden für die Komplexität des Lebendigen. Denn je tiefer man mit naturwissenschaftlichen Methoden in das Leben und die Materie der Gene hineinschaut, desto mehr entzieht sich das „Phänomen Leben" dem Zugriff und desto komplexer stellt es sich dar. Affen haben 99% und Mäuse 98% ähnliche Gene wie der Mensch, entscheidend aber ist, wie diese Gene durch epigenetische Faktoren geschaltet werden. Und diese Schaltinformationen sind beim Menschen wesentlich komplexer als beim Tier und die Bereiche auf den Chromosomen zwischen den Genen, die unter anderem für diese Schaltungen zuständig sind (vormals billiges Zeug) nehmen beim Menschen viel mehr Raum ein als beim Tier. Ganz zu schweigen von den geistig-seelischen Einflüssen auf das Genom und die Verschaltungen, von denen man noch nicht genug weiß. Die Forschungsfrage der Zukunft wird sein, wer die „Hand am Schalter" hat, das heißt, welche epigenetischen Faktoren für die Schaltung welcher Gene verantwortlich sind.

So ist im Blick auf die Medizin folgendes zusammenfassend festzuhalten: Dass das Immunsystem sehr sensibel auf innere Unstimmigkeiten reagiert, und dass ein durch innere Zerrissenheiten geschwächtes Immunsystem den Körper anfälliger für Krankheiten macht, das weiß man schon lange. Jetzt aber weiß man es auch von den genetischen Verschaltungen, die hinter dem Immunsystem liegen und das Immunsystem steuern. Wie beobachtet wurde, „stellt der seelische Stress der Depression mehrere Gene des Immunsystems ab, die für die Produktion von Immunbotenstoffen zuständig sind".[36] Wahrscheinlich reagieren auch Gene und ihre An- und Abschaltmechanismen sensibel auf innere Unstimmigkeiten und Zerrissenheiten. Das heißt noch nicht, dass aus solchen Unstimmigkeiten sofort Krankheiten entstehen, denn der Organismus hat eine Unzahl von Reparaturmechanismen, die mögliche Entgleisungen ausgleichen. Aber wenn innere Zerrissenheiten über einen längeren Zeitraum bestehen, kann dies durchaus auch zu Krankheiten führen. Die Information für den Organismus ist im gesamten Organismus und darüber hinaus verteilt.

Es wurde schon erwähnt, dass die Erkenntnisse der Genetik und Epigenetik im Kontext der Embryologie zur Erkenntnis der Mechanismen der Zelldifferenzierung und der Genomformung geführt haben, in der Medizin zur Erkenntnis der verschiedenen Verschaltungsprozesse und jetzt auch nutzbar gemacht werden für die Interpretation mancher Phänomene in der Evolutionsbiologie. Man will die Erkenntnisse über die genetisch-epigentischen Wechselwirkungen in der Embryonalentwicklung auch für die Weiterentwicklung der Evolutionstheorie nutzbar machen. EvoDevo heißt diese neue Forschungsrichtung: evolutionary development.[37]

16. Leben als das Ganze – Die Komplementarität der Wissenschaften

Wenn die Frage beantwortet werden soll, wie Leben geht und dies aus der Zusammenschau der verschiedenen Wissenschaften für den konkreten Lebensvollzug beschrieben werden soll, dann muss noch ein letztes bedacht werden. Gerade die angesprochene Ganzheit ist es, die dem naturwissenschaftlich zerstückelnden und philosophisch analytischen Denken des Westens nicht ganz leicht fällt. Asiatisches Denken kommt mehr von dieser Ganzheit her. Es soll also zum Schluss dieses Kapitels noch einmal ein Blick auf diese Ganzheit des Phänomens „Leben" geworfen werden. Dabei wird auch das Zueinander der Wissenschaften noch einmal bedacht.

Wenn Gene geschaltet werden müssen und ein Gen je nach unterschiedlicher Umgebung – vereinfacht gesagt – verschiedene Proteine „herstellen" kann (für sie codieren kann), stellt sich die Frage, wie sich das Gen „entscheidet", welches Protein herzustellen ist. Und hier zeigt sich, dass nicht das Gen, sondern die *Zelle als Ganze* in ihrer Wechselwirkung mit der Umgebung festlegt, welche Proteine hergestellt werden sollen.

„Die Verantwortung für diese Entscheidung liegt anderswo, in der komplexen Regulationsdynamik der gesamten Zelle. Von hier und nicht vom Gen kommt in Wirklichkeit das Signal (oder kommen die Signale), die das spezifische Muster festlegen, nach dem das endgültige Transskript gebildet wird. Eben die Struktur dieser Signalpfade zu entwirren, ist zu einer wesentlichen Aufgabe der heutigen Molekularbiologie geworden."[38]

Was für die Zelle gilt, gilt auch für den ganzen Organismus. Auch in ihm herrscht ein ständiges Wechselwirkungsgeschehen. Das Ganze dieser Einzelinformationen ist mehr als die Summe seiner Teile, und das Ganze einer Zelle oder eines Organismus liegt dem Einzelnen voraus und zugrunde. Dies ist auch empirisch nachweisbar in der Embryonalentwicklung, wo sich zeigt, dass das Programm für den ganzen Organismus den einzelnen Zellteilungen zugrunde liegt, sonst „wüssten" die Zellen gar nicht, wie sie sich teilen müssen und wohin sie sich differenzieren sollen. Dieses Programm liegt aber nicht starr vor, sondern bekommt immer wieder neue Informationen aus dem aktuellen Zustand der Entwicklung des Organismus. Es gibt eine ständige Rückkoppelung und vielfältige Verschaltungen. Dennoch kommt aus einem menschlichen Embryo immer ein Mensch heraus und kein Affe.

Evelyn Fox Keller ergänzt diese Aussage über die Ganzheit des Organismus mit den Worten, dass „unser neues Verständnis der Entwicklungsdynamik die begriffliche Adäquatheit von Genen als Ursachen definitiv erschüttert"[39] und „dass auch die Annahme, der DNA sei ein Programm eingeschrieben, neu überdacht werden muss". Sie hat „stattdessen das dynamischere Konzept eines verteilten Programms vorgeschlagen, wonach all die vielfältigen DNA-, RNA- und Proteinkomponenten abwechselnd als Instruktionen und als Daten fungieren".[40] Sie geht sogar so weit, zu sagen, dass der Begriff des Gens gar nicht mehr verwendbar ist, weil er eine Starrheit suggeriert, die so nicht gegeben ist. Sie spricht bereits vom Phänomen des Geistes im Zusammenhang mit den Genen und der Selbstorganisation des Organismus. Sie sagt, ein Organismus (organon Werkzeug) werde nicht von außen gesteuert wie ein Werkzeug von einem Werkzeugbenutzer, sondern sei „ein System von Organen ..., das sich verhält, als besäße es einen eigenen Geist - als würde es sich selbst steuern".[41]

Dass das Ganze dem Einzelnen zugrunde liegt und mehr ist als die Summe der einzelnen Teile, hat schon Aristoteles mit seiner Seelenlehre und seinem Wissen um die Selbstbewegung des Lebendigen herausgearbeitet. Diese Selbstbewegung meint nicht primär eine Ortsbewegung, sondern eine Selbstbewegung von innen her, eine Gestaltwerdung und Entfaltung dessen, was schon angelegt ist, wie beim Entfalten einer Blüte. Thomas von Aquin hat es dann so auf den Nenner gebracht, dass das Ganze sich entfaltet, dass das Ganze dem Einzelnen zugrunde liegt und die Seele als Ganzheitsprinzip den Körper zum Leib formt. Nun ist der Begriff der Seele heutzutage kein gebräuchlicher Begriff mehr und die Naturwissenschaftler tun sich schwer damit. Er meint, dass es im Lebendigen ein inneres Ganzheits-, Form- und Lebensprinzip gibt, das nur in der Hinordnung auf ein anderes Prinzip, nämlich auf das Prinzip der Materie (materia prima bei Thomas von Aquin) zur konkret (dieser Begriff wird später erläutert) vorfindlichen Materie (materia secunda) strukturiert wird.

Die moderne Systembiologie oder auch die Wissenschaften, die mit dem suffix -omics enden wie Genomics, Proteomics, Pharmacogenomics (siehe unten) wenden sich ebenfalls diesen Ganzheiten zu. Aber sie schauen mit ihren empirischen Methoden nur von außen auf die ganzheitlichen Phänomene. Sie wollen von der messbaren Materie her zu inneren Ganzheiten vorstoßen. Diese inneren Ganzheiten sind aber mehr als das von außen her Messbare. Das Denken von innen her, das noch der mittelalterlichen Philosophie innewohnte, wird in der Neuzeit durch das Denken von außen her, von der Materie her, ersetzt. Der Umbruch vom mittelalterlichen Denken zur Neuzeit ist eben jener, dass die hier angedeutete Philosophie eines Thomas von Aquin von innen her die Gestaltwerdung eines Lebendigen betrachtet, während die Neuzeit von der messbaren Materie her von außen auf die Dinge schaut. Heute müssten sich beide Sichtweisen komplementär ergänzen. Man müsste wissenschaftliche Methoden entwickeln, die auch die Innenseite des Lebendigen erfassen können und das Subjektive des Lebensvollzuges, statt nur die objektivierbaren Daten von außen.

Doch kommen wir noch einmal zurück zur Philosophie des Thomas. Denn zur Frage der Interpretation der konkret vorliegenden Dingen hilft auch die Etymologie weiter: das Wort kon-kret kommt von concrescere und das heißt: zusammenwachsen. Das konkret Vorfindliche ist aus zwei Prinzipen zusammengewachsen, aus einem Formprinzip und einem Materieprinzip, aus einem formenden und einem zu formenden Prinzip. Dieses „Zusammenwachsen" geschieht aber nicht nachträglich, sondern ursprünglich von Anfang an. Alles in der Welt Vorkommende hat eine bestimmte Form und eine bestimme Materie, alles ist geformte Materie. Schon im Bereich des Toten hat ein Auto eine andere Form als ein Fahrrad und es ist auch nicht aus Papier, sondern aus Metall. Auch im Lebendigen gibt es diese Form. Die alte Tradition hat dieses Formprinzip „Seele" genannt. Aufgrund dieses je unterschiedlichen Formprinzips unterscheidet sich eine Tulpe von einer Rose und eine Katze von einem Hund. An ihrer Form erkennt man sie. Diese Form des Lebendigen, die die Tradition „Seele" genannt hat, formt die veränderliche Materie. Die Seele formt die formbare Materie zum konkret vorliegenden Leib.

In der modernen Biologie würde man wohl nicht auf dieses alte Seelenmodell zurückgreifen. Aber man kann doch Analogien und Ähnlichkeiten in der modernen Biologie zum Beispiel im Bereich der Embryonalentwicklung feststellen, wenn gesagt wird, dass das Genom (also die Ganzheit von genetischer Grundinformation und epigenetischer Schaltinformation) sich offenbar erst langsam *formt* oder geformt wird und nicht schon starr festgelegt ist. Es scheint hier eine Entwicklungs- und Entfaltungsdynamik im Gang zu sein, die aus empirischer Sicht beobachtet, gemessen und beschrieben werden kann und die nahe heranreicht an das, was eine aristotelisch-thomanische Philosophie mit der Vorstellung einer inneren Einheits-, Ganzheits- und Formkraft der Seele beschrieben hat. Die philosophische Perspektive schaut auf die innere Lebensdynamik und die Biologie versucht, diese von außen zu erfassen.

Auch an dieser Stelle zeigt sich wieder die Mehrdimensionalität des Menschen. Die Biologie versucht, sich diesem „Phänomen Leben" auf ihre Weise zu nähern und merkt, dass sie es nicht recht fassen kann. Immer wieder gibt es Aussagen von Biologen, dass sie nicht recht wüssten, was Leben eigentlich sei. Die Biologen sehen auch, dass Leben mehr ist, als nur genetische Verschaltungen. Sie haben auch eine Ahnung von diesem Ganzen, können es aber mit der Methode des naturwissenschaftlichen Forschens nicht erfassen. Daher wäre auch hier eine interdisziplinäre und komplementäre Forschung von Nutzen. Man müsste mehr vom Ganzen zum Einzelnen denken und nicht umgekehrt.

Auch in der Medizin nähern sich die oben erwähnten Forschungszweige wie Genomics, Proteomics, Pharmacogenomics mehr und mehr diesen Ganzheiten. Andererseits nähert sich die Medizin auch – wie erwähnt – mehr dem Individuellen im Rahmen von individualisierter und personalisierter Medizin. Es kommen also das Ganze und das Individuum in den Blick. Hier könnten Philosophie und Theologie weitere Bindeglieder schaffen, da sie das Ganze betrachten und auch den Einzelnen in seiner

Hinordnung auf dieses Ganze verstehen wollen. Der Komplementarität von Naturwissenschaft – die die Materie in ihren Interaktionen und das Lebendige betrachtet – und der Geisteswissenschaft der Philosophie, die den Menschen als Geistwesen zu verstehen sucht, muss die Theologie hinzutreten, da sie vom Ganzen aus denkt, das die endliche Welt übersteigt und dieser Welt zugrunde liegt.

Philosophie und Naturwissenschaften können nur innerweltliche und damit endliche Ganzheiten denken. Die Theologie versucht die unendliche und absolute Ganzheit zu denken, die allem Endlichen und Relativen zugrunde liegt. So wie das Ganze der endlichen Welt zugrunde liegt, so liegt auch im Organismus das Ganze den Einzelteilen zugrunde, sonst könnte der Organismus sich gar nicht entfalten. Aus der additiven Zusammenfügung von Genen entsteht noch kein Organismus.

Zusammengefasst: War das mittelalterliche Weltbild noch ein einheitliches und betrachtete den Menschen als ganzheitliche Leib-Seele-Einheit von innen nach außen und in seinem Bezug zum Absoluten, ist das Bild der Neuzeit kein einheitliches mehr und durch die Vielfalt der Wissenschaften geprägt. Die Einheit des Menschen zerbricht und das materiell Messbare wird zur Grundlage allen Forschens. Die Phänomene werden von außen durch empirische Messungen zu erfassen gesucht. Das Messbare der Materie ist die Grundlage allen Existierens.

In der heutigen Diskussion sollte das Messbare der Materie mit dem Nichtmessbaren des Geistes komplementär zusammengedacht werden und beide sollten im Sinne einer komplementären Forschung auch gemeinsam angeschaut werden. Es wird schwierig, mit naturwissenschaftlichen Methoden dieses Innere als dieses Innen zu erfassen und nicht nur die Außenseite des Innen. Ein solcher Zugang wäre aber interessant für die Hirnphysiologie sowie für die Zellforschung und das Verstehen des Organismus in seiner Verschaltung von Genetik und Epigenetik. Aber vielleicht entzieht sich dieses Innen gerade der naturwissenschaftlichen Methode und dem naturwissenschaftlichen „Zugriff". Es sei denn, die Quantenphysik oder die Suche nach den Higgs können hier weiter helfen und neue Methoden entwickeln, das Innen als das Innen und das Subjektive als das Subjektive zu erfassen.

In jedem Fall können sich Naturwissenschaft und Theologie nicht widersprechen, da sie ganz andere Fragerichtungen und ganz andere Methoden des Zugangs zur Interpretation der Welt haben. Die Empirie versucht Einzelerkenntnisse zu erringen, um das Ganze zusammen denken zu können und die Theologie kommt vom Ganzen her und sucht die Welt und den Menschen in seinem Innersten zu erfassen. Beim komplementären Zueinander der Wissenschaften geht es nicht mehr um einen Weg zurück zur mittelalterlichen Einheit, sondern – nach dem Durchgang durch die Diversifizierung der Wissenschaften – um eine neue Einheit in Verschiedenheit.

Teil C

Die Berufung des Menschen

17. Pubertät als „Seinsüberstieg"

Nach diesem Durchgang durch einige philosophisch-theologische Fragen zur Grundstruktur der Welt, einer kurzen Skizze zu den Fragen der Gottesbilder in der Religionsgeschichte, sowie der Betrachtung der Entwicklung eines modernen naturwissenschaftlich geprägten Weltbildes, kommen wir zurück zu den Lebensphasen des Menschen. Es wird noch einmal bei der Pubertät angesetzt. Zur Beantwortung der philosophisch-theologischen und ganz lebenspraktischen Frage, wie Leben geht, soll wiederum das Neue Testament herangezogen werden. Da der Mensch aus christlicher Sicht nicht vor einem leeren Seinshorizont steht, sondern vor einem personalen Gott, der sich in dieser Welt als Mensch gezeigt hat, soll Maß genommen werden an dessen Leben. Er ist die Verleiblichung des göttlichen Wortes und des göttlichen logos und hat vorgelebt, wie Leben geht. Daher ist das Christentum keine tote Philosophie, sondern eine „Lebensphilosophie", die von einem konkreten Menschen in allen Phasen menschlichen Lebens vorgelebt wurde. Dieses Leben soll jetzt in seinem Übergang vom Kindsein zum jungen Mann betrachtet werden.

Schauen wir auf die Zeit der Pubertät in der Biographie Jesu. Was tut er? Er ist mit seinen Eltern auf einer Wallfahrt, viele Menschen begleiten die Familie und auf dem Rückweg geht den Eltern nach ein paar Tagen auf, dass der Sohn nicht mitgekommen ist. Sie suchen ihn und finden ihn schließlich im Tempel (Lk 2,41). Er sitzt unter den Lehrern. Die Eltern machen ihm Vorwürfe, weil er weggelaufen ist und sie ihn nicht finden konnten. Es kommt der typische und verständliche Vorwurf: Kind, wie konntest du uns das antun? Dein Vater und ich haben uns solche Sorgen gemacht. Er aber reagiert gar nicht auf diese Vorwürfe, sondern stellt die entscheidende Gegenfrage: „Wusstet ihr nicht, dass ich im Hause meines Vaters sein muss?" (Lk 2,48). Er sagt sofort, worum es geht. Das aramäische Wort für Vater kann auch „Ursprung" heißen. Das bedeutet, dass Jesus zu seinem göttlichen Ursprung zurückkehren muss (so wie auch jeder Mensch).

In der Pubertät, so wurde festgestellt, bricht vieles zusammen, die Hormone ändern sich, die Distanz zu den Eltern wird größer, Werte zerfallen, mancher Jugendliche wendet sich von den Eltern ab und sucht neue Freunde und Gleichgesinnte, mancher gerät leider auch auf die schiefe Bahn. Wie diese Entwicklungen verlaufen, hängt stark vom elterlichen Umfeld ab, vom Anwesendsein der Eltern und den Möglichkeiten, im Gespräch mit ihnen die Probleme klären zu können. Von Suchtkranken weiß man, dass sie oft aus einer broken- home-Situation stammen, aus zerbrochenen Familien. Kinder, die aus der Schule heimkommen und gleich Computerspiele spielen, haben oft alles vergessen, was sie morgens in der Schule gelernt haben. Das Gehirn braucht Zeit, um das Gelernte zu verarbeiten und zu vertiefen. Auch dazu bedarf es des Gespräches und der Anwesenheit der Eltern.

In der Pubertät muss vieles neu integriert werden. Es geht darum zu erkennen, was in dieser Phase von *lebensentscheidender* Bedeutung ist. Der Gottessohn vollzieht einen ersten „Seinsüberstieg" heraus aus dem Gehorsam den Eltern gegenüber hinein in den Gehorsam seinem göttlichen Vater gegenüber. Er kehrt zu seinem göttlichen Ursprung zurück. Gehorsam ist für viele Menschen bereits ein unangenehmer Begriff, weil er an den Gehorsam einer fremden Macht gegenüber (Eltern, Kirche, Über-Ich) und damit an Unterdrückung und „Freiheitsberaubung" erinnert. Der hier gemeinte Gehorsam ist genau das Gegenteil davon: Der Mensch muss sich langsam und Schritt für Schritt aus dem Gehorsam einer äußeren Macht gegenüber befreien und sich hinwenden zu einer inneren Autorität, die in ihm selbst beheimatet ist. Sie „wohnt" im Innersten des Menschen, es ist der göttliche Ursprung. Es ist die schon erwähnte Stimme der Wahrheit und die Autorität Gottes, die den Menschen groß machen, wachsen lassen und zur Entfaltung kommen lassen will (Autorität kommt von augere, wachsen lassen). Sie ist deutlich zu unterscheiden von einer äußeren Autorität.

Dieser beginnende Überstieg ist zunächst eine Abkehr vom Bisherigen, von den Eltern. In der Biographie Jesu ist diese Abkehr zugleich eine Hinkehr zu seinem himmlischen Vater und damit zu seinem Ursprung. Es ist der Überstieg vom Relativen ins Absolute. Hier zeigt sich ein Spannungsbogen, der ein Grundphänomen menschlichen Seins ist: der Mensch ist ausgespannt zwischen zwei Welten, zwischen der endlichen und der absoluten. Er ist hineingestellt in Raum und Zeit und steht doch immer schon im Raum des Unendlichen und Absoluten. Er ist innerweltlich gebunden und doch immer schon ausgerichtet auf ein Leben jenseits der irdischen Existenz, wo Raum und Zeit sich auflösen in die ständige Gegenwart seines Seins im Sein bei Gott.

Die bleibende Abhängigkeit des Menschen vom Relativen und Endlichen steht auf Dauer seiner Befreiung hin zu sich selbst im Weg. Daher greift wohl der Jugendliche schon in dieser Phase seines Lebens intuitiv und unbewusst nach dem Absoluten aus, obwohl er rein äußerlich gesehen zunächst alles Innerweltliche in Frage stellt und damit in einen grundsätzlichen Zweifel gerät. Positiv benennen kann er diesen Ausbruch und Aufbruch wohl oft nicht, da das Durcheinander zu groß ist. Er will schon alles, ist aber noch ganz gebunden. Er spürt schon den Drang nach dem ganz Anderen, aber finden kann er es noch nicht.

Der inkarnierte Logos aber weiß, wo es hingeht: ins Haus des Vaters. Dies ist der erste Überstieg aus der innerweltlichen Abhängigkeit von den Eltern hinein in die Freiheit und den Ursprung Gottes. Man kann es auch anders ausdrücken: Es ist der Überstieg von einer Abhängigkeit in eine andere. Abhängig bleibt der Mensch ein Leben lang, die Frage ist nur, von wem, ob von den relativen „Mächten" dieser Welt oder der absoluten Macht Gottes. Die Abhängigkeit von Menschen und äußeren Autoritäten (so wichtig Autoritäten für Reifungsphasen auch sind) macht auf Dauer immer unfreier, die Abhängigkeit von Gott macht auf Dauer immer freier.

Gott ist der Raum-schenkende und nicht der Raum-nehmende, er will den Menschen groß machen und zur Entfaltung kommen lassen. Gott ist der ganz Freie, und nur er kann den Menschen in die Freiheit führen. So wie er das Volk Israel als Volk befreit hat von äußerer Gefangenschaft, so soll jeder einzelne Mensch von inneren und äußeren Abhängigkeiten schrittweise befreit werden. Zur Freiheit hat uns Christus befreit (Gal 5,1). Der Gott des Christentums ist ganz frei, weil er nichts braucht. Er ist sich selbst genug, er ist ein Beziehungs- und Liebesgeschehen in sich selbst (Vater, Sohn, Heiliger Geist). Er kann die Welt aus reiner Freiheit schaffen (er braucht sie nicht), und nur weil er selbst ganz frei ist, kann er auch den Menschen in diese Freiheit hineinführen. Freiheit heißt dabei nicht größere Beliebigkeit, sondern im Gegenteil mehr Verantwortung und innere Anbindung an die Wahrheit Gottes und damit an die eigene Wahrheitsstimme. Freiheit hat etwas mit Gehorsam zu tun. Freiheit bedeutet, mehr das leben zu können, was dem eigenen Wesen entspricht. Da ist nichts mehr beliebig. Neben den äußeren Regeln, die jeder Mensch für ein soziales Miteinander lernen muss, kommt es mehr und mehr auf die innere Autorität dieser Wahrheitsstimme im Menschen an, die ihn „führt". Sie muss der junge Mensch hören lernen.

Dieser beginnende Überstieg vom Relativen ins Absolute, vom Unfreien ins Freie ist von großer Bedeutung für den Rest des Lebens. Da aber alles im Leben prozesshaft abläuft, geht auch dieser Prozess nicht von heute auf morgen. Ein erster Befreiungsschritt ist getan, weitere müssen folgen. Daher heißt es nach diesem „Ausflug" Jesu, dass er zu seinen Eltern zurückkehrte und ihnen wieder gehorsam war. Der Zwölfjährige kann noch nicht allein leben. Die innere Autorität ist zwar anfanghaft aufgebrochen, aber noch nicht vollständig durchgereift. Daher bedarf es wieder eines Stückes äußerer Autorität. Auch dieses Wechselspiel bleibt in anderer Weise ein Leben lang.

Die ganze Wucht des inneren Wirkens Gottes kann der junge Mensch noch nicht aushalten, deswegen muss er noch einmal zurück in den äußeren Schutzraum. Aber der erste Schritt in die Befreiung ist unumkehrbar getan. Es ist ein Anfang gemacht, der später weiter vollzogen wird. Im jungen Menschen wächst Neues heran: es heißt von Jesus, dass er zunahm an Weisheit und Gnade. Es ist ein gegenläufiges Geschehen: Zum einen kann der junge Mensch ohne die Familie nicht leben und er soll sie schätzen (es gilt weiterhin das jüdische Gebot, Vater und Mutter zu ehren), und zum anderen muss er seinen je eigenen Weg gehen und seine je einmalige Berufung finden. Der Befreiung *von* den Eltern entspricht die Befreiung *zu etwas hin*, nämlich zum Finden der eigenen Identität, Wahrheit, Berufung und zur eigenen Verantwortlichkeit. Dieser Weg in die Freiheit ist mühsam und zum Teil leidvoll, mancher schreckt davor zurück und bleibt lieber in der Abhängigkeit. Beide müssen hier mitwirken: Die Eltern müssen die

Kinder schrittweise in die Freiheit entlassen und die Kinder müssen sich auf ihren eigenen Weg machen. Die Verantwortung der Eltern (auch der Lehrer, Erzieher, Priester) besteht darin, dem jungen Menschen nicht nur Regeln und Gesetze mitzugeben, sondern ihn darauf hinzuweisen, dass Gott in seinem Inneren wirkt und dass er seine „Stimme" erkennen kann. (Siehe Kap. 19) Der Jugendliche sollte frühzeitig beginnen, sein inneres Leben zu trainieren und die Stimmen in sich unterscheiden zu lernen, damit er bessere Entscheidungen im Alltag, für den späteren Beruf und auch für den zukünftigen Lebenspartner treffen kann. Denn durch die Anbindung an Gott, durch das bessere Kennenlernen seiner inneren Stimmungen und Seelenregungen kann der junge Mensch auch den anderen besser als den anderen erkennen und nicht nur durch die Brille der eigenen Projektionen.

Eltern und Lehrer sollten den Jugendlichen schrittweise zur eigenen Urteilsbildung und zum Eigenstand führen. Der Jugendliche sollte seinerseits den Schritt in die Gottesanbindung und das genauere Unterscheiden-Lernen der inneren Stimmen vollziehen. So kann er langsam in die Eigenverantwortung hineinwachsen. Dabei sollte sich, wenn die Entwicklung gut geht, in dem jungen Menschen langsam ein Gespür dafür herausbilden, dass nicht die Gesetzeserfüllung allein schon ein erfülltes Leben ermöglicht, sondern dass er offen werden soll für den je neuen Anruf Gottes. Der Pubertierende wird davon womöglich noch nichts wissen wollen, aber angedeutet sollten diese Dinge werden, damit er das, was in ihm geschieht, besser „verstehen" kann.

Der Jugendliche kann in kleinen Schritten darauf hingewiesen werden, dass ein solcher Anruf Gottes durch die Ereignisse des Lebens hindurch geschehen kann, durch menschliche Begegnungen und in den inneren Seelenregungen. Dort findet er in sich die Stimme seines sich heranbildenden Gewissens, das vom Über-Ich zu unterscheiden ist und von dieser tieferen göttlichen Dimension geprägt ist. Er kann schon jetzt lernen, seine Innenwelt zu beachten und Phasen der inneren Freude und des Friedens von Zeiten der Zerrissenheit, Unruhe, Getriebenheiten, Angst zu unterscheiden. (Später wird darauf genauer eingegangen.)

Der Anruf und An-spruch des Lebens geschieht meist indirekt, oft kaum merklich und wie selbstverständlich im Alltag. Damit der Mensch diese Ereignisse des Lebens lesen lernen kann, bedarf es einer guten geistlichen Schulung. Die schrittweise Interpretation der Ereignisse wird zunehmend lebens-entscheidend. Das gelingende Leben entwickelt sich durch viele kleine Einzelentscheidungen hindurch. Daher ist es wichtig, sehr früh Kriterien kennen zu lernen, wie man gute und richtige Entscheidungen trifft. Zunächst durch das Lernen und Einhalten von äußeren Regeln, dann aber durch ein immer besseres Verstehen der innersten Seelenregungen und verschiedenen „Stimmen" (die nichts zu tun haben mit den Stimmen, die ein Schizophrener hört). Sie gilt es zu unterscheiden und einzuordnen: Es sind dies die Stimme der Mutter, des Vaters, der Freunde, der Gesellschaft und schließlich auch die stille Wahrheitsstimme Gottes.

So bricht in der Pubertät etwas auf, was man die Sensibilität für das Eigene und das ganz Andere nennen könnte. Die äußere Unruhe nimmt zu, aber auch die Sehnsucht nach innerem Halt. Der Wille nach Eigenstand und die Notwendigkeit zur Eigenverantwortung nehmen ebenfalls zu. Der beginnende Ablösungsprozess von den Eltern gelingt besser, wenn der Mensch eine tiefere Anbindung an den Seinsgrund, das Absolute und das Göttliche findet, als wenn er frei flottierend durch diese Phase hindurchgeht. Interessant ist, dass viele Religionen in dieser Phase bestimmte Initiationsriten vollziehen, um diesen Übergang zu begleiten. Das Christentum hat hier die Firmung und Konfirmation, die etwas zu tun hat mit innerer Stärkung und tieferer Erkenntnis, die eine Gabe des Heiligen Geistes ist (s. u.). Wichtig ist aber auch zu wissen, dass um die Zeit der Pubertät oder schon davor tiefe religiöse Berufungen ihren Ursprung haben. Auf Friedrich Nietzsche wurde schon hingewiesen, der bereits mit acht Jahren gesagt haben soll, dass er ein Heiliger werden müsse und dass seine Kameraden nicht so schwere Bedingungen hätten.

Eltern und Pädagogen sollten diese Umbrüche gut begleiten und wachsam sein für derartige „Berufungen". Indizien sind immer wiederkehrende Fragen, ein inneres Drängen, sich mit bestimmten Fragen auseinanderzusetzen, vielleicht einen bestimmten Weg einzuschlagen. Es ist so, wie es einen jungen begabten Musiker immer wieder ans Klavier oder an ein anderes Musikinstrument drängt. Diese inneren Bewegungen sind nicht bedeutungslos. Freud spricht davon, dass man Triebe verdrängen kann und dass diese Triebverdrängungen zu Krankheiten führen können. Ebenso kann man Antriebe, die aus einer tieferen Dimension stammen, verdrängen und auch diese Verdrängungen können zu Krankheiten führen. Eine spätere Depression kann Ausdruck einer Verdrängung derartiger innerer Antriebe im jugendlichen Alter gewesen sein. Solche Verdrängungen können zu einem schrittweisen Vorbeileben an einer sehr individuellen Berufung führen.

Im Kontext des Christentums hat es einen tiefen Sinn, gerade um die Zeit der Pubertät (oder etwas später) den jungen Menschen mit dem Sakrament der Firmung (im Protestantismus in der Konfirmation) zu stärken. Dabei geht es nicht so sehr um einen Rechtsakt oder eine persönliche Entscheidung für den christlichen Glauben, sondern viel existentieller um den Überstieg in eine andere Seinsdimension, die lebensentscheidend für das weitere Leben ist. Es geht um den Überstieg hinein in die Dimension des Absoluten, die dem Mensch dienen soll, zu sich selber zu kommen und in seine Freiheit hineinzuwachsen.

Wenn christlich gesprochen bei der Firmung von den Gaben des Heiligen Geistes die Rede ist, die da sind Weisheit, Einsicht, Rat, Stärke, Erkenntnis, Frömmigkeit, Gottesfurcht, dann sollte jede dieser Gaben ernst genommen werden. *Weisheit* bei Gott bedeutet, dass Gott weiß, wie das Leben geht und wie es zum Gelingen gebracht wird. Er selbst hat die Welt geschaffen. Weisheit auf Seiten des Menschen ist eher eine Gabe des Alters nach einem durchlebten und durchlittenen Leben. Daher ist der Rat älterer Menschen so wichtig. Aber auch junge Menschen können sich schon von dieser Weisheit führen lassen. *Einsicht* ist eine Gabe des tieferen Verständnisses für die Zusammenhänge des Lebens und der eigenen Biographie sowie eine schrittweise Einsicht in das Handeln Gottes. Einen (geistlichen) Rat aus dem richtigen Geist heraus (dem Heiligen Geist) zu empfangen, ist wesentlich für gute und richtige Lebensentscheidungen. Die *Erkenntnis* der Welt, des eigenen Lebens und des eigenen Inneren ist zentral, da die Selbsterkenntnis wichtig für die Erkenntnis des anderen als des anderen ist. Der Prozess der Selbsterkenntnis ist notwendig, um sich selbst und den anderen besser zu verstehen und damit der Gefahr, dass man sich im anderen täuscht, zu verkleinern. Glauben hat mit Erkennen zu tun: credo ut intelligam, ich glaube, damit ich einsehe. Die *Stärke* ist notwendig, um die Einsichten und Erkenntnisse, die der einzelne gewonnen hat, ins Leben umzusetzen.

Gerade in der Pubertät gibt es große Gefühlsschwankungen und Gemütsschwankungen. Das erlebt nahezu jeder Mensch. Diese aber kann er verstehen lernen. Der Mensch ist immer irgendwie ge-stimmt, wie Heidegger sagt: traurig, fröhlich, ängstlich, zuversichtlich. Es gibt – wie in Kapitel 19 ausgeführt wird – eine tiefe innere Gestimmtheit im Kern des Menschen und dann darüber liegende Gefühle. Beide Ebenen kann man voneinander unterscheiden lernen. Entscheidend ist, wie diese Stimmungen gedeutet werden und wie die untergründig, fast unbemerkt ablaufenden Stimmungen ins Bewusstsein geholt werden können. Die Analyse der Seelenregungen ist wichtig zur Aufarbeitung eines derzeitigen Unglücklichseins, sie kann aber auch fruchtbar sein für kommende Entscheidungen.

18. Die Zerrissenheit des Menschen

So beginnt schon in der Phase der Pubertät ein Hin- und Hergerissenwerden zwischen Bleiben und Gehen, zwischen Noch-Kind-Sein und schon Erwachsen-werden-Müssen. Diese innere Zerrissenheit bleibt als Grundtendenz in anderer Weise für das ganze Leben bestehen, aber der Mensch kann die Zerrissenheit überwinden, wie im nächsten Kapitel gezeigt wird. Gerade in Phasen des Überstiegs in eine andere Lebensphase zeigt sich die Tendenz zur Desintegration der Kräfte besonders deutlich. Der Mensch ist hin- und hergerissen zwischen dem, was er oberflächlich gerne tun möchte und dem, was er von seinem tiefsten Wesen her tun will.

Der Mensch hat seinen eigenen Willen, aber er spürt in sich auch diesen Willen langsam übersteigen auf eine andere Dimension des Seins hin, letztlich – christlich gesprochen – auf den Willen Gottes hin. Nicht um dadurch noch mehr fremdbestimmt zu werden, sondern um zu seiner eigentlichen Berufung und Größe heranzureifen. Dies ist ein langer Weg und spielt sich – wie Hans Urs von Balthasar es formuliert – im Drama zwischen dem Absoluten und Relativen, zwischen Gott und Mensch ab. Balthasar hat seine Ethik daher auch „Theodramatik" genannt als Ausdruck des Ringens des Menschen mit Gott, das ein Leben lang in unterschiedlicher Weise und Intensität anhält.

So hat es auch der Gottessohn erlebt: in den Konflikten mit seinen Eltern, die schon in der Pubertät aufbrechen, dann später immer wieder im Konflikt mit seinen Verwandten, mit der Welt und den jüdischen religiösen Führern, schließlich im Drama zwischen sich und seinem himmlischen Vater mit seinem menschlichen Wollen und dessen göttlichem Willen. Dieses Geschehen spitzt sich zu in der Szene in Gethsemane, wo er seinen Vater bittet, den Kelch an ihm vorübergehen zu lassen. Nach einem langen inneren Kampf willigt er dann schließlich doch in den Willen des Vaters ein.

In Jesus Christus sind wie in jedem Menschen beide Willen gegenwärtig, der göttliche und der menschliche. „Zwei Willen wohnen ach in meiner Brust", könnte man in Abwandlung eines Goethewortes sagen. Es ist das göttliche Wollen im Menschen, das den Menschen in die eine Richtung drängt und das menschliche Wollen, das ganz andere Pläne hat. Dieses Miteinander zweier Willen führt zu Spannungen im Menschen. Es handelt sich um das Drama zwischen Gott und Mensch, zwischen Endlichem und Absolutem. Dieses Drama findet seine theologische Reflexion im Dogma von der Zwei-Naturen-Lehre Jesu. In der Person Jesu findet sich einerseits seine menschliche Natur, er ist ganz Mensch mit einem menschlichen Willen und menschlichen Gefühlen. Andererseits hat er eine göttliche Natur, er ist ganz Gott mit einem göttlichen Willen. Beide Naturen und Willen sind in ihm unvermischt und ungetrennt vorhanden. Und beide ringen miteinander. Auch im Menschen ringen diese beiden Willen miteinander.

Im Lebensvollzug geht es immer wieder darum – wie später ausgeführt wird –, den menschlichen an den göttlichen Willen anzugleichen. Dem Gottessohn ist das letztlich in allen Entscheidungssituationen gelungen. Der Mensch aber scheitert immer wieder daran. Deshalb heißt es vom Gottessohn: Er war in allem uns gleich außer der Sünde, er hat sich trotz des inneren Ringens nie abgesondert vom Willen des Vaters. Sünde ist der Begriff, der diese Absonderung vom göttlichen Willen und damit die Störung einer Beziehung beschreibt, während Schuld ein Begriff ist, der eher eine Gesetzesübertretung meint. Im Christentum geht es um dieses Beziehungsgeschehen und den dialogischen Charakter zwischen Gott und Mensch und nicht primär um die Erfüllung eines toten Gesetzes.

So geht es beim Handeln des Menschen – wie Hans Urs von Balthasar formuliert – um Freiheitsentscheidungen des Menschen, die sich zwischen zwei Freiheiten, genauer zwischen zwei freien Wesen ereignen, der Freiheit Gottes und der des Menschen. Der Mensch unterliegt in seinen Entscheidungen dem An-spruch Gottes, der ihn nicht in seiner Freiheit beschränken, sondern zu ihr hinführen will. Der Mensch findet gerade dann seine Freiheit, wenn er dem Anspruch Gottes, dem er in seinem Gewissen begegnet, genügt. So vollzieht sich das konkrete menschliche Handeln im Drama zwischen Mensch und Gott.

Der Mensch ist dabei ein mehrfach ausgespannter: Es geht zum einen um das Ringen der beiden Willen im Menschen, dann geht es um die Polarität von Geist und Materie, Seele und Leib, Mann und Frau, Individuum und Gemeinschaft und schließlich noch um einen inneren Bruch, der den Menschen begleitet und ihn immer wieder Nein sagen lässt zum göttlichen Willen. Dies ist – theologisch ausgedrückt – die erbsündliche Struktur des Menschen. Der Mensch neigt existentiell zum Nein gegen Gott, in ihm wohnt der Geist, der stets verneint (Goethe). Daher macht der Mensch nicht nur einzelne Fehler, sondern tendiert von seiner ganzen Wesensstruktur her zum Nein gegenüber dem göttlichen Willen.

Nimmt man die christliche Lehre ernst, dann steht hinter dieser Tendenz zum Abweichen sogar eine eigene Kraft, die den Menschen vom Weg abbringen will. Es gibt eine Dynamik der zerstreuenden und zerreißenden Kräfte im Menschen, die mit dem schon erwähnten Begriff des Diabolos (dia-ballein zerstreuen, auseinanderreißen) zusammen gebracht werden können. Nicht dass hier in der Pubertät das Diabolische und Teuflische besonders stark wäre, aber es ist doch ein erster Anhaltspunkt dafür, dass die Welt nicht heil und in Ordnung ist und es Kräfte gibt, die diese Ordnung stören wollen.

So wie schon auf der physiologischen Ebene des Lebendigen den zerstreuenden Tendenzen des Toten (Entropie) durch Arbeit und Nahrung entgegengewirkt werden muss, so muss auch auf der geistigen Ebene den zerstreuenden Tendenzen im Menschen immer wieder entgegengewirkt werden. Der Mensch muss sich kon-zentrieren und immer wieder in sein Zentrum zurückholen, er braucht geistige und körperliche Nahrung. Und daher ist es kein Zufall, dass der Gegenbegriff zu Diabolos jener des Symbols ist (sym-ballein zusammenwerfen) und dass im Symbol des Heiligen Mahles der Eucharistie, die im Zentrum des Gottesdienstes steht (in der protestantischen Kirche ist es eher die Predigt), beides zusammenkommt: Die physiologische Nahrung des Brotes und die geistig-geistliche Nahrung als vergöttlichtes Brot, als Leib Christi.

19. Überwindung der Zerrissenheit – „Stimmigkeit"

Die innere Zerrissenheit des Menschen kann überwunden werden und muss immer wieder überwunden werden. Es geht um den Weg aus der Zerrissenheit in die Einheit, aus der Unstimmigkeit in die Stimmigkeit. Wenn es um Gestimmtheit und Stimmigkeit geht, bedarf es des Abgleichs zweier Gegebenheiten: Ein Instrument wird gestimmt an einem vorgegebenen Ton mit einer bestimmten Schwingungsfrequenz. Wenn man in einem großen Bogen dieses physikalische Phänomen auf die menschliche Existenz überträgt, dann gibt es auch im Inneren des Menschen verschiedene Frequenzen, Stimmen, Klänge, die etwas darüber aussagen, ob der Mensch mit sich im Ein-klang ist oder ob in seinem Inneren Disharmonien sind.

Auch zwischen Menschen sagt man, dass es zwischen ihnen stimmt, dass die Chemie stimmt. Vieles von dem, was zwischen Menschen stimmt und im Gleichklang ist, kann man mit Hilfe der Vorstellung von Spiegelneuronen erklären.[42] Diese Stimmigkeit, die es zwischen den Menschen gibt, gibt es auch im Inneren des Menschen in der Beziehung des Menschen zum Absoluten, zu Gott. Mensch und Gott „senden" aber nicht gleichzeitig und auf Augenhöhe, sondern die Frequenz Gottes ist die Vorgabe und die Aufgabe des Menschen ist es, sich dieser Frequenz anzupassen.

Nach christlichem Verständnis ist diese vorgegebene „Frequenz" der schon öfter erwähnte göttliche Wille. Dieser Wille ist in einem groben Rahmen in den Zehn Geboten zu finden, in denen Gott dem Menschen sagt, was er nicht tun soll, damit er seine Freiheit nicht wieder verliert (s. o.). Sehr viel tiefer kann sich Gott aber in der inneren Klangwelt des Menschen mitteilen, die sich zeigt in seinen inneren Antrieben und seiner inneren Stimmigkeit. Gott kann sich dem Menschen in seinem Leib mitteilen und findet dort den Resonanzboden für seine „Mitteilungen". Gott spricht im Inneren des Menschen in der Weise des Schweigens (Heidegger), aber er ist doch wahrnehmbar und vernehmbar. Der Mensch muss nur lernen, diese schweigende Stimme zu erkennen und sie von anderen Stimmen unterscheiden zu lernen.[43]

Der Mensch kann in seinem Inneren durch die Analyse dieser verschiedenen „Stimmen", seiner unterschiedlichen inneren Antriebe und Seelenregungen diesen Willen schrittweise entdecken. Wie das im einzelnen geht, wird im nächsten Kapitel ausgeführt. Der Mensch, der sich diesem göttlichen Willen angleicht und eine Kongruenz zwischen ihm und dem menschlichem Willen herstellt, findet seine innere Stimmigkeit. „Es ist Gestimmtsein als Übereinstimmung mit dem Rhythmus Gottes selbst, deshalb Zustimmung nicht nur zu seinem Sein, sondern zu seinem freien, je neu dem Menschen zuwehenden Wollen."[44]

Es geht dabei um ein In-Sich-Hineinhorchen, um ein Sensibel-Werden für den spezifischen Klang dieser „Stimme". Mancher kommt von diesem Hineinhören auch zum Begriff des Gehorsams. „Ist der Glaube Einstimmung und Anpassung der gesamten Existenz auf und an Gott, dann kann man den Glauben ebensogut Gehorsam nennen, und er ist es auch."[45] Es geht bei diesem Gehorsam nicht um einen äußeren Kadavergehorsam, bei dem der Mensch einem äußeren Befehl, einem Über-Ich oder einem äußeren Gesetz folgt, sondern um ein inneres Hören und ein Folgen der inneren Wahrheitsstimme. Es geht – um es theologischer auszudrücken – um ein Hineinwachsen der eigenen Existenz in die Existenz Christi „auf der Grundlage des wachsenden Sicheingestaltens Christi in den Glaubenden".[46] In existentieller Hingabe verlässt sich der Mensch auf einen anderen hin, verliert sich dabei aber nicht, sondern gewinnt die tiefstmögliche Selbsterfahrung, Identität und Freiheit.[47]

Bei der Erfahrung der inneren Stimmigkeit handelt es sich um eine tiefe Glaubens*erfahrung* des Menschen. Der Erfahrungsbegriff ist zwar problematisch, aber ohne die Wirklichkeit der Erfahrung geht es dort nicht, „wo Glaube die Begegnung des gesamten Menschen mit Gott ist".[48] Gott erwartet die Antwort des Menschen auf sein Wort und beansprucht ihn „nicht nur mit seinem Verstand (den er einer uneinsichtigen Wahrheit opfern müßte), sondern sofort auch mit seinem Wollen, nicht nur mit seiner Seele, sondern auch und genauso mit seinem Leib."[49] Der Mensch, der sich auf Gott eingestimmt hat, ist auch mit sich selbst im Einklang. Die innere Gestimmtheit umfasst sein gesamtes Gefühlsleben und begleitet als Horizont alle Erfahrungen des Alltags. Die Vorstellung einer bestimmten Stimmung zeigt, dass der Begriff auch auf Seelisches anwendbar ist; „man kann ‚in Stimmung' sein, ‚in der rechten Stimmung' für ein Ereignis sein oder nicht."[50] Das Übereinstimmen zwischen menschlichem und göttlichem Willen zeigt sich in innerer Stimmigkeit, Frieden, Freude, Enthusiasmus (en theos, in Gott) die Diskrepanz zwischen beiden Willen als Unstimmigkeit, Unruhe, Angst, Zerrissenheit und Getriebenheit.

Das, was man in *diesem* Sinn „Gefühl" nennt, liegt nicht „neben" oder „unterhalb" der geistigen Fähigkeiten, sondern bildet mit diesen eine Einheit. Die Verirrungen in der Erfahrungs- und Erlebnistheologie stammen nach Balthasar daher, dass das menschliche Fühlen zu sehr als Einzelakt neben Verstand und Willen gefasst und zu wenig als die Integration des ganzen personalen Lebens verstanden wird.[51] Dementsprechend werden die Kriterien des Gottesverhältnisses „zu sehr in die einzelne emotionale Zuständlichkeit und zu wenig in das Erfahrbarwerden durch *alle Einzelzustände hindurch* der alles begründenden Gesamtverfaßtheit und -gestimmtheit des Menschen gelegt."[52]

Wegen der Asymmetrie zwischen Gott und Mensch trifft der Begriff des Gespürs besser als jener des Gefühls, der sich eher auf die zwischenmenschliche Ebene bezieht. Es geht mehr um die „Wahrnehmung eines Angerührtseins von außen und oben"[53], das der Mensch als ein Angerührtsein von innen und aus seiner innersten Mitte erfährt. Die innerste Mitte ist jener Raum, wo der Mensch sich übersteigt auf das Absolute hin und wo sein Seelengrund von Gott berührt werden kann. So sollte das „emotionale Element" des menschlichen Geistes, das bis in den Seelengrund hinabreicht, wegen der unterschiedlichen Ebenen von Gott und Mensch als „Gestimmtheit" oder „Gespür" benannt werden im Gegensatz zum „Gefühl", das dem gleichrangigen Verhältnis von Mensch zu Mensch zugeordnet ist. Das Gespür und die Gestimmtheit unterfangen, umfassen und durchdringen das alltägliche Gefühl.

So kann man die „emotionalen Bewegtheiten" des Alltags, die sich auf Innerweltliches beziehen und mit „Gefühl" beschrieben wurden, von der Ebene der Gestimmtheit, die sich auf das gesamte Sein und auf Gott bezieht, unterscheiden. Man kann die positive Grundstimmung, die sich auf das Ganze erstreckt als „Seinsfreude" bezeichnen und sie von einer „Aktfreude" unterscheiden, die sich auf Einzelnes bezieht. Erstere verweist auf die „Lebens-totalität"[54] („Gespür"), letztere entzündet sich am Konkret-Gegenständlichen oder einem menschlichen Gegenüber („Gefühl"). Die entscheidende ethische Frage ist, ob die Aktfreude durch Entscheidungen und Handlungen zur Seinsfreude hinführt oder ob sie – so verführerisch sie auch erlebt werden mag – die Seinsfreude eher verschleiert und trübt.[55]

Balthasar führt die Thematik der inneren Stimmigkeit, Gespür und Seinsfreude im Kontext seiner Betrachtungen über die Ästhetik und das Schöne aus. So könnte man den Schluss ziehen, dass der Mensch, der stimmig und harmonisch mit sich und mit Gott im Einklang lebt, auch von innen her „schön" ist. Andersherum kann der mit sich selbst und mit Gott im Unreinen lebende Mensch womöglich zu dieser inneren Schönheit nicht durchstoßen. Wenn Stimmigkeit als Fülle und Schönheit erscheinen und Schönheit mit Liebe assoziiert ist, wird Unstimmigkeit als Leere, Disharmonie oder gar als Hässlichkeit Gestalt gewinnen. Der in sich Zerrissene kann auch nicht lieben.

Da in der alten Transzendentalienlehre die Einheit des Seins mit der Wahrheit (Erkenntnis), der Gutheit (Ethik) und Schönheit (Ästhetik) zusammenhängen, ist der Mensch, der auf die lebendige Wahrheit und das Gute ausgerichtet ist (hier auf den Willen Gottes), auch mit sich im Einklang und insofern „schön". Da diese Transzendentalien miteinander zusammenhängen, wird hingegen ein Mangel im Bereich einer Transzendentalie von einem Mangel im Bereich der anderen begleitet sein. Die innere Diskrepanz im Menschen wird sich dabei nicht nur in ihm selbst auswirken, sondern auch auf andere Menschen ausstrahlen. Eigene Mängel wirken sich auf zwischenmenschliche Beziehungen aus und bekommen daher soziale Bedeutung.

20. Gottes Wille – Erfahrbarkeit im Leib

Ausgehend von dieser Erfahrung des Menschen, dass er immer irgendwie gestimmt ist, kann man jetzt weiter argumentieren, dass jeder Mensch, auch der Ungläubige, in seiner Leiblichkeit bestimmte Erfahrungen macht, die er auf unterschiedliche Weise interpretieren kann. Der sogenannte Ungläubige wird sie nicht mit dem Wirken Gottes in Verbindung bringen, aber er wird wahrnehmen, dass sie da sind. Umgekehrt ist zu sagen: Wenn eine „Kommunikation" zwischen Mensch und Gott stattfinden soll, dann muss sie für den Menschen in seiner leib-seelischen Verfasstheit erkennbar und „verstehbar" sein.

Jede innere Seelenregung und jeder innere Antrieb kann wahrgenommen und analysiert werden. Innerhalb der Bewegungen der Seele gibt es verschiedene Antriebe und innerhalb dieser Antriebe auch jene, die aus dem göttlichen Geist stammen (wie sie zu erkennen sind, wird später ausgeführt). Diese Antriebe gilt es zu erkennen, sie aufzunehmen und in die Tat umzusetzen. Sie stellen einen verbindlichen inneren „Anruf" Gottes dar. Ein solcher Anruf muss im Leib erfahrbar sein, da das „Geistige" und das Göttliche nur über die sinnliche Wahrnehmung erkannt werden kann.

Wenn Gott den Menschen aufgrund von dessen Fähigkeit zu hören anspricht, dann ist zu fragen, wie er spricht. Wir sehen Gott nicht und hören ihn nicht direkt. Gott spricht nur indirekt, er teilt sich der Welt nur – wie man theologisch sagt – durch „Zweitursachen" mit: durch die Schöpfung, durch Propheten, durch seinen Sohn, durch Ereignisse und Menschen, durch sein schweigendes Sprechen im Inneren des Menschen, durch die Seelenregungen und leiblichen Empfindungen[56], womöglich auch durch Krankheiten und „Schicksalsschläge".

Wenn Gott sich durch das leiblich verfasste Ich des Menschen mitteilt, dann gilt es für den Menschen zunächst, sich selbst wahrzunehmen und sein Leben mit seiner ganzen bisherigen Biographie anzuschauen. Er hat bestimmte Gaben, Talente und Fähigkeiten mitbekommen. Diese soll er nutzen und vermehren, er soll aus drei Talenten sechs machen. Indem er sich selbst wahrnimmt mit seinen Begabungen, nimmt er den Ruf Gottes als den immer schon tragenden Grund seines Lebens wahr. Das Ernstnehmen der eigenen Vorgaben führt den Menschen zu sich selbst, es ist der „Ruf ins Eigene".[57]

Diesem „Ruf ins Eigene" ist der „Ruf ins Andere" gegenüberzustellen. Es kann sein, dass der Mensch aus seinen bisherigen Gegebenheiten herausgerufen wird in ein Neuland hinein, das Gott ihm zeigen wird. Dieses Herausgerufenwerden kann der Natur des Menschen und seinen Fähigkeiten zuwiderlaufen. Die eigenen Wünsche werden zerbrochen, der Ruf Gottes führt den Menschen dahin, wohin er nicht will (vgl. Joh 21,18). Nicht mehr er, sondern Gott verfügt über sein Leben. Dennoch wirkt diese Kraft des Rufes, die letztlich der göttlichen Liebe entspringt, „nicht von außen her überwältigend, sondern von innen erleuchtend und überzeugend, weil sie die Kraft der absoluten Liebe Gottes ist, hinter der keine höhere logische Appellationsinstanz steht, die also reine Freiheit ist und den Überzeugten (Gehorchenden) in die reine Freiheit versetzt. Damit aber diese Freisetzung des von Gott geliebten Menschen vollends erfolge, bedarf es seines gehorsamen geschehenlassenden Jawortes des Glaubens".[58]

So nutzt der „Ruf ins Eigene" die Vorgaben und Talente des Menschen und will sie zur Erfüllung bringen, während der „Ruf ins Andere" den Menschen dahin führt, wohin er nicht will, in die Fremde. Beides kann in einer Biographie vorkommen. In jedem Fall soll der Mensch durch alles hindurch in seine Freiheit[59] geführt werden und das heißt im letzten, dass er frei wird von inneren oder äußeren Abhängigkeiten, dass er sein eigenes Wesen, seinen innersten göttlichen Kern verwirklichen kann.

Obwohl dieser Ruf Gottes durch innere Erleuchtung wirkt, stellt sich dennoch die Frage, wie der Mensch ihn genauer erkennen und aus der Menge der verschiedenen Regungen und Strebungen in seinem Inneren heraushören kann. Denn die „Erleuchtung" ist nur in den seltensten Fällen ganz rein und eindeutig, sondern meist durchsetzt von vielen anderen Seelenregungen. In der christlichen Tradition hat vor allem Ignatius von Loyola eine Methode entwickelt, die es ermöglicht, die verschiedenen Strebungen, Seelenregungen und Antriebe im Menschen zu unterscheiden.

Bei der bereits öfter erwähnten „Unterscheidung der Geister", wie sie schon im Neuen Testament als Gnadengabe Gottes genannt wird (1 Kor 12,10), geht es darum, die inneren Seelenregungen durch Analyse der *Herkunft* der inneren Antriebe zu unterscheiden.[60] Ignatius geht davon aus, dass es Antriebe im Menschen gibt, die aus dem göttlichen Geist stammen, andere, die aus dem menschlichen Ich stammen oder aus dem Ungeist, den man auch den Versucher nennt (Diabolos). Der Mensch soll die Qualitäten dieser inneren Seelenregungen und Antriebe *unterscheiden* lernen, um dann zu *entscheiden*, welche Antriebe er aufnimmt und ins Handeln umsetzt und welche er verwirft.

In der zweiten Wahlzeit (Ignatius unterscheidet drei Wahlzeiten; genauer siehe[61]) der ignatianischen Exerzitien geht es darum, den Willen Gottes für das konkret Gesollte anhand der Analyse dieser inneren Seelenregungen herauszufinden. Die geistliche Tradition und mit ihr Ignatius gehen davon aus, dass Gott selbst den Willen des Menschen bewegt - oder eben andere Antriebe im Menschen (in der alten Terminologie auch „Geister" genannt) – und dass der Mensch diese verschiedenen Antriebe und inneren Seeleregungen erkennen und differenzieren kann.[62] Zur Unterscheidung dieser Seelenregungen nennt Ignatius zwei „Seelenqualitäten": Trost und Trostlosigkeit. „Trost" meint so viel wie: innere Stimmigkeit, innerer Frieden, Freude, Lebensdynamik und ist Ausdruck für die Übereinstimmung des menschlichen Willens mit dem göttlichen. „Ich rede von Trost, wenn in der Seele eine innere Bewegung sich verursacht, bei welcher die Seele in Liebe zu ihrem Schöpfer ... zu entbrennen beginnt und demzufolge kein geschaffenes Ding ... mehr in sich zu lieben vermag, es sei denn im Schöpfer ihrer aller."[63]

Das Abweichen des menschlichen vom göttlichen Willen äußert sich als Trostlosigkeit, die als innere Unstimmigkeit, Unfriede, Angst, Unruhe, Getriebenheit. In Erscheinung tritt „Verfinsterung der Seele, Verwirrung in ihr, Hinneigung zu den niedrigen und erdhaften Dingen, Unruhe verschiedener Getriebenheiten ... wobei sich die Seele ganz träg, lau, traurig findet und wie getrennt von ihrem Schöpfer" (EB 317). Mit diesen Überlegungen und inneren Erkenntnissen ist gesagt, dass der Mensch leiblich erfahren kann, ob er mit dem Willen Gottes kongruent ist oder nicht. Theologisch anders gewendet heißt das, dass der Geist Gottes sich in jedem Menschen verleiblicht (inkarniert) und der Mensch daher in seinem Inneren diesen göttlichen Geist finden kann. Der Mensch ist Tempel Gottes.

Das gilt aus christlicher Sicht für alle Menschen, wenngleich unterschiedliche Kulturen dies womöglich anders benennen. Dass es für alle gilt, ist mit dem Begriff „katholisch" gemeint (kata holon, das Ganze betreffend, allgemein). Das Christliche ist an sich in dem Sinn katholisch, als es allumfassend ist. Erst mit den Kirchenspaltungen der orthodoxen und später der protestantischen Kirche wurde der Begriff „katholisch" zu einem Konfessionsbegriff und meinte dann meist: römisch katholisch. Das alte apostolische Glaubensbekenntnis spricht aber von der einen heiligen und katholischen Kirche. Das Christentum als ganzes ist in diesem Sinn katholisch und betrifft alle Menschen.

Wenn es für alle Menschen gilt, müssen auch alle Menschen einen Zugang dazu bekommen können. Daher gilt: Auch wenn der Mensch nicht religiös verankert oder in einer bestimmten religiösen Tradition aufgewachsen ist und ihm dadurch bestimmte Interpretationen seiner inneren Vorgänge nicht zur Verfügung stehen, sind diese doch vorhanden und wirken in ihm. Die Frage ist, wie er aus seiner Biographie heraus sein Innenleben und seine inneren Seelenregungen interpretiert (vielleicht tut er es gar nicht) und ob es für ihn hilfreich ist, ihm in kleinen Schritten eine solche hier vorgelegte Interpretation vorzulegen.

Hatten Augustinus und Descartes ihre Selbstvergewisserungsversuche im Getäuschtwerden und im Denken festgemacht, könnte es der heutige Mensch im inneren Fühlen und Gestimmtsein tun: Ich fühle, also bin ich, oder: ich bin irgendwie gestimmt, also bin ich. Oft fühlen Menschen gar nichts mehr, manche meinen, sie müssten „cool" sein. Das kann man als vermeintliche Gelassenheit interpretieren, man kann darunter aber auch verstehen, dass sie innerlich abgekühlt sind, sich von nichts mehr bewegen lassen und dass sie im letzten nichts etwas angeht.

Zurückkommend auf die geistliche Unterscheidung der Stimmen, Antriebe, „Geister" stellt Karl Rahner heraus, dass der Mensch letztlich erst durch *Analyse der Herkunft der Antriebe* die Gutheit einer Tat beurteilen kann. Es geht nach seinen Worten darum, dass der Mensch zwar zum einen durch vorgegebene Normen zum richtigen Handeln angeleitet wird, aber letztlich die Frage nach der sittlichen Qualität einer Tat erst „*aus* der Erkenntnis der Herkunft"[64] des Antriebes – ob Wille Gottes oder nicht – zu beantworten ist.

Hier allerdings liegt für die meisten Menschen wohl die Schwierigkeit, sich vorzustellen, dass es Antriebe im Menschen geben soll, die von Gott selbst stammen. Rahner konstatiert, „daß der Mensch von heute mit seinem spontanen Lebensgefühl nur sehr schwer bereit sein wird, etwas, was er in seinem Bewußtsein entdeckt, als eine höchst persönliche Einwirkung Gottes anzuerkennen."[65] Er wird seine inneren Stimmungen, Antriebe, Trost und Trostlosigkeit eher als Wirkungen von Hormonschwankungen, von Wetterumschwüngen, bestimmten Charakterveranlagungen, depressiven Grundstimmungen oder als Botschaften aus dem Unbewussten interpretieren als sie als Antriebe von Gott, vom Ich oder vom bösen Geist, der stets verneint, zu interpretieren. Er wird vielleicht noch zugeben, *dass* solche Erfahrungen in ihm bedeutsam sind und etwas mit Gott zu tun haben, aber dass sie „unmittelbar von Gott bewirkt sein könnten"[66], wird ihm nicht einfach einleuchten.

Wenn Gott selbst die Seele des Menschen bewegen kann und von innen her „direkten" Zugang zur Seele des Menschen hat, dann zeigt sich hier die unmittelbare Verbindung der Seele zu Gott. Zwar ist die menschliche Seele immer eine Seele im Leib, und insofern bleibt auch die göttliche Berührung der Seele an den Leib gebunden, aber im Unterschied zur sinnlichen Erkenntnis eines Gegenstandes, die „draußen" beginnt, liegt bei den Regungen der Seele eine Bewegung von innen her vor, in der sich Gott „unmittelbar" der Seele mitteilt. Eine „normale" Freude entzündet sich *an* irgendeinem *Gegenstand*, die hier angesprochene Freude im Innersten des Menschen kann direkt von Gott hervorgerufen werden. Ignatius spricht hier vom „Trost ohne vorausgehenden Grund" und davon, dass es Gott allein vorbehalten ist, in die Seele einzutreten und aus ihr herauszugehen. „Einzig Gott Unser Herr kann ohne vorausgehenden Grund der Seele Trost geben; denn es ist dem Schöpfer vorbehalten, in sie einzutreten, aus ihr hinauszugehen" (EB 330). Ohne vorausgehenden Grund soll heißen: „Ohne vorausgehendes Fühlen oder Erkennen irgendeines Gegenstandes, der ihr vermittels der Akte ihres Verstandes und Willens eine solche Tröstung herbeiführen würde" (EB 330), also ohne, dass sich die Freude an irgendeinem Gegenstand oder Menschen entzündet.

So teilt sich Gott der Welt nicht nur durch eine allgemeine Offenbarung seiner selbst mit, sondern auch jedem einzelnen Menschen in seiner Innenwelt. Diese innerste Beziehung ist die Grundgestalt von Berufung. Sicher können die Einlassungen des Ignatius über die inneren Seelenregungen im Menschen nicht als „Beweis" für das Wirksamsein Gottes im leib-seelischen Empfinden des Menschen angeführt werden. Doch *wenn* eine Beziehung zwischen Gott und Mensch besteht – und davon geht christliches Denken aus – und der Mensch eine leib-seelische Einheit ist, kann sich auch die Beziehung Gott-Mensch nur über diese Leiblichkeit vermitteln. Neben vielen anderen Mitteilungsmöglichkeiten kann sich Gott auch dort „zeigen".

Wenn sich die Kongruenz zwischen menschlichem und göttlichem Willen als innere Stimmigkeit, die Verweigerung diesem Willen gegenüber als innere Unstimmigkeit, Angst Unruhe, Getriebenheit ausdrückt, dann ist hier auch eine Verbindung zu Krankheitsphänomenen zu ziehen. Aufgrund der Erkenntnisse der Psychoneuroimmunologie und dem Wissen, dass das Denken und Fühlen, das Innenleben und die Umgebung des Menschen auf das Immunsystem und auch auf die genetischen Verschaltungen Einfluss hat und ständige innere Zerrissenheit das Immunsystem unterdrückt und so Krankheiten besser entstehen können, kann man hier Zusammenhänge zwischen einer spirituellen Dimension und der Entstehung oder dem Verlauf von Krankheiten sehen. Auch bei der Heilung von Krankheiten kann dieses Innenleben des Menschen eine Rolle spielen. Der Mensch könnte durch tiefere Erkenntnis dieser Zusammenhänge womöglich seine Lebensgeschichte besser verstehen, sein Leben ändern und so zu seiner Heilung beitragen.

Gerade heutzutage, wo man z. B. Krebserkrankungen immer noch nicht zufriedenstellend behandeln kann[67], ist auch an solche Zusammenhänge zu denken. Das Thema Medizin und Spiritualität wird immer wichtiger. Gerade in der gegenwärtigen Situation, wo Depressionen nahezu Volkskrankheit Nummer eins sind, wo Menschen aufgrund der hohen Anforderungen an Stress und Burn-out-Syndromen leiden, wo viele Strukturen in der Familie und in der Gesellschaft brechen und der Mensch sich schwer tut, sich im Pluralismus der Meinungen noch zu orientieren, sollte man sich mehr dem Innenleben des Menschen zuwenden, es hat auch für die Interpretation von Krankheiten eine große Bedeutung.

Therapeutisch könnte man in einer spirituellen Biographiearbeit – wie Freud dies für die psychologische Ebene getan hat – nach Momenten oder Zeiten suchen, wo der Mensch ganz mit sich eins und innerlich stimmig war (Lebensfreude, Friede, Enthusiasmus) und wo er auf der anderen Seite aus dieser inneren Mitte und Stimmigkeit herausgefallen ist und zerrissen, unruhig, deprimiert, trostlos war. Wie eine Psychotherapie auf psychologischem Gebiet das Verhältnis zu den Eltern, zum Unbewussten, Schattenseiten und Verdrängungen anschaut und ans Licht holt, damit sie „erlöst" werden können, könnte dies auch im Bereich der Analyse geistlicher Erfahrungen geschehen.

Das würde bedeuten, dass der Patient seine Biographie im Lebensrückblick mit diesem Raster der Interpretation seiner inneren Befindlichkeiten von Stimmigkeit und Unstimmigkeit, Frieden und Zerrissenheit, Trost und Trostlosigkeit anschaut. Der Mensch kann versuchen verstehen zu lernen, wo er seinen inneren Antrieben keine Beachtung geschenkt, sie verdrängt und dadurch womöglich falsche Wege eingeschlagen hat. So wie Sigmund Freud meinte, dass durch die Verdrängung von Trieben eine Krankheit entstehen könne, so kann man aus geistlicher Sicht davon ausgehen, dass auch die Verdrängung von göttlichen Antrieben zu einer Krankheit führen kann. Der Mensch kann in einer solchen Biographiearbeit langsam zu seinen tiefsten Wurzeln zurückkehren. Er wird dort (wieder) Anschluss finden an die innerste Dynamik seines Seins, an den Quell lebendigen Wassers, der unbemerkt ständig in ihm fließt. Wenn dieser wieder freigelegt ist, kann sich die alte Lebenskraft womöglich neu entwickeln und auch zu Heilungen beitragen.

Nun ist es wohl gerade nicht so, dass man – wie oben angedeutet – durch positive Gedanken die genetischen Verschaltungen beeinflussen könnte, sondern umgekehrt, dass der Mensch sich auf die Vorgaben der Schöpfung und den göttlichen Willen einstellen muss, um von dort her seinen inneren Frieden zu finden. Und dieser innere Friede stellt bessere Grundbedingungen für die Gesundheit zur Verfügung, als ständige innere Zerrissenheit. Die aus der Stimmigkeit resultierende Lebensfreude kann zu einer guten Lebensdynamik führen (Eu-stress), die das Immunsystem sogar stärkt. Zerrissenheit, Unglücklichsein, Überfordertsein im Leben führt hingegen zu Disstress mit den bekannten Folgen.

Allerdings findet eine innere Harmonie nicht immer ihren Ausdruck in der Gesundheit, und nicht jedes Abweichen vom Weg führt schon zu einer Krankheit. Zum einen lebt der Mensch in einer unerlösten und damit auch „krankmachenden" Umgebung, zum anderen bringt ein Abweichen vom Weg nicht schon das gesamte Innenleben und womöglich die physiologischen Abläufe des Immunsystems oder der genetischen Verschaltungen durcheinander. Außerdem gibt es viele Reparaturmöglichkeiten im Organismus. Daher spielt die Dauer der inneren Unstimmigkeiten eine Rolle. Erst wenn sie zu lange anhalten, kann es zu Auswirkungen kommen, wenn man sie aber rechtzeitig bemerkt und sein Leben korrigiert, kann das Innere wieder zur Ruhe kommen und der Organismus sich wieder ordnen.

Diese Möglichkeit, sein Leben zu ändern, besteht ständig. Zwar ist äußerlich oft nichts zu ändern, aber innere Veränderungen sind immer möglich. Dazu sollte der Mensch sich – wenn notwendig – eine Auszeit nehmen, sein Leben anschauen und Phasen der inneren Stimmigkeit von Phasen der Zerrissenheit unterscheiden lernen. Er sollte versuchen, den Gründen auf die Spur zu kommen, die womöglich zu einem Umweg oder Abweg geführt haben. Man muss meist eine längere Strecke innerlich zurückgehen, um die Weggabelungen zu erkennen. Zwar kann man sie biographisch nicht mehr rückgängig machen, aber man kann im Blick nach vorne aus der Analyse etwas lernen und die inneren Strukturen und Beweggründe erkennen, die dazu geführt haben. An ihnen kann jeder einzelne arbeiten.

Auch die Umgebung kann den Menschen krank machen. Kinder können zum Beispiel „Symptomträger" elterlicher Verstellungen sein. Sie tragen „stellvertretend" etwas aus, was eigentlich vom jeweiligen Elternpaar hätte bearbeitet werden müssen. Daher haben Eltern die Aufgabe, an den

Verstellungen ihrer Biographie zu arbeiten, um die Kinder nicht mit den eigenen unaufgearbeiteten Problemen zu belasten. Manche Verstellung kann Folge einer verfehlten Berufung sein, die über Generationen weitergegeben wird. Psychotherapeutische Verfahren wie zum Beispiel die Familienaufstellung können an der Aufarbeitung und „Erlösung" derartiger Fehlentwicklungen arbeiten. Hier zeigt sich, dass jeder Mensch in den Gesamtstrom der menschlichen Unzulänglichkeiten verwoben und von den Fehlern anderer Menschen betroffen ist. Theologisch ist diese Generationenverbundenheit mit dem Begriff der Erbsünde belegt. Diese hat nichts mit persönlicher Schuld zu tun, sondern weist auf die Verstrickungszusammenhänge hin, die sich im Lauf der Geschichte ergeben haben und in die jeder Mensch mehr oder weniger stark eingebunden ist.

Auch zwischen Erwachsenen kann es ein stellvertretendes Leiden geben. Dabei ist oft schwer auszumachen, warum der eine Mensch seine eigenen Unstimmigkeiten selbst austragen muss, während in einem anderen Fall ein „Unschuldiger" leidet. Zwar sind in Beziehungen immer beide Partner involviert, aber oft sind die Lasten ungleich verteilt. Es geht hier um die Frage des stellvertretenden Leidens, die ein eigenes Problem darstellt.[68] So ist nicht jedes Leiden und jede Krankheit ein Indiz für das Herausfallen aus der Einheit mit Gott, und nicht jeder, der mit Gott und seinem Willen in Einheit lebt, ist immer gesund und leidfrei. Denn durch die gegenseitigen Beeinflussungen kann der eine etwas vom anderen mittragen müssen. Doch trotz dieser Fremdeinflüsse ist es legitim, im eigenen Leben nach der Bedeutung von Krankheiten zu fragen.

21. Die allgemeine und besondere Berufung des Menschen[69]

Was ist nun die konkrete Aufgabe eines jeden Menschen in dieser Welt? Ist es die Erfüllung von Gesetzen, das Aushalten der Zerrissenheit und die je neu zu versuchende Überwindung? Oder gibt es etwas positiv Dynamisches, das der Mensch im Leben erfüllen soll? Gibt es Gemeinsames oder geht jeder Mensch einfach seinen eigenen Weg? Woran soll er sich orientieren, welches sind die Regeln und Gesetze, die ihm den Weg weisen?

Der Mensch steht nach christlichem Verständnis nicht vor einem „leeren" (Seins-) Horizont, der ihm schweigend entgegentritt, sondern vor einem persönlichen Absoluten. Als „Hörer des Wortes"[70] ist der Mensch vom Wort dessen, den die Christen Gott nennen, ansprechbar, kann seinerseits dem An-spruch Gottes antworten. Diese Fähigkeit zu hören „stellt kein Vermögen neben anderen menschlichen Möglichkeiten dar, sondern ist mit dem Wesen des Menschen sachlich identisch".[71] Da der Mensch von sich aus vor dem offenen Seinshorizont stehen bleibt und nicht darüber hinaus gelangen kann, muss sich ihm das Absolute so kundtun, dass er es verstehen kann. Gott muss sich so zeigen, dass der Mensch begreift, ob er mit seinen letzten Fragen allein bleibt, oder ob ihm Antwort gegeben wird. Ob Gott dann „spricht", bleibt dessen freier Entscheidung vorbehalten, sie kann nicht eingefordert werden.[72] *Wenn* Gott spricht, muss dieses Sprechen vom Menschen gehört und verstanden werden können.

Gott kann den Menschen persönlich anrufen wie im Alten Testament die Propheten oder im Neuen Testament die Jünger. Er kann indirekt durch die Gegebenheiten des Alltags „sprechen", durch die menschlichen Begegnungen, durch Krankheit und Gesundheit, durch die inneren Seelenregungen, durch die Schöpfung, durch sein Wort in den Heiligen Schriften oder auch durch die Vorgabe von Gesetzen und Normen. Wenn Gott den Menschen persönlich anruft kann der Mensch seine persönliche Berufung nur *innerhalb* vorgegebener Normen finden und nicht daran vorbei. Normen repräsentieren allgemeine Verhaltensmaßregeln, die einen äußeren Rahmen für Erlaubtes oder Unerlaubtes abstecken. Aber ein lediglich normgerechtes Verhalten wird dem Menschen in seiner positiven Einmaligkeit und Individualität nicht gerecht. Die bloße Erfüllung von Normen reicht nicht aus, um das Leben zur Fülle zu bringen, sondern jeder einzelne muss sich innerhalb der Normen positiv für das eine oder andere entscheiden.

Dies ist zum einen notwendig, weil es auch innerhalb vorgegebener Normen unterschiedliche Handlungsmöglichkeiten gibt und zum anderen, weil gerade dort, wo der Mensch sich innerhalb der allgemeinen Normen für die eine oder andere Möglichkeit entscheidet, seine einmalige Individualität in Erscheinung tritt. Zusammengefasst: Die Antwort des Menschen auf den Ruf Gottes bedeutet in ihrer Einmaligkeit und Unvertretbarkeit mehr als die Erfüllung vorgegebener Normen. Umgekehrt heißt dies, dass der Mensch den Ruf und damit den Willen Gottes anhand vorgegebener Normen nicht *adäquat* finden kann.

Der Mensch muss damit rechnen, dass Gott selbst den Willen des Menschen in die eine oder andere Richtung bewegt. Er findet „*innerhalb des Bereiches, in dem auch andere gute Antriebe vorkommen können*"[73], ausdrücklich göttliche Antriebe vor, die er mit Hilfe der Unterscheidung der Geister erkennen kann. Diese Antriebe entsprechen einem konkreten Anruf Gottes; sie stehen „eindeutig unter dem sittlich fordernden ... Willen Gottes"[74] und haben *Verbindlichkeitscharakter*.

Zur Stützung der These, dass das konkret Gesollte über die Umsetzung allgemeiner Normen hinausgeht, führt Karl Rahner ein pragmatisches Argument aus den schon erwähnten ignatianischen Exerzitien an. Dort ist für das Finden des göttlichen Willens vornehmlich die sogenannte zweite Wahlzeit (von dreien) vorgesehen. In ihr soll der Mensch den göttlichen Willen mit Hilfe der Unterscheidung der Geister aus der Erfahrung von „Trost" und „Trostlosigkeit" finden.

Ignatius geht davon aus, dass der Mensch mehr oder weniger ständig vom göttlichen Geist bewegt wird. Daher ist das Achtgeben auf die inneren Seelenregungen die eigentliche und primäre Methode zum Finden des göttlichen Willens und nicht, wie es herkömmliche Art ist, das Abwägen verschiedener Möglichkeiten mit Hilfe von Vernunftgründen innerhalb vorgegebener Normen. Vernunftgründe und die Anwendung von Normen haben ihre Berechtigung, aber diese Art der Entscheidungsfindung, die Ignatius als dritte Wahlzeit bezeichnet, ist in seinen Augen nur eine subsidiäre Funktion gegenüber der zweiten, die durch die Unterscheidung der Geister herbeigeführt wird.

Zum Erkennen der verschiedenen Seelenregungen bedarf es der Haltung der „Indifferenz". Der Mensch soll zunächst alle Dinge des Lebens, wie Beruf, Gaben, Wünsche, Sehnsüchte, die Ignatius als „Mittel" zum Ziel bezeichnet, dem einen Ziel unterordnen, nämlich der Suche nach dem göttlichen Willen. All diese Mittel müssen relativiert werden in der Bereitschaft, sie zu lassen und dem je neuen Ruf Gottes unterzuordnen. Um die Fixierungen auf die innerweltlichen Dinge (menschliche Beziehungen, Krankheit, Gesundheit) aufzugeben, fasst Ignatius seine Forderungen in dem Satz zusammen:

„Auf diese Weise sollen wir von unserer Seite Gesundheit nicht mehr verlangen als Krankheit, Reichtum nicht mehr als Armut, Ehre nicht mehr als Schmach, langes Leben nicht mehr als kurzes, und folgerichtig so in allen übrigen Dingen. Einzig das sollen wir ersehnen und erwählen, was uns mehr zum Ziele hinführt, auf das wir hin geschaffen sind." (EB 23)

Es geht also nicht in erster Linie darum, um jeden Preis gesund zu sein oder dieses und jenes zu erreichen, sondern darum, dem göttlichen Willen zu folgen und dazu dasjenige Mittel zu wählen, das mehr zum Ziel der größeren Vollkommenheit führt. Dabei wird sich die Kongruenz zwischen göttlichem und menschlichem Willen als innere Stimmigkeit zeigen. Diese kann wegen der inneren Harmonie auch sekundär Gesundheit zur Folge haben, aber die Gesundheit soll nicht erstes Ziel sein. Gott allein ist erstes Ziel. Auch die ständige Bemühung um Gesundheit kann vergötzt werden und neue Fixierungen hervorbringen. Ein neues Krankheitsbild, das Orthorexia genannt wird, zeigt dies. Es werden oft gerade die Menschen krank, die alles richtig machen wollen und sich besonders richtig ernähren wollen. Relatives muss relativ bleiben und soll nicht verabsolutiert werden. Endlichkeit hat mit Fehlerhaftigkeit zu tun und der Organismus ist auf diese Fehler eingestellt. Er kann vieles reparieren.

Der Mensch ist ein positiv Einmaliger, der dem je neu an ihn ergehenden Ruf Gottes antworten muss. Es gibt dabei den allgemeinen Ruf zur Vollkommenheit in der Liebe („Ihr sollt vollkommen sein, wie euer Vater im Himmel vollkommen ist"; Mt 5,48[75]), den besonderen Ruf zu einer bestimmten Lebensaufgabe in einem besonderen Stand (Ehe, Ehelos, Priester, Ordensstand) sowie den Ruf in jeder einzelnen Situation des Hier und Jetzt. Die Berufung zur Vollkommenheit in der Liebe ist in einem bestimmten Beruf und Stand zu verwirklichen. Sie ist nicht in einem toten Gesetz zu finden, sondern im Dialog mit dem lebendigen Gott, der den Menschen in die Freiheit und zu sich selbst führen will. Der je neu für den einzelnen zu entdeckende Ruf Gottes kann zunächst den menschlichen Plänen zuwiderlaufen; letztlich aber findet der Mensch in ihm seinen inneren Frieden und seine Freiheit.

Glaubensgehorsam ist Antwort des Menschen auf den Anruf Gottes und dessen Liebe setzt den Menschen instand, sich selber und auch den anderen zu lieben. Der Glaubende übergibt sich Gott mit seiner ganzen Existenz und will die Wahrheit und den Willen Gottes seiner eigenen Autonomie vorziehen.[76] Er lässt Gott in sich gewähren und „dieses Gewährenlassen heißt Glauben".[77] Glaube ist Gehorsam und Antwort auf den Ruf Gottes. Die Befolgung des Rufes Gottes ist die freie Entscheidung des Menschen. Allerdings ist die Entscheidung nicht beliebig. Die je neue Entscheidung für den Willen Gottes wird zu mehr Leben und Lebensentfaltung führen, die jeweilige Entscheidung dagegen wird die Lebensentfaltung immer wieder blockieren und das Leben schrittweise verkümmern lassen.

Dabei korreliert im Horizont der göttlichen Liebe das Dürfen der freien Entscheidung mit dem Müssen des Gehorsams. Gehorsam und freie Entscheidung des Menschen gehen Hand in Hand, da im Angesicht der Liebe Gottes die Schranken von „Dürfen" und „Müssen" fallen. Das Hauptgebot der Gottes- und Nächstenliebe übersteigt die Differenz von Müssen und Dürfen.[78] Es gibt das Müssen, von dem gesagt ist, dass der Messias all das erleiden musste (Lk 24,26) und das für den Nachfolgenden die höchste Form des Dürfens ist.

„Die Logik der neuen evangelischen Vollkommenheit ist keine solche des Müssens, sondern des Dürfens. Aber dieses Dürfen muß selber, um sich wirklich in der Nachfolge des Sohnes zu bewähren und zu vollenden, in das eiserne Müssen (das heilsgeschichtliche ‚dei': ‚Christus mußte leiden') überführt werden. Ja, dieses ... Müssen ist für den Nachfolgenden das höchste, gnadenhafteste Dürfen."[79]

In dem Maße, in dem der Mensch seiner einmaligen Berufung folgt und so seine Identität findet, kann er der allgemeinen Berufung aller zur Liebe Folge leisten.[80] Insofern liegt der Glaube als Gehorsam der Liebe als Bedingung der Möglichkeit voraus, da der Mensch, der falsch unterwegs ist, dem Willen Gottes ausweicht und in sich zerrissen ist, auch nicht lieben kann.

In der Übergabe des menschlichen Willens an den göttlichen, im Befolgen des Rufes und der Sendung, erhält der Mensch Anteil an der absoluten Freiheit Gottes. „Die Identifizierung des Ich mit der von Gott erhaltenen Sendung ist die Tat des vollkommenen Glaubens und somit die Einheit unseres Werkes und des Werkes Gottes in uns (Joh 6, 28-29)."[81] Das Ergebnis dieses Sich-Hingebens ist das, was das Neue Testament „die Wahrheit" nennt und was mit der wahren Freiheit gleichgesetzt ist: „Wenn ihr mein Wort haltet, seid ihr meine wahren Jünger, dann werdet ihr die Wahrheit erkennen, und die Wahrheit wird euch frei machen" (Joh 8,31-32). Der Akt des Gehorsams ist kein Verzicht auf das Eigensein des Menschen, die Liebe Gottes erdrückt ihn nicht, sondern gibt ihm Selbständigkeit durch die Teilnahme an der göttlichen Autonomie. „Nichts macht den Menschen selbständiger als die göttliche Sendung, die er in freiem Gehorsam verantwortungsvoll übernimmt."[82]

Die Lösung für dieses Paradox liegt nach Balthasars Auffassung in der göttlichen Trinität, in der sich der Sohn ganz bestimmen lässt vom Willen des Vaters (er kann nur tun, „was er den Vater tun sieht"; Joh 5,19) und der Vater sich seinerseits ganz vom Willen des Sohnes leiten lässt, den er „jederzeit erhört" (Joh 11,42). Dieses Wollen geschieht in der Einheit des Heiligen Geistes. Ruf und Sendung auf Seiten des Vaters und Gehorsam und Übernahme des Auftrags auf Seiten des Sohnes sind in Gott ein ewiges Ereignis. So ist auch die Berufung des einzelnen einerseits ein ereignishaftes Geschehen in Raum und Zeit (Propheten werden berufen beim Viehhüten, Apostel beim Netzflicken, Levi vom Zoll) und andererseits ein Geschehen vom Mutterschoß an (Eph 1,4-5).

Zwischen Ruf und Sendung kann eine lange Zeitspanne liegen; ein Mensch kann mehrere Male „aus dem Schlaf geweckt werden" (1 Sam 3,9).

Bei Paulus liegt zwischen Ruf und Sendung ein langer Weg der Reflexion des Erfahrenen, der Stille, der Sammlung (Gal 1,17). Neben der unterschiedlich langen Zwischenzeit kann auch die *Zahl* der „Anrufe" Gottes variieren sowie deren Art und Weise oder Intensität und Dringlichkeit. Die Berufung zum Propheten, zum Priester- oder Ordensstand kann der Natur des Menschen entsprechen, sie kann ihr aber auch diametral entgegenlaufen.[83] Demzufolge wehrte sich Moses gegen seine Berufung, weil er meinte, nicht reden zu können, Jeremia, weil er sich zu jung fühlte, Amos, weil er nur ein Rinderhirte war.[84] Es gibt aber auch Berufungen zum Priester oder Ordensleben, bei denen Eignungen und naturhafte Anlagen aufgegriffen werden.[85]

Diese „vom freien Gott ergehende Erwählung, Berufung, Sendung, falls sie in Freiheit bejaht und übernommen wird, ist die höchste Chance des Menschen, sich zu personalisieren, seines eigenen Grundes oder seiner eigenen, sonst unfindbaren Idee mächtig zu werden."[86] Der Mensch gewinnt einen personalen Auftrag, der ihn mit etwas Einmaligem betraut und zum Handeln freigibt. Den Auftrag findet der Mensch je neu in den sich bietenden Situationen, die zwar oft auf den ersten Blick seine Selbstbestimmung zu stören scheinen, im letzten aber gerade zu ihr hinführen: „Denn auch diese Selbstbestimmung untersteht gewissen Normen, und zwar nicht nur den allgemeinen und abstrakten Normen der Sittlichkeit, sondern völlig konkreten Normen eines individuellen, persönlichen Gesetzes, das nichts anderes ist, als der für jeden Augenblick dem freien Geschöpf vorgezeichnete Wille des Schöpfers."[87]

Balthasar führt aus, dass der Ruf Gottes nicht nur einen besonderen christlichen Stand innerhalb der christlichen Gemeinschaft begründet, sondern „der Inbegriff des christlichen Standes überhaupt"[88] ist. Wie Christus im Willen des Vaters steht, so soll auch der Mensch jeweils neu im Anruf des väterlichen Willens stehen. Dieses „im Willen des Vaters Stehen, bedeutet *Leben*. ‚Ich weiß, daß sein Gebot das ewige Leben ist' (Joh 12,50)."[89] Der Ruf Gottes ist lebensbegründend. Er ergeht je neu, er ist die letzte Norm des Seins und Sollens. Lange Zeit hat man dies in Balthasars Augen zu wenig beachtet und gemeint, „es gebe eine von diesem Ruf unabhängige allgemeingültige Schematik christlichen Fortschritts zur Vollkommenheit"[90], eine Stufenleiter des rechten Verhaltens.

Erst das Exerzitienbuch des Ignatius von Loyola hat nach Balthasar diese spätantike und mittelalterliche Vollkommenheitslehre überwunden und gezeigt, dass der Ruf je neu vernommen werden muss und nicht nur die rechte Richtung des Gehens anzeigt, sondern den Stand des Menschen begründet. Die allgemeine Berufung bezieht sich auf das, was jeder Mensch tun soll (Liebe, Nächstenliebe) und diese geht Hand in Hand mit der persönlichen Berufung jedes einzelnen in einen bestimmten Beruf, in die Ehe, in die Ehelosigkeit, in eine bestimmte Lebensform. Im Finden und Erfüllen dieser Berufung findet der Mensch seine Identität. Der Ruf zur Vollkommenheit in der Liebe umfaßt den besonderen Ruf. „Jeder Christ ist zur ‚Vollkommenheit' berufen. Der Gnadenruf, der eine sittliche Pflicht begründet, ruft den Menschen zur Liebe Gottes und des Nächsten aus *ganzem* Herzen und mit ganzer Kraft. *Diese* Liebe aber ist die Vollkommenheit und das Ziel christlichen Daseins."[91]

Zu der von Gott angebotenen Vollkommenheit ist jeder Mensch verpflichtet. Jeder hat dazu seine spezifische Gabe. So sehr dem Menschen ein Raum der Freiheit eröffnet ist, innerhalb dessen er über sich verfügen kann, so sehr ist ihm auch eine begrenzte Anzahl von Möglichkeiten vorgegeben. Diese Gaben werden zur Aufgabe, die der Mensch nicht nur als sittliche Möglichkeit empfängt, sondern als sittliche Forderung erfüllen muss, zumal wenn es sich um einen besonderen Ruf zu einer besonderen Aufgabe handelt.

Es gibt den besonderen Ruf bei Propheten, Jüngern, Aposteln, Priestern und Ordensleuten[92], aber auch Künstler können eine solche „göttliche" Berufung haben, wie sie schon im Alten Testament geschildert ist. Auch bei Größen wie Dante, Michelangelo, Bach, Mozart, Blondel oder bei bestimmten Wissenschaftlern kann man von einem solchen Ruf sprechen.[93] Gott kann auch einen weltlichen Beruf gnadenhaft vollenden und so alles, Ehe oder Beruf, für das Reich Gottes in Dienst nehmen.[94]

„Es kann eine verhaltene, gleichsam indirekte Bestrahlung eines irdischen Lebenswerkes durch den Segen der Gnade sein, wie etwa im Wirken des reinen Naturwissenschaftlers; es kann die äußere Indienstnahme eines weltlichen Berufes zu Zwecken des Gottesreiches sein, wie es beim

Beruf eines Arztes oder Juristen oder Journalisten der Fall sein kann; es kann aber auch die innerste Anforderung des gesamten natürlichen Könnens eines Menschen sein, wie im Fall Bezalel[95], der hier zum Vorbild der großen Berufungen christlichen Kunstschaffens wird."[96]

Bleibt der besondere Ruf aus, werden persönliche Neigungen und Eignungen für die Wahl des Lebensweges und Berufes ausschlaggebend. Rahner verwendet den Begriff der Berufung für alle Berufe. Neben der Unterscheidung zwischen der allgemeinen Berufung aller Menschen zur Liebe, zu einem bestimmten Stand und dem Stehen im Hier und Jetzt differenziert er innerhalb der verschiedenen Berufungen eine „metaphysische Berufung" vom Beruf als Broterwerb.[97] „Es ist nämlich hinsichtlich des Berufes zwischen einem Beruf in einem metaphysischen und theologischen Sinn und einem Beruf in einem bürgerlichen und wirtschaftlichen Sinn zu unterscheiden."[98] Am Beispiel des Apostels Paulus zeigt er den Unterschied zwischen dem Beruf als Gelderwerb (Zeltmacher) und der Berufung zum Apostel auf.

Diese beiden Berufe und Berufungen können zusammenfallen. Es gibt auch eine „metaphysische Berufung" zum Chemiker oder Arzt. Jemand kann auch „in einem metaphysisch-theologischen Sinn Chemiker von Beruf sein und nicht Apostel, weil – auf das Ganze seines personalen Lebens gesehen – eben doch sein Chemikerberuf das Wesensgesetz seines Lebens ist."[99] Insofern hält Rahner *jeden Beruf* – wie auch den Stand der Ehe – für eine einmalige positive Berufung. Es gibt in seinen Augen „eine *positive Berufung* und Sendung von seiten Gottes ... *zur* Ehe, *zum* weltlichen Beruf, zur irdischen Aufgabe *als* der dem betreffenden Menschen positiv von Gott zugedachten Weise, in der gerade er die Vollendung seiner christlichen Existenz ... erbringen soll".[100] Der Ruf Gottes ist ein Grunddatum menschlichen Lebens, dieser Ruf geht über die Berufswahl hinaus und muss in jeder neuen Situation beantwortet werden. Alle Einzelberufungen stehen innerhalb der einen Berufung zur Vollkommenheit in der Liebe.

Rahners Ziel ist es, deutlich zu machen, dass alles auf die Vervollkommnung in der Liebe hinausläuft. Auf diesem Weg ist der jeweilige Stand zunächst von untergeordneter Bedeutung. Der Mensch soll das wählen, was für ihn das *bessere Mittel* zur Verwirklichung der größeren

Liebe ist. Dies ist für den einen der Ordensstand, für den anderen die Ehe, für wieder einen anderen die Ehelosigkeit.

„Von da aus ist, dort wo das ‚bessere Mittel' konkret angeboten wird und als solches wirklich und zwar für hier und jetzt erkannt wird, mit ihm nicht nur eine sittliche Möglichkeit, sondern eine sittliche *Forderung* für den betreffenden Menschen gegeben (und gleichzeitig ermöglicht), obwohl der andere Weg an sich auch einen positiven sittlichen Wert darstellt."[101]

Wenn der Ruf zur je größeren Liebe für *alle* Menschen gilt, dann liegt die Berufung des einzelnen gerade darin, den für ihn *besseren Weg* zu seiner Vervollkommnung zu suchen. Dann ist für den zur Ehe Berufenen die Ehe der bessere Weg zur größeren Liebe und zur Vollkommenheit und nicht der Ordensstand. Es geht also um das Finden der „richtigen" Berufung in den von Gott vorgesehenen Stand. Ein aus „falschen" Gründen – ohne Berufung – in einen Orden Eingetretener wird die Vollkommenheit nicht erreichen, ein zur Ehe Berufener kann nicht unter Umgehung der Ehe die Vollkommenheit erlangen und ein zum Priester Berufener wird, wenn er seiner Berufung ausweicht, nicht zur Fülle des Lebens gelangen.

Je ausgezeichneter ein Ruf Gottes ist, desto notwendiger ist die Zustimmung zur Berufung. „Gott braucht auf das Ja seiner Wahl hin das antwortende Ja des die Wahl Gottes wählenden Menschen."[102] Die Sendung erfordert das Jawort und die Mitwirkung des Menschen. Manche Berufung ist „unentrinnbar", wie die des Jona, der zunächst vor seinem Auftrag flieht (Jon 1,1-3), dann aber angesichts der Unausweichlichkeit sein Jawort gibt (3,1-3). Auch ein Paulus weiß von der schweren Hand des Herrn: „Weh' mir, wenn ich das Evangelium nicht verkünde" (1 Kor 9,16). Gott ruft aber nicht alle Menschen in gleicher Weise und Dringlichkeit. Die verschiedenen Anrufe unterscheiden sich gleichsam im *Klang der Stimme* voneinander.

Es kann sich um einen klar geäußerten Wunsch handeln, der einem Befehl nach Art des „Folge mir nach" gleichkommt, oder um eine angebotene Möglichkeit, die dem Gutdünken des Menschen überlassen bleibt.[103] Es kommen auch äußere Umstände hinzu, die eine Berufung fördern oder hemmen. Subjektive Elemente des Rufes auf Seiten des Berufenen treffen mit Fremdeinflüssen zusammen, so dass die Vermittlung des Rufes durch subjektive und objektive Momente hindurch erfolgt. Um den Ruf im Alltag zu vernehmen, bedarf es des Glaubens, kraft dessen Abraham gehorchte (Hebr 11,8). Dieser Glaube ist das Feststehen in dem, was man erhofft, und „das Überzeugtsein von Dingen, die man nicht sieht" (Hebr 11,1).

Zusammengefasst geht es darum zu zeigen, dass Gott jeden Menschen in seine Nachfolge beruft. Den einen mehr, indem er bei seinen Gaben ansetzt („Ruf ins Eigene"), den anderen indem er ihn in die Fremde führt, was womöglich seiner Natur zuwider läuft („Ruf ins Andere"), letztlich ist es ein Ruf in die Freiheit, die den Menschen befreit von falschen Abhängigkeiten dazu hin, sein eigenes Wesen vollziehen zu können. Hinter allem steht die Überzeugung, dass die Erlangung der Vollkommenheit in der Liebe oberstes Gebot ist, dass der Mensch seine Identität nur im Gehorsam Gott gegenüber finden kann und dass Gott den Menschen immer wieder über sich selbst hinausführt.

Der Mensch findet und erspürt seine Berufung also dadurch, dass er einerseits auf seine Begabungen schaut und seine Talente vermehrt. Andererseits kann es sein, dass Gott in sein Leben tiefer eingreift und ihn auf einen andern Weg führt. Das muss dann aber deutlich werden und mit geistlichen Menschen besprochen werden. Der Mensch darf einen alten eingeschlagenen Weg erst verlassen, wenn der neue klar wird, was nicht heißt, dass schon alle Einzelheiten klar sein müssen. Aber es gibt eben Kriterien dafür, ob es wirklich die Stimme Gottes ist, die den Menschen in eine neue Richtung bewegen will oder ob es andere Stimmen sind. Einige der Kriterien wurde aufgeführt (innerer Friede, Freude, Enthusiasmus, Trost).

In einer Umbruchsphase kann es sein, dass der Mensch zunächst ganz beunruhigt ist über das, was da mit ihm geschieht. Aber dauerhaft muss er doch zu seinem inneren Frieden und seiner tiefen Freude gelangen, sonst ist der Ruf Gottes missverstanden worden. Die Dauer des inneren Gedrängtwerdens und die Wiederholungen der Anrufe sind ein deutliches Kriterium für die göttliche Stimme. Gottes Ruf ist keine Eintagsfliege. Die Kehrtwendung eines Lebens darf ja nicht nur für ein paar Tage halten, sondern muss ein ganzes Leben lang durchtragen. Gerade ein

Mensch, der von Gott aus der Bahn geworfen wird, bedarf der geistliche Begleitung und der guten Unterscheidung der Geister, damit der Mensch wirklich den Ruf Gottes im Gewirr der vielen Stimmen hören kann, die auf den Menschen von innen und außen einströmen.

22. Die Ablehnung des Rufes

Dem Gehorsam im Glauben, in der Liebe und der individuellen Berufung steht der Ungehorsam und das Nichthörenwollen (-können) des Menschen gegenüber. Aus verschiedenen Gründen kann sich der Mensch dem allgemeinen Ruf Gottes zur Liebe verschließen oder er kann eine konkrete Berufung ablehnen. Da innerhalb der Einladungen Gottes Abstufungen bestehen, existieren auch unterschiedliche Gründe und Möglichkeiten, den Ruf nicht hören zu wollen oder zu können. Die Zurückweisungen des Anrufes bleiben im Menschen nicht ohne Folgen, wie die Geschichte vom reichen Jüngling zeigt (Mk 10,21). Er geht traurig weg (Mk 10,22). In der Trauer des Jünglings zeigt sich, dass der Mensch die Verweigerung des Rufes in seiner leib-seelischen Einheit erfahren kann.[104]

Bei diesem Nicht-Befolgen des Rufes ist das aktive, bewusste Nein-Sagen von der äußeren Unmöglichkeit zu unterscheiden, einem Ruf Folge zu leisten. Es gibt Situationen, in denen ein Berufener, der von innen her zu einem bestimmten Weg gedrängt wird, einem Ruf nicht Folge leisten kann, weil äußere Ursachen – Verpflichtung im Elternhaus, Krankheit, Ablehnung durch die religiöse Gemeinschaft – dieses verhindern. Balthasar zufolge gibt es echte Rufe Gottes, „die unausführbar bleiben, und zwar ohne die Schuld dessen, der berufen gewesen wäre".[105] Es gibt hier fremde Schuld, auch kollektive und anonyme. Es kann sein, dass durch fremde Schuld der zarte „Keim der Berufung in der Seele eines Kindes erstickt"[106] und durch ein zynisches Wort die „Pflanzung Gottes" verwüstet wird.

So existieren Hindernisse in der Jugend, die eine Berufung gefährden: „Subjektives Hindernis ist das Nicht-Hören-Wollen und das Nicht-Hören-Können. Wie weit es möglich ist, durch Fehler in der Jugend eine noch nicht erfolgte, für später hinterlegte besondere Berufung völlig zum Verstummen zu bringen, dürfte schwer feststellbar sein."[107] Es gibt aber auch echte Berufungen, bei denen die natürlichen Kräfte des Berufenen nicht ausreichen. Dennoch handelt es sich um echte Berufungen. So gibt es eine Unzahl verschiedener Möglichkeiten, die eigene Berufung durch schuldhaftes

Verhalten zu verpassen oder durch äußere Hindernisse an der Befolgung gehindert zu werden.

Überall dort, wo ein Ruf abgelehnt wird, wird der Ruf durch das Ich, die eigenen Ängste oder das persönliche Gutdünken des Menschen ersetzt. Der Betreffende hält an seinem Willen fest und will sein Leben nach eigenem Plan gestalten, statt „den Sinn und die Gestaltung des Lebens ganz in den Willen des Sendenden zu legen".[108] Da es im Wesen der Sünde liegt, das Schlechte stets unter dem Vorwand des Guten zu tun, finden sich viele Ausreden, der Berufung unter dem Vorwand anderer Pflichten auszuweichen (vgl. Lk 14,17-20). So wird durch die Wahl des Zweitbesten das einzig Notwendige fahrengelassen. Es muss nicht immer der Egoismus sein, der den Menschen abhält; es kann auch die Angst vor dem Ausgeliefertsein an Gott, Angst vor seinen Forderungen, Angst vor dem Ruf, Angst vor der Größe der Aufgabe sein. Hier gibt es sogar eine große Versuchung einer falschen Demut. Jemand meint, er dürfe doch nichts Besonderes sein und es wäre gar nicht möglich, dass Gott gerade ihn mit dieser oder jene Aufgabe betreue.

Die Ablehnung des Rufes geht vom bewussten klaren, bis zu einem eher halb- bis unbewussten Nein. Wenngleich nicht jede Ablehnung eines besonderen Rufes als Schuld anzusehen ist, zieht nach Balthasar der Neinsager Unheil nach sich, da er nicht nur für sich verneint, sondern für alle, die an seiner Sendung hängen. Jede qualitative Sendung trägt in sich die Verheißung auf Fruchtbarkeit: dreißigfach, sechzigfach, hundertfach (Mt 13,8). Die Frucht hängt am Ja-Wort des Gesandten. Die Weigerung eines einzigen kann sie zunichte machen. Wenn Sünde schon grundsätzlich keinen privaten Charakter hat, dann gilt das in besonderem Maße von einer abgelehnten Sendung.

Eine *bewusste* Ablehnung des Rufes ist nach Balthasar und Rahner als Sünde zu bezeichnen.[109] Da der Ruf unter dem Aspekt des Je-mehr zur Liebe und zum Dienst am Nächsten steht und den einzelnen dazu verpflichtet, wäre es nach Balthasar minimalistisch, nur die Gebote, nicht aber den Ruf als verpflichtend zu erklären.[110] Rahner sieht eine solche bewusste Ablehnung des Rufes, die sich im Rahmen der allgemeinen Berufung zur Liebe auch auf Beruf und Stand bezieht, ebenfalls als Schuld. Mit Blick auf das oben angesprochene „bessere Mittel" zur Erreichung der christlichen Vollkommenheit führt er aus, dass dieses bessere Mittel nicht nur eine Möglichkeit neben anderen ist, sondern zugleich eine sittliche Forderung darstellt. Daher sei hier noch einmal schon Zitiertes wiederholt:

„Von da aus ist, dort wo das ‚bessere Mittel' konkret angeboten wird und als solches wirklich und zwar für hier und jetzt erkannt wird, mit ihm nicht nur eine sittliche Möglichkeit, sondern eine sittliche *Forderung* für den betreffenden Menschen gegeben (und gleichzeitig ermöglicht), obwohl der andere Weg an sich auch einen positiven sittlichen Wert darstellt. Eine Weigerung ihm gegenüber wäre die ausdrückliche Verweigerung des Willens zum größeren Wachstum in der Liebe Gottes und also Schuld, Sünde."[111]

Im Rahmen der sogenannten Existentialethik, die sich mit der Berufung des einzelnen befasst, will Rahner das Problem der Sünde auf die Verfehlung einer konkreten Berufung hin zuspitzen. Vom Grunddatum der ganz persönlichen Berufung jedes Einzelnen aus fragt er, ob nicht deutlicher werden müsste, „daß die Sünde über ihre Eigenschaft als Verstoß gegen das Gesetz Gottes hinaus auch und ebenso ein Verstoß ist gegen einen ganz individuellen Imperativ des individuellen Willens Gottes, der Einmaligkeit begründet. Wäre von da Sünde nicht deutlicher erkennbar als Verfehlen der persönlich-individuellen Liebe Gottes?"[112]

So trifft das Finden der inneren Stimmigkeit auch Lebensentscheidungen zu. Die Wahl eines falschen Berufes kann ebenso Ursache einer inneren Diskrepanz sein, wie eine aus „falschen Motiven" geschlossene Ehe[113] oder die Wahl des Priester- oder Ordensstandes, wenn von Gott ein anderer Lebensweg „vorgesehen" ist. Weder der Beruf noch eine Ehe ist etwas Beliebiges. Deshalb ist es von besonderer Bedeutung, dass junge Menschen auf beides, Beruf und Lebensstand, frühzeitig und kontinuierlich spirituell vorbereitet werden. Dies kann schon mit der Erstkommunion oder Firmung beginnen und den Menschen mit täglich kleinen Übungen der Stille, der Versammlung und des Kennenlernens des Erdenlebens Jesu durch Lesen des Neuen Testamentes die nächsten Jahre begleiten.

Mit diesen letzten Überlegungen zur Berufung des Menschen sind wir einer Antwort auf die Frage „Wie geht Leben" ein weiteres Stück nähergekommen. Leben ist ein dialogischer Prozess zwischen Menschen und zwischen Mensch und Gott. Auch das Finden der eigenen Wahrheit ist ein dialogischer Prozess. Der Mensch wurde als ein Wesen beschrieben, das existentiell auf das Du der Mutter und der Mitmenschen angewiesen ist und zudem nicht vor einem „unpersönlichen" Seinshorizont steht, sondern auf einen persönlichen Gott ausgerichtet ist. In dieser Ausrichtung auf Gott findet der Mensch seine tiefste Wahrheit und Freiheit. Der Mensch wird innerlich frei, wenn er sich an diesen Gott bindet. Freiheit bedeutet dabei, dass der Mensch frei wird von äußeren Umklammerungen und das vollziehen kann, wozu Gott ihn je neu beruft. Dies entspricht seinem tiefsten Wesen, er findet seinen inneren Frieden und kommt zur Entfaltung seines Lebens. Die Wahrheit wird ihn frei machen (Joh 8,32).

Im Blick auf die Medizin ist noch folgendes anzufügen: Wenn psychosomatische Krankheitskonzepte immer wieder darauf verweisen, dass Krankheit Ausdruck einer gestörten Beziehung zwischen Menschen und Folge eines Abreißens der Kohärenz zwischen dem Ich und der Umgebung ist, dann kann aus theologischer Sicht die These dahingehend erweitert werden, dass Krankheit auch Folge einer Beziehungsstörung zu Gott sein kann. Denn diese Beziehungsstörung kann Störungen im zwischenmenschlichen Bereich zur Folge haben und von dort aus krankheitsfördernd sein oder direkt im Inneren des Menschen Zerrissenheit hervorrufen und dadurch Krankheitsentstehung begünstigen. Das Verhältnis des Menschen zu Gott wirkt sich in der Seele des einzelnen und im Zueinander der Menschen aus. Andersherum ist gerade in jungen Jahren das zwischenmenschliche Geschehen von großer Bedeutung für das Gelingen einer guten Gottesbeziehung.

Das hier gesagte gilt letztlich für jeden Menschen und nicht nur für den „Gläubigen". Wenn es solche Grundstrukturen im Menschen gibt, dass der Mensch von sich aus schon auf das Absolute ausgerichtet ist und vor jeder religiösen Anbindung schon daran angebunden ist, dann hat seine innere Stellungnahme zu diesem Angebundensein und zu seiner Ausrichtung auf das Absolute eben Auswirkungen auf sein Leben, sein Innenleben und seine zwischenmenschlichen Beziehungen.

Teil D

~

Die Biographie der zweiten Lebenshälfte

23. Lebensmitte als existentielle Krise

Eine zweite große Umbruchsphase im Laufe des Lebens ist nach der Pubertät die Lebensmitte. Sie ist zeitlich kaum zu determinieren. Man setzt sie vielleicht zwischen dem vierzigsten und fünfzigsten Lebensjahr an, je älter die Menschen werden, desto später kann sie eintreten. Sie kann aber auch früher aufbrechen. Womöglich gibt es auch so etwas wie eine empfundene Lebensmitte. In dieser Lebensmitte treten Verwandlungsprozesse auf, die viel existentieller und dramatischer sind als in der Pubertät. Die Psychologie spricht hier etwas verharmlosend von midlifecrisis. Die Veränderungen reichen sehr viel tiefer in die gesamte Existenz des Menschen hinein. Nimmt man das Wort Krise ernst, dann trifft es insofern den Punkt, als der Begriff Krise vom griechischen krinein kommt und das heißt: unterscheiden, entscheiden. Der Mensch muss sich jetzt entscheiden, welchen Lebenszielen und welchen „Stimmen" er in der zweiten Lebenshälfte folgt.

Diesen Umbruch in der Lebensmitte beschreibt C. G. Jung so, dass der Mensch das, was er in der ersten Lebenshälfte draußen fand, in der zweiten Lebenshälfte drinnen finden muss. Und „drinnen" meint bei ihm nicht nur, sich mit seinen emotionalen Befindlichkeiten, Konflikten oder ungelösten Vater- und Mutterbeziehungen auseinanderzusetzen (das auch), sondern vor allem mit den Grundfragen des Seins, mit der Frage nach dem gelebten Grund, den die Christen Gott nennen. Daher resümiert er, dass er keinen Patienten jenseits der Lebensmitte hatte, „dessen endgültiges Problem nicht das der religiösen Einstellung wäre".[114] Jung ist sogar der Meinung, dass das „Problem der Heilung ... ein religiöses Problem"[115] sei und meint, dass Fragen der Seele und der Heilung in den theologischen Bereich gehören:

„Heute sind wir von der Zerstörung bereits erreicht, die Seele hat Schaden gelitten und darum zwingen die Kranken den Seelenarzt in eine priesterliche Rolle, indem sie von ihm erwarten und verlangen, von ihrem

Leiden erlöst zu werden. Darum müssen wir Seelenärzte uns mit Problemen beschäftigen, die, streng genommen, eigentlich der theologischen Fakultät zufielen."[116]

Damit der Mensch zu diesem Innen finden kann, muss er natürlich ein Bewusstsein von seiner inneren Mitte haben. Er muss ein Gespür dafür entwickeln, wie sich das „In-der-Mitte-Sein" anfühlt. Oft bekommt er dieses Gespür erst, wenn er aus seiner Mitte heraus fällt, wenn er seinen inneren Frieden verliert und merkt, wie unerträglich das auf Dauer ist. Dann wird er sich auf den Weg machen zurück zu seiner Mitte. Diese Bewegung ist ein lebenslanger Prozess, da die Mitte nicht starr ist, sondern sich mit dem Alter und der Reife vertieft. Der Mensch muss also „je mehr" zu seiner Mitte finden, und dieser Prozess tritt in der Lebensmitte in eine weitere zentrale Phase.

Der wichtigste *geistliche* Autor, der diese Probleme der Lebensmitte beschreibt, ist Johannes *Tauler* (ca. 1300–1361). Er spricht davon, dass das Innere des Menschen in dieser Phase seines Lebens siebzig Mal am Tag herumgewirbelt wird und dass der Mensch keine Ruhe findet, wenn er nicht vieles in seinem Leben ändert. Er spricht davon, dass der Mensch bis zu seinem vierzigsten Lebensjahr von der Natur hierhin und dahin getrieben wird und erst um das fünfzigste Lebensjahr seine eigentliche innere Mitte findet.[117] Er ist der Überzeugung, dass der Mensch diese Turbulenzen der Lebensmitte überhaupt nur durchstehen kann, wenn er sich spätestens jetzt der göttlichen Dimension öffnet und sich letztlich Gott ganz überlässt.[118]

Die Kräfte des Menschen allein reichen für die Bewältigung dieser Lebensphase nicht aus. Im Gegenteil, der Mensch ist überfordert, flieht aus der Bedrängnis und erhöht dadurch seine Not und sein Leid. Ohne Leid kommt er gerade durch diese Phase nicht hindurch, er hat nur die Wahl zwischen weniger Leid und mehr Leid, zwischen dem Leid, das zum Leben führt, und jenem, das den Tod bringt. Viele depressive Verstimmungen haben hier ihre Ursache. Es gibt eine „weltliche, todbringende Traurigkeit" (2 Kor 7,10), die denjenigen befällt, der nicht mehr weiterwachsen will (Mk 10,17-31).

Der Mensch muss sich spätestens jetzt der Wahrheit seines eigenen

Lebens und der letzten Wahrheit, der Wahrheit Gottes stellen. Das ist harte Arbeit und bringt Leid mit sich, womöglich sogar das Leid des Verzichtes und des Opfers. Dieses Leid aber führt zu größerem und erfüllterem Leben. Wer sein Leben retten will wird es verlieren, wer sein Leben um meinetwillen verliert, wird es gewinnen (Joh 12,25). Zu diesem Lebensgewinn muss der Mensch sich jetzt – wie im Verlauf des Buches beschrieben – ganz der Dimension des Absoluten, christlich gesprochen der Dimension Gottes und seines Willens öffnen. Dann stellt sich - womöglich mit Verzicht und Opfer - innerer Friede, Freude und eine neue Lebensdynamik ein.

Gerade jetzt hat der Mensch die Chance, ganz zu sich selbst zu kommen, sich selbst zu finden und seine Berufung zu verwirklichen. Möglicherweise kann das baldige Ausscheiden aus dem Berufsleben diesem inneren Prozess zuträglich sein, es kann aber auch umgekehrt sein, dass der Mensch in dieser Phase noch einmal seine ganze Kraft im Beruf einsetzen und mit einem jetzt authentischer gewordenen Leben seine brachliegenden Ressourcen nutzen möchte. Es gibt ja für Selbstständige oder in der Politik Tätige durchaus Freiräume, in denen man auch über die Altersgrenze hinaus aktiv sein kann.

Gerade die Probleme der Lebensmitte sind zutiefst religiöse und spirituelle Probleme und ragen von dort aus in die Psychologie und in die Medizin hinein. Wenn der Mensch ein Geistwesen ist mit einer spirituellen Dimension, die über die Endlichkeit des Seins hinausweist und gleichzeitig ein leiblich verfasstes Wesen, das von innen nach außen strukturiert ist, dann wird sich seine geistige und spirituelle Ausgerichtetheit auch in seinen leiblichen Vollzügen zeigen. Die Medizin nimmt sich dieser Lebensphase im Kontext der psychosomatischen Medizin mit Fragen der Depression, des Klimakteriums bei Frauen, der midlife crisis und der aufbrechenden Krankheiten an. Auch Ehen brechen in dieser Phase auseinander. Was oft in der Bearbeitung dieser Krisen und von Krankheiten fehlt, ist das Ernstnehmen der spirituellen und existentiellen Dimension. Wenn der Mensch über die naturwissenschaftliche und psychologische Ebene hinaus auf eine dritte, spirituelle und existentielle Ebene verwiesen ist, muss auch diese Ebene in die Interpretation von Krisen- und Krankheitsgeschehnissen einbezogen werden.

Gerade medizinisch wäre es wichtig, diese dritte Ebene zu beachten. Ärzte und Psychologen, die mit Krisen oder Krankheiten in der Lebensmitte konfrontiert werden, sollten eng mit „geistlichen Menschen" zusammenarbeiten, die sich in diesen Umbrüchen auskennen und diese wesentliche Phase des Lebens begleiten helfen. Die adäquate Bewältigung der Lebensmitte hat auch etwas zu tun mit der kommenden Gestaltung des Alters.

Die Bewältigung dieser Phase der Lebensmitte wird biblisch wieder in einer Geschichte erzählt. Sie will den Menschen sagen, worauf es jetzt ankommt. In der Biographie Jesu ist der existentielle Überstieg in der Lebensmitte in der Geschichte der Hochzeit zu Kana geschildert. Die Mutter Jesu ist besorgt, dass es keinen Wein mehr gibt und bittet ihren Sohn, etwas zu tun. Er hingegen herrscht sie an: „Was willst du von mir, Frau?" (Joh 2,4). Er stellt klar, dass er nicht auf ihre Stimme hören darf, sondern auf seine innere Stimme hören muss, die die Stimme seines himmlischen Vaters ist. Die Prioritäten müssen klar sein: erst die Stimme Gottes, dann die des Menschen. Der Mensch muss Gott mehr gehorchen als dem Menschen, anders gesagt: Trachtet *zuerst* nach dem Reich Gottes, dann wird euch alles andere hinzugegeben (Mt 6,33). Spätestens jetzt sollten alle Fremdstimmen des Über-Ich, der Mutter, der Gesellschaft abgebaut sein hin zu jener Wahrheitsstimme, die allein den Menschen zur Wahrheit und Fülle seines Lebens führen kann. Diese Schroffheit seiner Mutter gegenüber hat nichts mit Lieblosigkeit zu tun, sondern mit der Klarheit der Priorität der Berufung. Er erfüllt dann schließlich doch ihren Wunsch, er blamiert sie nicht.

Das heißt konkret, dass der Mensch sich in der Lebensmitte mit den Grundfragen des Seins, seines eigenen Lebens, seinem Tod und der Frage nach Gott auseinandersetzen sollte. Auf der Ebene des konkreten Lebensvollzuges geht es spätestens jetzt darum, seine innere Mitte, Identität und Stimmigkeit zu finden. Das heißt in christlicher Sprache, dass er seinen inneren Frieden nur finden kann (und damit auch seine seelische und womöglich körperliche Gesundheit), wenn er genauer hinhören lernt auf die innere göttliche Stimme und sich von allen anderen Stimmen (der Mutter, des Vaters, der Gesellschaft, des „Man", des Erfolges) distanzieren lernt.

Diese Stimme immer genauer zu erkennen und ihr zu folgen, entwickelt eine Lebensdynamik und Lebensfreude, die auch der Gesundheit zugute kommen kann. Sie kann einen neuen Enthusiasmus (en theos, in Gott) verursachen, der auch ganz physiologische Auswirkungen haben kann. Eine innere Ausgeglichenheit lässt das Immunsystem besser funktionieren und hat Auswirkungen auf die genetischen Verschaltungen. Eine neue innere Lebensdynamik hat auch Auswirkungen auf das Gehirn und auf die Neurogenese, das heißt auf die Nachbildung von Nervenzellen im Gehirn. Diese kann wiederum Alterskrankheiten vorbeugen.

Wenn der Mensch seine innere Mitte nicht findet und diese göttliche Stimme nicht wahrnimmt oder ihr nicht folgt und ausweicht, besteht die Gefahr, dass er innerlich zerrissen bleibt. Der Mensch, der jetzt nicht nach vorne schaut und sein Leben vertieft und statt dessen zurückschaut und noch einmal alles zurückdrehen und noch einmal jung sein will, wird seine innere Stimmigkeit nicht finden. Dies schadet seinem inneren Leben, seinem Reifungsprozess und wirkt sich auf die seelische Gesundheit im Sinne der Psychologie aus. Therapeutisch hieße dies bei tiefen Krisen oder schweren Erkrankungen, dass neben einer psychotherapeutischen Behandlung oder einer organischen Behandlung mittels Operation, Bestrahlung, Medikamenten auch nach Möglichkeiten gesucht werden sollte, die geistig-spirituelle Ebene zu bearbeiten. Die Frage nach Gott, falschen Gottesbildern, religiösen Verstellungen und jene nach der biographischen Berufungsgeschichte sollten beleuchtet werden.

Das hieße, die Krisen- oder Krankheitsgeschichte zurückzuverfolgen, die wichtigsten Lebensentscheidungen Revue passieren zu lassen und zu schauen, wo im Verlauf des bisherigen Lebens Stimmigkeit, Frieden und Dynamik aufkam und wo Zerrissenheit, Leere, Traurigkeit, Angst, Unruhe, Getriebenheit Platz gegriffen haben. So könnte der Patient rückblickend sein Leben, seine Krisengeschichte und seine Krankheitsentwicklung besser verstehen lernen. Er würde zu sich selbst einen besseren Zugang bekommen und sich besser „verstehen" lernen. So könnte er an seinem Heilungsprozess besser mitwirken und nach vorne an seinem Gesundbleiben mitwirken.

Ohne Leiden wird man durch diese Phase des Lebens nicht hindurchkommen. Um das lebensspendende und zur Erfüllung des Lebens führende Leiden vom innerlich todbringenden Leiden zu unterschieden, bedarf es einer guten (spirituellen) Begleitung, die sich in dieser „Unterscheidung der Geister" auskennt. Denn die in der Lebensmitte zu leistende „innere Arbeit" ist nicht zu unterschätzen. Zum Leben kann dieses Leid führen, wenn der Mensch sich innerlich für die andere Seinsdimension des Religiösen öffnet und versucht, spätestens jetzt diesen inneren „Anschluss" zu bekommen. Zum inneren Tod und möglicherweise auch zu Krankheiten führt es, wenn der Mensch sich innerlich verweigert und nicht weiter wachsen will.

Es geht auch in dieser Lebensphase um Wachstums- und Reifungsprozesse, die darin bestehen, tiefer nach innen zu wachsen. Dieses Wachsen-Sollen ist kein beliebiges Angebot des Lebens, sondern eine Verpflichtung. Im King Lear von Shakespeare sagt der alte König, dass seine Schuld darin bestehe, alt geworden zu sein, aber nicht weise. Das Nicht-weiter-wachsen-Wollen kann Schuld bedeuten, man bleibt dem Leben, sich selbst und damit auch den anderen etwas schuldig. Sören Kierkegaard spricht in diesem Zusammenhang, in denen der Mensch nicht zu sich selbst heranreifen und nicht zu seiner eigentlichen Größe durchstoßen will, von Sünde. Er drückt es sehr drastisch aus: „Sünde ist: vor Gott verzweifelt nicht man selbst sein wollen oder vor Gott man selbst sein wollen"[119]

Mit dieser Aussage sind gleich zwei Fehlhaltungen beschrieben: Die eine liegt darin, dass der Mensch sich vor seiner eigentlichen Größe, die ihm von Gott her zukommt, verstecken will und so nicht zur Fülle seines Lebens heranreift. Die andere Fehlhaltung ist jene, ohne eine Beziehung zu Gott zur Ganzheit seines Lebens finden zu wollen. Dies gelingt gerade nicht, da man nur im Gegenüber zum anderen, letztlich im Gegenüber zum absoluten Grund und damit – christlich gesprochen – zu Gott zur eigenen Ganzheit heranreifen kann. Nur von dort her kann man seine innere Freiheit finden um zu dem heranzureifen, der man (eigentlich) sein soll. Dies ist Voraussetzung für glückende Beziehungen, nach denen der Mensch sich so sehr sehnt. Die Sehnsucht danach kann nur von Gott her erfüllt werden, nur er kann den Menschen zur Fülle des Lebens führen, in allem rein Endlichen bleibt immer ein Zuwenig.

24. Das Alter

Mit dem Berufsausstieg begann in früheren Zeiten schon die Zeit des Alterns. Heute werden die Menschen einhundert Jahre alt und mancher beginnt nach der Berufszeit noch einmal mit einem Studium oder wendet sich anderen sinnvollen Tätigkeiten zu. Insofern sind die Menschen nach der Pensionierung nicht als alte Menschen zu bezeichnen und außerdem ist das Alter immer auch eine Frage der geistigen und körperlichen Beweglichkeit und der Fitness. Vielleicht kann man vom jungen Alter, vom mittleren oder vom alten Alter sprechen. Es kommt darauf an, wie der Mensch sich fühlt und wie er sich rechtzeitig auf die Zeit nach seiner Berufstätigkeit einstellt.

Er sollte schon gegen Ende des Berufslebens darüber nachdenken, was danach noch zu tun wäre, welche Talente noch brach liegen oder neu zu entdecken wären. Gerade jetzt gilt es, das Gleichnis von den Talenten ernst zu nehmen. Derjenige der drei Talente bekommen hat, macht sechs draus, der der zwei bekommen hat, macht vier draus, und der der eines bekommen hat, vergräbt das Talent und wird schwer dafür gescholten (Mt 25,20). Der Mensch soll nicht nur seine Talente nutzen, sondern sie auch vermehren, das heißt neue hinzugewinnen, von denen er bisher noch nichts wusste. Das gilt ein Leben lang, aber besonders im Alter wird Raum frei, um noch brach liegende Talente einzusetzen und damit sich selbst und anderen zu dienen.

Medizinethisch und spirituell wäre es wichtig, die Menschen in dieser Phase zu begleiten und sie schon präventiv auf diese neue Lebensphase vorzubereiten. Dies könnte in medizinisch-psychologischen und geistlichen Kursen in den letzten Jahren der Berufstätigkeit geschehen und zur spirituellen Vertiefung führen. Der Mensch dient damit sich selbst und seiner Gesunderhaltung, er dient der Gesellschaft und demjenigen Nachbarn, der der Hilfe bedarf. Es könnte eine Win-win-Situation eintreten. Der Mensch dient nicht nur sich selbst, sondern auch dem anderen, er arbeitete der Langeweile seines Alltags entgegen und dient damit auch seiner Physiologie, da sich die Nervenzellen im Gehirn besonders gut nachbilden, wenn der Mensch noch geistig aktiv ist oder sich karitativ für andere Menschen einsetzt. Gerade die Beschäftigung mit dem anderen scheint dem Gehirn und der Gesunderhaltung gut zu tun. Die Nachbildung von Gehirnzellen beugt womöglich Alterskrankheiten vor, auch ein spirituelles Leben kommt dem entgegen. Dies zeigen amerikanische Studien zum Zusammenhang von Spiritualität und Neurogenese im Gehirn und dies haben Studien mit Nonnen gezeigt, deren Gehirn Veränderungen zeigte wie bei Alzheimer Patienten, ohne dass sie daran erkrankt gewesen wären. Der Geist und ein spirituelles Leben können offensichtlich die Materie des Gehirns beeinflussen.

Auch die gesamte Problematik der Euthanasie und der aktiven Sterbehilfe ist wohl letztlich nur zu lösen, wenn der Mensch der letzten Lebensphase noch ein sinnvolles und aktives Leben führen kann, wenn er nicht alleine gelassen, sondern zum Beispiel in Hospizstationen gut betreut wird. Oft ist es die Einsamkeit und die Isolation des älter werdenden Menschen, der seinen Lebensmut und seine Lebensfreude sinken lässt und ihn womöglich den Wunsch äußern lässt, getötet zu werden. Dieser Wunsch getötet zu werden, nimmt dramatisch ab, wenn der Mensch aus seiner Einsamkeit und Isolation herausgeholt wird und noch sozial integriert ist. Dies leisten oft Palliativ- und Hospizstationen oder Häuser, in denen die Sterbenden begleitet werden bis zu ihrem Ende. Sie sind dann nicht allein, werden umsorgt und bekommen noch manchen Wunsch erfüllt. Da die Großfamilien oft nicht mehr existieren, müssen derartige neue Einrichtungen an deren Stelle treten.

Für die noch aktiven Älteren heißt es aus medizinethischer und sozialethischer Sicht, dafür zu sorgen, Rahmenbedingungen zu schaffen, dass sich Menschen auch im mittleren und höheren Alter noch aktiv am gesellschaftlichen Leben beteiligen können oder ehrenamtliche Funktionen übernehmen. Außerdem wäre es wichtig, Patienten darüber aufzuklären, dass solche Aktivitäten dem Gesundbleiben dienen. Der junge Alte könnte den alten Alten pflegen und beide hätten etwas davon.

Wenn Johannes Tauler – wie oben erwähnt – der Meinung ist, dass der Mensch erst ab dem fünfzigsten Lebensjahr seine innerste Mitte und seinen Frieden findet, könnte man fast sagen, dass er erst hier zu seiner tiefsten Berufung durchreift. Damit ist das Bisherige des Lebens keineswegs sinnlos gewesen, kommt aber nun zur Reife. Was aus der Perspektive der Welt, der Materie und der Produktivität geradezu als „Untergang" und Ausscheiden aus dem Berufsleben gesehen wird, ist aus der Perspektive des Geistes und des geistlichen Lebens Anfang, Aufgang, Neubeginn, Vertiefung, Hinfindung zur eigenen Wahrheit. Mancher, der aus dem vollen Berufsleben in die Pensionierung kommt, erlebt sich wie niedergeschlagen und depressiv. Plötzlich ist er nicht mehr gefragt, gehört bald zum alten Eisen und seelische und organische Krankheiten stellen sich ein. Beziehungen nehmen ab, Freunde sterben. Daher sollte der Mensch sich noch während seiner Berufsausübung auf diese Phase vorbereiten.

Die Zeit des Älterwerdens ist auch eine Phase des Resümierens, des Zurückschauens auf das gelebte Leben. Es ist jetzt die Zeit, sich noch einmal tiefer mit der eigenen Biographie auseinanderzusetzen und die Lebenslinien nachzuzeichnen. Manchem wird dabei vielleicht ein roter Faden aufgehen oder eine innere Führung, manchem wird das Leben beliebig erscheinen, mancher wird erkennen, was er falsch gemacht hat, viel wird unter „Versäumtes" subsumiert werden. Schließlich kann es passieren, dass gerade am Ende des Lebens das Resümee ganz negativ ausfällt und keine Wiedergutmachung für begangene Fehler mehr möglich ist. Dann bleibt spirituell gesehen nur noch die Möglichkeit, sich an Gott und seine Barmherzigkeit zu wenden, wie es der Schächer am Kreuz getan hat. Und er bekommt die göttliche Vergebung und wieder eine Perspektive nach vorne: Noch heute wirst du mit mir im Paradiese sein (Lk 23,43).

So gehören Rückschau und Aufarbeitung, Ordnen des Lebens und Ausrichtung auf das, was noch kommt, in dieser Phase des Lebens zusammen. Hier müssen Theologie und Spiritualität, aber auch Medizin, Psychologie und Soziologie mithelfen, dem Menschen Wege aufzuzeigen, wie er diese Phase des Lebens noch sinnvoll und „gesund" gestalten kann. Er soll so lange wie möglich in das aktive Leben integriert sein und nicht der Isolation und Einsamkeit ausgeliefert werden.

25. Krankheit und Leid

Krankheit und Leid gehören zum Leben. Das hängt zum einen damit zusammen, dass die Welt endlich ist und kein Paradies und zum anderen damit, dass Menschen ihre Freiheit missbrauchen. Sie fügen dadurch anderen und oft auch sich selbst Leid zu. Krankheit ist von Leid zu unterscheiden. Man kann ganz gesund sein und doch sehr leiden, zum Beispiel beim Verlust eines Menschen, einer gescheiterten Beziehung oder am falschen Weg eines Kindes. Man kann umgekehrt auch krank sein und nicht sehr leiden.

Krankheiten haben in der Kindheit einen physiologischen Sinn. Das Immunsystem muss aufgebaut und „trainiert" werden. Das Immunsystem ist das zentrale Steuerorgan im Organismus. Es muss Bakterien, Viren, Pilze, Krebszellen abwehren. Das Immunsystem ist nahezu an allen Krankheiten beteiligt. Es kann bei manchen Erkrankungen relativ zu schwach arbeiten (bei bakteriellen und viralen Infektionserkrankungen, bei Pilzerkrankungen, aber auch bei Krebserkrankungen), bei anderen Erkrankungen reagiert es zu stark (Allergien), bei wieder anderen richtet es sich gegen den eigenen Körper (Autoimmunerkrankungen wie bestimmte Formen von Diabetes oder Polyarthritis). Dieses Immunsystem muss in frühen Jahren und auch später ein Leben lang durch die Auseinandersetzung mit den „Angreifern" trainiert werden.

Das Immunsystem kann durch vielerlei Einflüsse geschwächt werden. Bei der AIDS-Krankheit ist es selbst durch einen Virus angegriffen, so dass es sein kann, dass der Patient letztlich an einer relativ harmlosen Infektion verstirbt, weil das Immunsystem zu schwach ist, Bakterien oder Viren abzuwehren. Es kann aber auch durch seelische Hintergründe geschwächt werden, z. B. durch ständige innere Zerrissenheit, durch Unglücklichsein oder auch durch Depressionen. Diese seelischen Einflüsse wirken über das Immunsystem hinaus auch auf die genetische Ebene ein, die im Hintergrund des Immunsystems dessen Aktivitäten steuert. Wie beobachtet wurde, „stellt der seelische Stress der Depression mehrere Gene des

Immunsystems ab, die für die Produktion von Immunbotenstoffen zuständig sind".[120] Gene müssen aktiviert und inaktiviert werden und wenn sie durch bestimmte seelische Verfasstheiten abgeschaltet werden, produzieren sie im hier geschilderten Zusammenhang zu wenig Immunbotenstoffe, das Immunsystem wird dann zu schwach, um das Gleichgewicht zwischen Angreifern (Bakterien, Viren, Krebszellen) und Abwehrstoffen (Immunsystem) noch aufrechtzuerhalten. Krankheiten brechen dann leichter aus.

Von daher kann man neben der Suche nach äußeren Ursachen von Krankheiten (Viren, Bakterien) auch im Inneren des Menschen nach seelisch-geistigen Hintergründen forschen. Denn offenbar hat – wie schon erwähnt – die ganze Innenwelt des Menschen mit seinem Denken und Fühlen sowie die Umgebung des Menschen Einfluss auf die genetischen Verschaltungen und damit auch auf Krankheit und Gesundheit. „Auch das Gehirn ... nimmt direkten Einfluß darauf, welche Gene einer Zelle aktiviert und welche Funktionen von der Zelle infolgedessen ausgeführt werden."[121] Es gibt viele Krankheiten, die einen genetischen Hintergrund haben (z. B. alle Krebserkrankungen), aber nicht jede genetische Veranlagung führt zu einer Krankheit. Ein geschädigtes Gen muss aktiviert werden, nur aktivierte Gene lösen eine Wirkung aus.

Andersherum gibt es zum Beispiel Gene, die zum Wachstum des Menschen notwendig sind und insofern aktiviert sind, dann aber in einer bestimmen Phase des Lebens abgeschaltet werden müssen. Werden sie das nicht, können Krebserkrankungen entstehen.[122] Man nennt diese Gene Protoonkogene. Wenn diese Gene sich verändern und nicht abgeschaltet werden, werden aus Protoonkogenen Onkogene, also Krebsgene. „Diese in der normalen Zelle funktionell wichtigen Gene werden *Protoonkogene* genannt, die in Tumorzellen in dominant mutierter Form als *aktivierte* ‚Onkogene' vorgefunden werden."[123]

Damit der Körper sich vor derartigen Entwicklungen hin zu Krebsgeschwülsten schützen kann, gibt es – neben vielen anderen Schutzmechanismen – auch Gene, die das Tumorwachstum unterdrücken sollen, man nennt sie Tumorsuppressorgene. Auch diese Suppressorgene sind bei Krebserkrankungen geschädigt: „Andererseits findet man in transformier-

25. KRANKHEIT UND LEID

ten Tumorzellen auch den durch Mutation bedingten rezessiven Verlust sogenannter *Tumorsuppressorgene*."[124] Die Kombination der „Fehlfunktionen beider Klassen von Genen tragen zu veränderter Progression des Zellzyklus proliferationsaktiver Zellen bei".[125] Ohne dass man schon im einzelnen genau weiß, warum diese Schaltungen fehlgeleitet sind, kann man doch schließen, dass das Innenleben des Menschen mit seinem Denken und Fühlen sowie seine Umgebung Einfluss auf diese Prozesse hat. Ein Buch von Joachim Bauer trägt den Untertitel: „Wie Beziehungen und Lebensstile unsere Gene steuern". Hier besteht noch sehr viel Forschungsbedarf, um diese Zusammenhänge genauer kennen zu lernen.

An dieser Stelle bestehen zwei Gefahren der Fehlinterpretation: Zum einen könnte man meinen, man könne die genetischen Verschaltungen durch positive Gedanken direkt beeinflussen und zum zweiten die Meinung, dass der Mensch schuld sei an seiner Erkrankung. Zum ersten Problem ist zu sagen, dass man das wohl noch nicht genau sagen kann, ob eine direkte Beeinflussung der genetischen Verschaltung durch geistige Aktivitäten möglich ist. Geistige Aktivitäten, Meditation und Beten verändern offensichtlich Gehirnstrukturen. Wie sie von dort aus auch die genetischen Verschaltungen verändern können, muss weiter erforscht werden.

Die hier vertretene Auffassung ist eher jene, dass der Mensch sich auf die Vorgaben der Schöpfung mit ihren Gesetzen einstellen muss und im Bereich des Geistig-Geistlichen zusehen muss, dass er je neu seinen inneren Frieden findet. Er sollte letztlich in ein gutes Gleichgewicht mit seinem inneren Seinsgrund und seinem Schöpfer kommen und dessen Willen je neu suchen oder erstmals darauf gestoßen werden, dass es eine derartige Dimension in seinem Inneren gibt. Wenn der Mensch schrittweise diesen Seinsgrund findet und sich ihm zuwendet, wird sich sein Leben schrittweise ändern und eine andere Richtung bekommen. Diese Kehrtwendung muss immer wieder vollzogen werden, und so wandelt sich das Innere des Menschen schrittweise immer weiter. Es setzt ein dauernder Wandlungsprozess ein. So geht es also nicht um die Frage, ob der Mensch schuld ist an seiner Erkrankung, sondern darum, ob er seine Erkrankung auf verschiedenen Ebenen interpretieren kann: naturwissenschaftlich physiologisch, psychologisch, geistig-geistlich spirituell.

Wenn der Mensch diesem dynamischen Wandlungsprozess von Anruf Gottes und Antwort des Menschen folgt, findet er seinen inneren Frieden. Dieser Friede ist immer wieder neu zu erringen, er ist etwas Lebendiges und Dynamisches, so wie auch Gesundheit immer wieder hergestellt werden muss. So wie Gesundheit ein dynamischer Schwebezustand zwischen gesund und krank ist, ist auch der innere Friede ein Schwebezustand zwischen Frieden und Unfrieden, zwischen innerer Stimmigkeit und innerer Zerrissenheit. In diesem dynamischen Prozess muss der Mensch sich immer neu ausrichten und einjustieren und kann so immer wieder innerlich zu einer (dynamischen) Ruhe kommen, die auch im Fluss der Zeit erhalten bleibt. Es kann der innere Friede in der Stille sein, aber auch jener im Strom der Zeit. Dieser je neu einzustellende innere Friede kann auch dem physiologischen Funktionieren des Organismus dienen.

So hat die spirituelle Dimension eine große Bedeutung für Krankheit und Gesundheit. Es ist bedeutsam, ob der Mensch einen Zugang zu seinem Inneren findet, ob er hinfindet zu den Quellen des Seins und seiner inneren Kraft, die wie ein Quell lebendigen Wassers in ihm sprudelt, ob er Zugang findet zum Absoluten in ihm und die Stimme der Wahrheit und die Stimme Gottes hören lernt und ihr je neu folgt, ob er sie von den anderen Stimmen unterscheiden lernt und in einem ständigen Wandlungsprozess immer wieder den inneren Frieden herstellen kann. All das hat Einfluss auf Krankheit und Gesundheit

So haben Krankheiten in der Zeit des Erwachsenseins oft einen hinweisenden Charakter, dass der einzelne womöglich nicht auf seinem richtigen Weg ist, dass er an seinem Leben vorbei lebt und nun durch eine Krankheit zum Innehalten bewegt wird. Daher sind Früherkennungen so wichtig, um möglicherweise Lebenskorrekturen vornehmen zu können. Gerade bei Krebserkrankungen kennt man die naturwissenschaftlichen Hintergründe und man weiß, dass genetische Veränderungen daran beteiligt sind. Da aber – wie schon oft erwähnt – Gene geschaltet werden müssen und nicht jede genetische Veranlagung schon zu einer Krankheit führen muss, spielen die Lebensstile des Menschen eine wichtige Rolle und die Eigenverantwortung nimmt zu. Über die spirituelle Dimension hinaus geht es auch um die psychologische Ebene im Innern des Menschen mit all ihren Ängsten und Verdrängungen, die aufgearbeitet werden müssen sowie die zwischenmenschlichen Beziehungen mit all ihren Konflikten, die gelöst werden sollten. Konflikte sind etwas Notwendiges, aber sie müssen mit der Zeit gelöst werden und dürfen sich nicht verhärten. Auch die äußeren Faktoren wie Ernährung, Bewegung, das rechte Maß zwischen Aktivität und Ruhe, sowie das Einhalten von Rhythmen (Tages-, Wochen- Jahresrhythmus) mit all den Festen wie Ostern, Pfingsten, Weihnachten und den Sonntagen mit Phasen der Stille und der Ruhe haben große Bedeutung für Krankheit und Gesundheit.

So ist jede Erkrankung ganz individuell und einzigartig zu sehen, wie die personalisierte Medizin mehr und mehr erkennt.[126] Schon genetisch gesehen hat jeder Mensch ein einzigartiges Genom, das noch nie in der Welt so vorgekommen ist und auch nie wieder vorkommen wird. Das Forschungsgebiet der Pharmacogenomics befasst sich zum Beispiel damit, wie unterschiedliche Menschen aufgrund ihrer genetischen Ausstattung unterschiedlich auf Arzneimittel reagieren. Jeder Mensch hat eine einzigartige genetische Grundlage und ganz einzigartige Verschaltungsmuster, die mit seinem unverwechselbaren einmaligen Leben zusammenhängen. In jedem Menschen herrscht ein lebendiges Geflecht von verschiedenen Einflüssen. Das, was oft so selbstverständlich aussieht, nämlich die Gesundheit, ist in Wirklichkeit eine ständige innere Arbeit, bei der in jeder Sekunde tausende von Einzelreaktionen richtig und zeitgerecht ineinandergreifen müssen. Gesundheit ist nicht selbstverständlich, sondern bei den Milliarden von verschiedenen Zellteilungen, Zellerneuerungen und genetischen Verschaltungen, die in jeder Sekunde ablaufen, eher unwahrscheinlich. Es ist nahezu ein Wunder, dass diese mannigfachen Reaktionen meistens störungsfrei verlaufen und die Fehlerquote relativ gering ist. Das hängt auch damit zusammen, dass das, was im Organismus fehlerhaft verläuft, von einer Vielzahl von Reparaturmechanismen korrigiert wird. Erst wenn zum Beispiel die Zahl der fehlerhaften Zellen bei Krebserkrankungen die Reparaturmechanismen übersteigt, entstehen Krankheiten. Es ist also auch hier wieder eine Frage des Gleichgewichtes, die Dosis macht das Gift. Wegen dieser Prozesse der inneren Auseinandersetzung zwischen „Schadstoffen" oder Krebszellen und Abwehr entstehen derartige Krankheiten auch oft über einen längeren Zeitraum hin. Der Körper versucht immer wieder, die Gesundheit herzustellen, bis dann schließlich der Gleichgewichtszustand umkippt.

Erkrankt ein Mensch schwer, wird oft die Frage nach dem „Warum gerade ich?" gestellt. Die Frage kann man in die Richtung interpretieren, dass der Patient fragt, warum es ihn getroffen hat und nicht den Nachbarn. Man kann sie auch so interpretieren, dass der Patient die Hintergründe verstehen will, warum es zu einer Erkrankung gekommen ist. Hier ginge es darum, ihm anzudeuten, dass es in einer Krankheit naturwissenschaftliche Hintergründe gibt, dass aber auch seelische und geistig-geistliche Verfasstheiten sowie Lebensstile und zwischenmenschliche Beziehungen darauf Einfluss haben.

Man könnte einem Patienten, der schwer erkrankt ist, anbieten, sein Leben rückblickend anzuschauen: Hat er die Ordnung der Natur respektiert mit richtiger und maßvoller Ernährung, Sport, Spiel und der rechten Mischung aus Arbeit und Ruhe, Rückzug und Stille? Wie steht es mit der Selbsterkenntnis, der Erkenntnis des anderen, der Kommunikation zu den anderen Menschen und im letzten mit der Liebe zu sich selbst und zu dem anderen? Ist jemand womöglich von Neid und Hass zerfressen oder geht er offen, fair und wohlwollend mit sich und den anderen Menschen um? Welche inneren Antriebe oder auch Triebe hat er verdrängt?

Wie sieht es aus mit der Ausrichtung auf das Absolute, auf das der Mensch schon aufgrund seines Geistcharakters hin ausgerichtet ist? Hat er sich dem aktiv zugewendet und sich eine religiöse Grundausrichtung angeeignet, die Halt gibt und Vertrauen schenkt, die die Lebensangst überwinden hilft und Perspektive nach vorne gibt, anstatt Hoffnungslosigkeit (die bei Krebspatienten oft eine zentrale Rolle spielt) und Angst vor dem Tod zu verbreiten? Welches Gottesbild verbirgt sich hinter seiner religiösen Einstellung? Ist es ein Gott der Angst, Enge und Unterdrückung, oder ein Gott der Lebensentfaltung, der Weite und Tiefe, der den Menschen zur Fülle seines Lebens führen will? Hat der Mensch sich, wenn er schon eine religiöse Grundausrichtung hat, gefragt, ob damit womöglich eine bestimmte Berufung verbunden sein könnte? Ist er dieser Berufung ausgewichen statt ihr zu folgen?

Der Mensch kann hinschauen lernen, wie er Entscheidungen getroffen hat, aus welchen Motiven heraus er entschieden hat, ob er aus den in diesem Buch beschriebenen göttlichen Antrieben heraus gehandelt hat, aus einer inneren Stimmigkeit heraus oder ob er sich vom Weg hat abbringen lassen, ob er aus einem Egoismus und einer Egozentrik heraus entschieden hat, die selbst meint, zu wissen, wie das Leben geht. Er kann Phasen der inneren Stimmigkeit von jenen der inneren Unstimmigkeiten und Zerrissenheiten unterscheiden lernen. Zwar gibt es in jedem Leben ein ständiges Auf und Ab, und der Mensch kann nicht immer stimmig leben, aber es gibt doch in allem Tendenzen, die zeigen, ob sich langfristig diese Stimmigkeit einstellt.

Der einzelne kann sich fragen, was die Gründe und Motive oder auch „Versuchungen" waren, die ihn verleitet haben, einen falschen Weg einzuschlagen. Hat er womöglich aus falschen Motiven den falschen Beruf ergriffen (z. B. um viel Geld zu verdienen, ohne auf die innerste Berufung zu achten), war er womöglich immer unglücklich in diesem Beruf, oder hat er den falschen Stand (Ehe oder Nicht-Ehe, Priestertum, Ordensstand) gewählt? Haben unbewusste Projektionen ihn den falschen Ehepartner wählen lassen? Wie innerlich und äußerlich frei war er zu Beginn der Ehe? Wieviel war unbewußt und wieviel kommt jetzt ans Licht? Welche Erkenntnisse hat er jetzt hinzugewonnen? Gab es vielleicht vorab schon „warnende" Stimmen und Intuitionen, die nicht beachtet wurden, so dass sich jetzt nur Bahn bricht, was immer schon „da" war?

Solche und andere Fragen können für jeden Menschen zur Aufarbeitung der Biographie hilfreich sein, aber auch für Patienten, die in einer Art Biographiearbeit ihr Leben angesichts einer schweren Erkrankung anschauen können. Eine solche Arbeit kann den Menschen näher zu seiner eigenen Wahrheit führen. Dies ist selbst dann von Vorteil, wenn der Mensch bestimmte Dinge in seinem Leben nicht mehr ändern kann. Wenn er klarer der Wahrheit in die Augen schauen kann und womöglich hinter allem noch eine ganz andere Wahrheit erkennt, wird er freier. Die Wahrheit wird euch frei machen (Joh 8,32). Was einen Patienten betrifft, so sollte eine solche Spurensuche vom Patienten ausgehen. Er selbst sollte zu den Fragen kommen, von außen sollte ihm nichts oktroyiert werden. Das verlangt der Respekt vor seiner Intimsphäre und seiner Biographie.

Im Hintergrund der Frage nach dem „Warum" steht oft die Frage, ob er denn selbst schuld sei an seiner Krankheit. Um diese Schuldfrage geht es nicht, von diesem Druck muss man den Patienten befreien. Auch im Neuen Testament wird auf die Frage der Jünger, wer schuld sei an der Blindheit eines Jungen, von Jesus geantwortet: Niemand ist schuld daran, an ihm soll die Herrlichkeit Gottes offenbar werden (Joh 9,1-3). Aber die Frage nach der *Bedeutung* einer Erkrankung kann durchaus gestellt werden. Man kann mit dem Patienten die einzelnen Ebenen des Naturwissenschaftlichen, des Psychologischen und des Geistig-Geistlichen durchgehen und ihm so bei seiner Suche helfen.

Der Arzt oder der geistliche Begleiter sollte wachsam dafür sein, wann der Patienten offen und bereit ist für solche Fragen. Meist durchläuft er verschiedene Phasen der Krankheitsverarbeitung. Zunächst wird vieles abgelehnt und der Patient hadert mit seinem Schicksal, mit seiner Krankheit, mit dem Leben, mit den Mitmenschen, mit sich selbst, mit Gott. Oft kann er erst langsam dazu übergehen, sich mit der Krankheit und seinem Leben auseinanderzusetzen. Nur schrittweise kann er das Leben und die Krankheit annehmen und zu akzeptieren versuchen.[127] Das Annehmen kann sehr lange dauern, es ist verbunden mit der Bereitschaft, sein Leben anzuschauen, vielleicht zu manch schmerzlicher Erkenntnis zu kommen und so mehr zur eigenen Wahrheit durchzustoßen.

Eine solche Erkenntnis kann dazu führen, Änderungen im eigenen Leben vorzunehmen und umzukehren. Selbst wenn äußere Änderungen nicht mehr möglich sind, kann doch eine innere Umkehr von großer Bedeutung sein. Eine solche Umkehr kann zu einer Heilung beitragen, muss es aber nicht. Dies hängt auch vom Stadium einer Krankheit ab. Je weiter sie fortgeschritten ist, desto schwieriger wird es. In jedem Fall ist eine Krankheit immer die Chance, sich der Wahrheit des eigenen Lebens zu stellen. Oft braucht man dazu die Hilfe eines anderen. Ärzte, Psychologen, Priester, aber auch Laien können da helfen und sollten gut dafür ausgebildet werden.

Es wurde auch davon gesprochen, dass das Genom des Embryo sich offenbar erst in einem längeren Prozess formen muss. Bei der Interpretation dieser Ergebnisse besteht die Gefahr, dass aus einem früheren genetischen Determinismus (der meinte, dass alles in den Genen schon festliegt) jetzt ein mütterlicher oder elterlicher Determinismus gemacht wird, dass nämlich der Lebensstil der Mutter und auch des Vaters das Genom des Kindes maßgeblich mitprägt. Wollte man früher alles in den Genen festgelegt sehen, erkennt man nun, dass vor allem die pränatale Phase des Kindes, die Geburtsphase und die Phase bis zur Pubertät von wesentlicher Bedeutung für die Formung des Genoms sind. Daraus könnte man schließen, dass vor allem Mütter und später auch die Väter für die genetisch-epigenetische Formung des Genoms des Kindes mitverantwortlich sind. Es scheint diese Einflüsse zu geben, aber man darf sie nicht verabsolutieren.

Denn ein einseitiger Blick läuft Gefahr, Eltern zu überfordern und in Angst und Schrecken zu versetzen, dass eine mögliche Fehlbildung des Genoms eines Kindes auf ihren Schultern lastet. Sicher spielen die inneren Befindlichkeiten der Mutter und des Vaters sowie das Verhältnis von Vater und Mutter für das heranwachsende Kind eine wesentliche Rolle, aber beide sind nicht allein verantwortlich für die Formung des Genoms. Da spielen noch viele andere Faktoren eine Rolle. Das junge Leben ist besonders weich und formbar. Das zeigt sich bei kleinen Kindern, die sich trotz heftiger Stürze oft nicht die Knochen brechen. Diese Formbarkeit gilt für das Skelett, es gilt aber auch für die Formbarkeit des Genoms und für die seelisch-geistige Entwicklung. Einerseits ist in den ersten Lebensphasen aufgrund der Unreife noch vieles formbar, es ist aber auch sehr verletzlich. Andererseits kann es aber gerade wegen dieser Formbarkeit auch noch korrigiert werden. Mit zunehmendem Alter nimmt die Formbarkeit des Genoms ab, mit der Pubertät scheint sie abgeschlossen zu sein, aber die An- und Abschaltmechanismen der Gene bleiben erhalten.

So ist gerade das junge Leben stark von fremden Einflüssen geprägt. Was die psychischen Spuren dieser Fremdeinflüsse angeht, sollten sie – selbst wenn sie unangenehm sind – zunächst angenommen werden. „Man wandelt nur, was man annimmt", hat C. G. Jung formuliert. Das heißt, dass es offensichtlich keinen Sinn hat, das Gewesene und die Wurzeln der eigenen Herkunft vollständig abzulehnen. Der Mensch soll sich dem Gewordenen stellen und kann es dann langsam – womöglich mit Hilfe anderer – ins eigene Leben integrieren. Der Mensch wächst im Wechselspiel von Fremdem und Eigenem schrittweise zur Eigenständigkeit heran. Auch Krankheiten können in dieser frühen Prägephase grundgelegt sein. Sollten sie später im Leben auftreten, kann man sie womöglich bis in die Kindheit zurückverfolgen. Je älter der Erwachsene wird, desto mehr kommen eigene Faktoren und der eigene Lebensstil sowie die Selbstverantwortung hinzu.

Ein kurzes Wort noch zum Leiden: Leiden kommt durch Anhaftung, würde Buddha sagen. Wenn man eine Frau liebt und sie läuft weg, leidet man, wenn man Kinder hat und sie gehen aus dem Haus, leidet man, wenn man viel Geld hat und es wird gestohlen, leidet man auch. Also am besten hängt man sein Herz an nichts, dann leidet man nicht und kann dem Kreislauf des Leidens und der Wiedergeburt entkommen und daraus erlöst werden. Diese Idee greift aber zu kurz, denn erstens leidet man immer an der Endlichkeit des Seins, da der Mensch als Geistwesen immer schon auf die Unendlichkeit, letztlich auf Gott hin ausgerichtet ist und daher in allem Endlichen ein Zuwenig findet. Außerdem ist man schon von Geburt an mit anderen Menschen verbunden und wird geliebt und liebt zurück, so dass ein Verlust immer mit Leiden verbunden ist. Dem kann der Mensch nicht entkommen.

Geliebtwerden und Lieben ist immer mit Leiden verbunden, spätestens wenn man den Geliebten verliert. Der Mensch leidet auch am anderen und an sich selbst. Gerade darin besteht die Liebe, den anderen und sich selbst so zu lieben, dass man sich schrittweise selbst, und den anderen besser erkennt (es wurde schon erwähnt, dass Erkennen und Lieben im Hebräischen dasselbe Wort ist). Lieben heißt – so in etwa hat es Dostojewski gesagt –, den anderen so zu lieben, dass man aus ihm das herausliebt, was Gott als Bild in ihn hineingelegt hat, wie Gott ihn gemeint hat. Dazu gehört auch die gegenseitige Aufarbeitung von Schattenseiten. Das gelingt wiederum nur, wenn beide Partner den Mut haben, auch die dunklen und schwachen Seiten bei sich selbst anzuschauen und dem anderen in Liebe zu helfen, auch seine anzuschauen. Einer trage des anderen Last, heißt es in Gal 6,2. Auch das ist ein Stück Leiden. Das Durchtragen dieses Leidens gelingt besser, wenn jeder in Gott angebunden ist und von dort her seinen Halt findet.

25. KRANKHEIT UND LEID

Liebe ist Arbeit. Liebe wird daher in der Theologie als Tugend behandelt, man muss an ihr ein Leben lang arbeiten. Auch am Glauben im Sinne des Gehorsams Gott gegenüber und des Findens der eigenen Berufung muss der Mensch ständig arbeiten. Liebe ist weit mehr als ein Gefühl, es ist ein Sich-hingezogen-Fühlen zum anderen, eins sein wollen mit dem anderen und doch spüren, dass man ein anderer ist als der andere und dass der andere einen nie ganz verstehen wird, wie man selbst auch den anderen nie ganz verstehen kann. Auch sich selbst kann man nie ganz verstehen. Ganz der andere könnte man nur werden, wenn man sich vollständig in ihm auflöste. Das geht aber als Mensch nicht und würde zu einer unglücklichen symbiotischen Beziehung führen. Trotz aller Vereinigung muss jeder er selbst bleiben. Insofern hat Liebe immer auch ein Stück weit mit Leiden zu tun.

Das Leiden bleibt im Leben auch deswegen präsent, weil man immer wieder Abschied nehmen muss von Wünschen und Vorstellungen, von Menschen und Geliebtem. Kinder gehen aus dem Haus, eine Liebe zerbricht, eine Ehe scheitert, den Beruf muss man verlassen, letztlich muss man sogar das Leben verlassen. Im Letzten ist es das Leiden am Tod, da alles im Menschen nach Bleibendem ruft und doch immer die Endlichkeit aufbricht. „Möcht ich zum Augenblicke sagen, verweile doch, du bist so schön", heißt es bei Goethe und „Alle Lust will Ewigkeit" bei Nietzsche. Von daher kommt das Christentum dem Menschen entgegen, wenn durch die Lehre von der Auferstehung, die Jesus Christus vorgelebt hat, deutlich wird, dass das Leiden und das Kreuz nicht das letzte ist, sondern die Sehnsucht des Menschen nach Leidfreiheit, Liebe, Angenommensein und Bleibendem durch den Tod hindurch Erfüllung findet.

Von dieser Perspektive über den Tod hinaus kann manches Leid einen Sinn bekommen. Schon innerweltlich war vom Sinn des Leidens die Rede, wenn das Kind, das hinfällt und leidet, anschließend wachsamer ist, damit es nicht wieder hinfällt. So lernt es besser laufen. Ebenso geht es wohl auch beim Leiden an den eigenen Fehlern und Fehlentscheidungen darum, aus diesen Fehlern und dem folgenden Leiden zu lernen und so klüger und wachsamer zu werden. Es gibt ein Leiden, das zu mehr Leben führt und ein Leiden, das zum Tod führt. Ohne Leid kommt der Mensch nicht durchs Leben. Er hat die Wahl zwischen mehr Leid und weniger Leid. Stellt er sich der eigenen Wahrheit und der Berufung, kann dies zwar leidvoll und mit Verzicht verbunden sein, aber auf Dauer wird der Mensch seinen inneren Frieden und seine tiefe Freude und Erfüllung finden.

Weicht er seiner Wahrheit und seiner Berufung aus, wird er an seiner inneren Zerrissenheit leiden und auf Dauer nicht zu einem erfüllten Leben kommen. Wenn das Christentum immer wieder von Opfer spricht, dann geht es primär nicht um das Opfer, sondern um einen Verzicht um des größeren Lebens willen. So wie der Sportler auf manches Vergnügen verzichten muss, wenn er Höchstleistungen bringen will, muss der Mensch innerhalb seiner endlichen Möglichkeiten auf manches verzichten, wenn er seine Berufung und Wahrheit leben will. Er muss schrittweise frei werden, um so sein inneres Wesen zu vollziehen, denn nur so kommt er zur Fülle des Lebens. Ein solcher Prozess hat immer auch mit Abschied zu tun und ist daher von Leiden begleitet. Das Leiden sollte immer im Dienst am größeren Leben stehen, es ist kein Selbstzweck. Ein solches Leid ist ein Leben-schaffendes Leid, während das Leiden, das entsteht, wenn jemand seiner Wahrheit ausweicht, ein Leid ist, das nicht zu größerem Leben führt, sondern letztlich die Leere und den inneren Tod zurücklässt. Es geht also wohl nicht darum, sich von allem Innerweltlichen fernzuhalten, um Leiden zu vermeiden, sondern im Blick auf ein Letztziel (das aus christlicher Sicht das Sein bei Gott ist) das Leiden anzunehmen und verwandeln zu lassen in ein größeres Leben hinein. Nur von diesem Letztziel her kann Leiden einigermaßen erträglich durchlebt, durchlitten und letztlich überwunden werden. Womöglich kann es für den einzelnen von dort her sogar einen Sinn erhalten.

Von dieser Stelle aus könnte man sich ganz langsam an die Frage nach dem Sinn des Leidens herantasten und auch an die sogenannte Theodizee - Frage, die Antworten sucht auf die Frage, wie der gute und allmächtige Gott das Leiden in der Welt zulassen kann. Dazu können hier nur zwei kleine Andeutungen gemacht werden, das ganze Thema würde ein neues Buch füllen: Erstens kommt ein Großteil des Leidens durch den Menschen zustande. Auch die Endlichkeit der Welt trägt dazu bei. Zweitens hat Gott sich womöglich seiner Allmacht begeben, indem er eine endliche Freiheit, nämlich die des Menschen schuf. Freiheit beinhaltet immer die Möglichkeit zum Nein gegen Gott, und dieses Nein wendet sich auch gegen den Menschen und richtet dort Leid und Schaden an.

Ein Großteil des Leidens auf der Welt hängt mit der menschlichen Freiheitsgeschichte zusammen. Die Paradiesesgeschichte und ihre Folgen berichten davon. Seither steht der Mensch in dieser insgesamt verstrickten und unheilvollen Welt. Die Welt an sich ist krank und der Mensch hat einen Defekt mitbekommen. Das ist die Lehre von der Erbsünde. Dieser Defekt des Menschen soll durch das Wirken Gottes und seine Sakramente geheilt werden. Der Mensch muss an dieser Heilung durch lebenslanges Üben mitwirken. Er soll zur Verbesserung und Vertiefung seines Lebens beitragen und sich immer wieder um die Liebe und die Integration der Kräfte bemühen.

So hat das eigene Leiden womöglich einen Sinn im Blick auf die Reifungsprozesse des eigenen Lebens. So wie der Schmerz des Kindes ihm hilft, besser laufen zu lernen. Die Reifungsprozesse sind im Blick auf das letzte Ziel des Menschen zu sehen, und das ist aus christlicher Sicht das Sein bei Gott in der Ewigkeit, jenseits von Raum und Zeit. Manches Leiden weist einen auf gemachte Fehler hin, manches Leid, das man anderen zugefügt hat, muss man selbst ausleiden, und manches Leid bringt den Menschen wieder auf den richtigen Weg zurück, manche Ent-täuschung kann einen der eigenen Wahrheit näher bringen. „Leiden läutert" oder „Leiden lehrt beten", sagt der Volksmund. Zumindest kann es bescheiden machen. Es kann aber auch das Herz verhärten lassen oder den Mensch in die Verzweiflung treiben. Es deutet auf die Endlichkeit der Welt hin. Das Leiden Unschuldiger kommt oft durch das Fehlverhalten und die Schuld von Menschen zustande. Dafür ist Gott nur insofern verantwortlich, als er dem Menschen die Freiheit gab. Aber Liebe geht nicht ohne Freiheit, der Preis der Liebe ist die Freiheit[128] mit der Gefahr des Missbrauchs. Schließlich bleibt noch ein Rest an unerklärlichem, vermeintlich sinnlosem Leid. Vor allem das riesige Ausmaß an Leid, das in der Welt herrscht, lässt viele Fragen offen.

26. Das Phänomen der Zeit

Das Phänomen der Zeit ist ein eigenartiges. Zeit sieht man nicht, Zeit hört man nicht, Zeit kann man nicht anfassen und doch ist sie „da" und sie läuft. Die Zeit hat sogar eine Richtung und eine Bewegung, sie läuft immer nach vorne, niemals rückwärts, man kann die Zeit nicht zurückdrehen. Die Zeit läuft ab. Sie ist eines Tages zu Ende. Mit dem Tod des Menschen endet die Zeit für diesen Menschen, selbst wenn sie in der Geschichte weiterläuft. Jeder vergangene Tag ist ein Tag weniger Leben.

Die Aussage „Die Zeit läuft" hat noch eine andere Bedeutung. Die Zeit kann mir davonlaufen, ich laufe der Zeit hinterher. Die Zeit rennt, sie zerrinnt unter den Fingern, wo ist die Zeit geblieben? Die Zeit hat offensichtlich ihre eigene Geschwindigkeit. Sie vergeht schneller oder langsamer, man langweilt sich oder man hat keine Zeit. Sie fühlt sich subjektiv auch kürzer und länger an: fünf Minuten auf jemanden zu warten kann sich sehr lang anfühlen, während die Zeit rennt, wenn man fünf Minuten zu spät kommt. Man rennt der Zeit hinterher, die Zeit rennt einem immer mehr davon, die Verspätung wird immer größer. Kann man daraus etwas lernen?

Kann man mit der Zeit Schritt halten, gleichsam dieselbe Geschwindigkeit wie die Zeit haben, mit der Welle der Zeit jeweils mitgenommen werden, geradezu auf dem Wellenkamm der fließenden Zeit schwimmen, auf der Höhe der Zeit sein, mit der Zeit gehen? Gibt es diese Gleichzeitigkeit mit der Zeit? Kann man das erfahren? Gibt es so etwas wie ein Eingerolltsein und ein Eingehülltsein in die Zeit, ein Mitgetragen-Werden von der Zeit? Hat der Mensch Zeit oder wird sie ihm gegeben und wer gibt sie ihm? Kann er sich die Zeit auch nehmen? Die Frage, ob der Mensch in einem anderen Sinn (für jemanden) Zeit hat, hängt offensichtlich davon ab, ob er sie sich nimmt. Aber kann er sich etwas nehmen, was er gar nicht hat? Oder kann er sich nur etwas nehmen, was ihm angeboten und geschenkt wird?

Offensichtlich kann der Mensch sich nur etwas nehmen, was ihm angeboten wird. Augenscheinlich soll er sich sogar die Zeit nehmen, die ihm angeboten wird. „Carpe diem", ergreife die Zeit, nutze die Zeit, nimm die Zeit in deine Hand ist ein alter Spruch auf Kirchturmuhren. Die Zeit läuft ab, und offensichtlich kommt alles darauf an, dass der Mensch die ihm gegebene Zeit auch ergreift und nutzt. Sie ist begrenzt. Womöglich kommt auch alles darauf an, wie der Mensch die Zeit nutzt und im Rückblick genutzt hat, damit er nicht eines Tages leidet an all dem Versäumten. „Was du heute kannst besorgen, das verschiebe nicht auf morgen", sagt der Volksmund.

Kann man das lernen? Kann man ein Gespür dafür entwickeln zu sagen: Jetzt bin ich an der Reihe, jetzt gibt mir jemand die Zeit, die ich nutzen soll? Gelegenheiten muss man beim Schopfe packen, man soll die Gelegenheit nicht verstreichen lassen, da sie so nicht wiederkommt, heißt es. Der griechische Gott kairos kommt auf leisen Sohlen auf einen zu, er hat vorne am Kopf eine Locke, sie weht im Wind und solange er auf einen zukommt (Zu-kunft) und dann auf gleicher Höhe ist, kann man ihn beim Schopfe packen. Wenn er vorbei ist, bemerkt man, dass er am Hinterkopf kahlgeschoren ist, man kann ihn nicht mehr packen. Die Situation ist vorbei, die Gelegenheit ist vertan. Die Zukunft kommt leise, unmerklich und wie selbstverständlich auf einen zu (Zeit hört man nicht und sieht man nicht, aber man kann ein Gespür für sie entwickeln) und solange sie auf einen zukommt, kann man die Gelegenheit beim Schopfe packen, wenn sie vorbei ist, kann man sie nicht mehr festhalten. Die Gelegenheit ist vertan, sie kommt so nie wieder, vielleicht anders.

Damit der Einzelne der Zeit nicht hinterherläuft und die Gelegenheit nicht verpasst, muss er wachsam werden für das, was da kommt. Durch Einüben der Stille kann man die Sinne schärfen für die gegenwärtige Situation. In der Stille läuft die Zeit oft langsamer als in der Hektik des Alltags. Der Mensch sollte wachsamer werden für den Augenblick und ein Gespür entwickeln für die Zeit. Der Mensch sollte auch lernen, seine inneren Seelenregungen, Ahnungen und Intuitionen genauer wahrzunehmen und zu verstehen. Man muss sie ernst nehmen.

Zeit muss strukturiert werden. Anders gesagt: Der Mensch muss offensichtlich die Zeit, die er nicht hat, die ihm aber gegeben wird, in die Hand nehmen und ihrer habhaft werden. Dann wiederum hat er Zeit im anderen Sinn und kann seine Zeit an andere weiterverschenken. Die Zeit scheint formbar zu sein, solange sie auf einen zukommt, sie entgleitet einem, wenn man sie nicht ergriffen hat. Die Chance ist vertan.

Vielleicht werden einem nach vertaner Chance neue Möglichkeiten gegeben, selbst machen kann man sie nicht. Die Chance muss einem gegeben werden, damit man sie ergreifen kann. So geht ein Leben oft von vertaner Chance zu vertaner Chance und am Ende de Lebens kann man eine Biographie schreiben mit dem Titel „Versäumtes". Eines allerdings ist interessant: Wenn der Mensch sensibler wird für dieses Phänomen, nimmt der Leidensdruck einer verpassten Chance von Mal zu Mal zu, so dass er wachsamer wird, um die nächste Gelegenheit nicht zu verpassen. Es ist wie bei dem schon geschilderten Kind, das hinfällt und sich weh tut. Würde das Hinfallen nicht weh tun und der Schmerz nicht länger anhalten, würde das Kind nicht wachsamer werden und nicht laufen lernen. So muss auch der Mensch an den verpassten Chancen leiden, damit er wachsamer wird für die verstreichende Zeit und für den Augenblick, den er nicht verpassen darf. Er soll die Zeit nicht verschlafen.

So nimmt die Ernsthaftigkeit für den Augenblick zu, das Leben verdichtet sich, es wird spannender. Der Mensch kann in einer guten inneren Spannung und Versammlung leben, wenn der Wechsel zwischen Arbeit und Ruhe, Arbeit und Gebet, Aktivität und Rückzug in die Stille gut austariert ist. Aus dieser Versammlung heraus wird er wachsamer für den Augenblick, er nimmt mehr wahr, was in ihm selbst vorgeht und was in seiner Umgebung geschieht. Er sieht mehr und hört genauer hin, dadurch geht ihm mehr auf. Die Bibel sagt es ständig: Seid wachsam (Mk 13,35-37). Auch das Bild von der verschlossenen Tür (Mt 25,10), die eines Tages nicht mehr aufgeht, will den Menschen darauf hinweisen, dass er wachsam sein soll. Er braucht diese Haltung der Aufmerksamkeit, die nach innen lauscht und nach außen hin geöffnet ist. Der Mensch soll aus dieser Haltung heraus die innere Wahrheitsstimme vernehmen und aus ihr heraus die Entscheidungen für die Gegenwart und die Zukunft treffen.

Der Mensch soll immer wach und vorbereitet sein für das je neue Ankommen Gottes. Er soll in dieser existenziellen Ausgerichtetheit auf Gott hin leben, die den Menschen jederzeit vorbereitet findet, unabhängig davon, ob er sich im Getriebe des Alltags oder in der Stille der Wüste befindet. So hat auch der Umgang mit der Zeit, der Gegenwart und Zukunft mit dem Verhältnis des Menschen zu Gott zu tun. Aber ist nicht Gott raum- und zeitlos? Oder hat er auch „seine" Zeit und seinen eigenen Rhythmus? Im Kontext mit der inneren Stimmigkeit des Menschen wurde schon zitiert: „Es ist Gestimmtsein als Übereinstimmung mit dem Rhythmus Gottes selbst."[129]

Mancher möchte dem Druck der Verbindlichkeit des Augenblicks entgehen. Um dem Druck der Angst vor dem Versäumten auszuweichen denkt der Mensch, man könnte immer noch einmal von vorne anfangen. Ja, man kann immer wieder neu anfangen, aber es ist schon Zeit vergangen und abgelaufen. Jeder hat seine Geschichte, es ist immer schon etwas geworden, also ganz von vorne kann man nicht anfangen. Die Zeit läuft und man kann sie nicht anhalten, auch nicht zurückdrehen. Der Mensch meint, er könne sich retten, wenn er glaubt, dass alles nicht so verbindlich gemeint sei. Hier haben Reinkarnationslehren ihre Chance mit der Perspektive, dass man Versäumtes im nächsten Leben nachholen könne. Aber auch hier hält die Zeit ja nicht an. Wenn jemand stirbt, ist für ihn zunächst einmal die Zeit „abgelaufen". Käme er ein weiteres Mal in einer neuen Inkarnation auf diese Welt, wären die Weltgeschichte und die Weltzeit bereits weiter gelaufen. Er käme in eine neue Zeit und müsste dann ebenfalls wieder in der schon weiter gelaufenen Zeit neu entscheiden und den Augenblick nutzen (vorausgesetzt er kommt als Mensch wieder, nur dann hat er die Freiheit der Wahl).

Daher ist es mit der Zeit ähnlich wie mit der Embryonalentwicklung. Beide Verläufe sind eine Einbahnstraße. Lebenszeit läuft immer nach vorne und nicht nach hinten, die Embryonalentwicklung geht mit ihren Zellteilungen immer nach vorne in Richtung Geburt, Geborenwerden, Älterwerden, Sterben und nicht zurück. Die Embryonalentwicklung kann man nur anhalten, indem man den Embryo tötet, die Zeit kann man nicht töten und nicht anhalten. Auch in in asiatischen Kulturen, wo man von einem zirkulären Zeitverständnis ausgeht, kann man sie nicht anhalten. Sollte es daher ein nächstes Leben auf dieser Erde geben, wird es wegen der weitergelaufenen Zeit auf ganz andere Bedingungen und Umstände treffen.

Das heißt, auch hier kommt die Gelegenheit genau so nicht wieder. Außerdem ist die Lehre von der Reinkarnation im Buddhismus und Hinduismus eher als eine Strafe für angehäuftes Karma und falsches Leben gedacht, denn als eine Erlösung aus der Bedrängnis der Zeit. Das Ziel ist auch dort, den Kreislauf der Wiedergeburten und der Endlichkeit irgendwann einmal zu verlassen.

27. Angst, Sünde und Schuld

Angst ist ein physiologisches Phänomen. Ohne Angst wäre der Mensch nicht lebensfähig. Angst kann man lernen. Eltern zeigen dem noch unkundigen Kind, welche Gefahren wo lauern und wo es vorsichtig sein muss. Es muss Angst entwickeln vor gefährlichen Tieren, vor der Schlange, die womöglich angreift und tötet, vor schnellen Autos, die einen überfahren können, vor dem hohen Berg, von dem man herunterfallen kann. (Konkrete Ängste werden auch mit dem Begriff der Furcht belegt.) Manche dieser Ängste sind irgendwie intuitiv da, müssen dann aber trainiert und verfeinert werden. Manche Ängste muss man im Leben auch wieder abbauen und in Vertrauen, in Vorsicht und „Respekt" verwandeln.

Es gibt aber auch eine Lebensangst oder eine Angst vor dem Tod, die den Menschen in seinen Lebensvollzügen blockieren kann oder gar krank macht. Es gibt die Ängste von Patienten, dass ihr Herz stehen bleibt, ein Großteil der Erkrankungen in der Psychiatrie hat mit bestimmten Ängsten zu tun. Es gibt die Ängste vor dem Leben und den je neuen Herausforderungen. Es gibt auch die Ängste vor der eigenen Größe und den Lebensaufgaben.

Im Gleichnis von den Talenten wird der Knecht schwer verurteilt, der aus Angst vor seinem strengen Herrn sein Talent vergräbt und nichts damit unternimmt (Mt 25,24-30). Es ist ausdrücklich im Evangelium gesagt, dass der Mensch seine Talente *vermehren* soll (nicht nur nutzen, sondern vermehren!). Er soll mitschöpferisch, kreativ und „unternehmerisch" (nicht primär wirtschaftlich gemeint) mit Gottes Schöpferkraft zusammenwirken. Er soll zu den Gaben, die er mitbekommen hat, noch neue hinzugewinnen und dabei die Armen, Kranken und Gefangenen nicht vergessen. Denn darin besteht das Endgericht, dass der Mensch gefragt wird, ob er sich um die Armen, Kranken und Gefangenen gekümmert hat (Mt 25,31-46). Die Gaben werden zu Aufgaben und diese müssen erfüllt werden, damit das Leben voll wird. Jener Knecht wird am meisten verurteilt, der aus Angst vor seinem vermeintlich strengen Herrn sein Talent brach liegen lässt. Aus Angst verweigert er sich seinem Auftrag gegenüber, für den er die Gaben bekommen hat. Diese Angst blockiert sein Leben.

Der Knecht bleibt aus dieser Angst heraus hinter seinen Möglichkeiten zurück und dadurch sich selbst, der Welt, seinen Mitmenschen und Gott etwas schuldig. Das ist die primäre Bedeutung von Schuld, dass der Mensch etwas schuldig bleibt, was er eigentlich leisten könnte und nicht leistet. Schuld im moralischen Sinn einer Gesetzesverletzung ist dann oft erst die Folge davon. Hintergrund der ersten Schuld ist die Ablösung von dem Herrn, der den Auftrag gibt, es ist eine Störung der Beziehung. Diese Beziehungsstörung wird mit dem Begriff der Sünde belegt. Der Mensch sondert sich ab vom Willen des Herrn und geht eigene Wege.

Es kann die Angst vor Gott und seiner vermeintlichen Strenge sein, die Angst vor der Größe der Aufgabe oder sogar die Angst, dass Gott den Menschen in die Irre führen will und es nicht gut mit ihm meint. Das war die Angst von Adam und Eva im Paradies. An dieser Schwachstelle konnte der Versucher angreifen. Dieselbe Angst wollte er in Jesus auslösen indem er ihm einflüstert: Du wirst deinem Gott nicht vertrauen können, er wird dich in der Wüste verhungern lassen. Du musst das Heft selbst in die Hand nehmen und aus Steinen Brot machen. Der Zweifel, dass Gott es nicht gut meint mit dem Menschen und die Angst vor der Aufgabe sind oft die Ursache der Sünde, des Sich-Absonderns von Gott. Durch dieses sich Absondern (getrennt von mir könnt ihr nichts tun, Joh 15,5b) bleibt der Mensch dem Leben, sich selbst und Gott etwas schuldig. Erst darauf folgt oft die Schuld im Sinne des falschen Handelns. „Ich habe Gutes unterlassen und Böses getan", das ist Ausdruck dieser Reihenfolge. Angst ist die Kehrseite von Vertrauen, und Angst kann nur durch Vertrauen überwunden werden. Dieses Vertrauen wird belohnt: Der Knecht, der seine Talente vermehrt, bekommt auch noch das eine Talent hinzu von dem, der es versteckt hat.

Eine bestimmte Form der Angst kann also zur Sünde und Schuld werden.[130] So könnte man fragen, warum Sünde Sünde ist. Sünde ist Sünde, weil der Mensch sich absondert von Gott und seinem Willen, er koppelt sich von der leben-spendenden Kraft des Lebens (Ich bin das Leben, Joh 14,6) ab und bleibt damit hinter seinen Möglichkeiten und seinem Auftrag zurück. Dadurch schadet er sich und anderen. Im Blick auf die Zeit hat dieses Zurückbleiben auch Bedeutung: Die Zeit läuft weiter, der Mensch hätte sie nutzen sollen zum Umsetzen seiner Talente, statt dessen bleibt er stehen und vergräbt seine Talente. Viel ungenutzte Zeit verstreicht und insofern kann man auch sagen: Sünde ist Zeitverlust. Der Mensch verliert etwas, was ihm gegeben wurde, nämlich Zeit und Gaben. Beides verliert er, die Zeit ist vertan und die Gaben werden ihm genommen. Auch hier besteht wieder die Warnung, die Zeit und die Gelegenheit nicht zu verpassen, sonst ist das Leben eines Tages vertan und es werden einem auch noch die letzten Dinge genommen: „Darum nehmt ihm das Talent weg und gebt es dem, der die zehn Talente hat" (Mt 25,28): und es kommt noch schlimmer: „Werft den nichtsnutzigen Diener hinaus in die äußerste Finsternis! Dort wird er heulen und mit den Zähnen knirschen" (Mt 25,29). Er verliert also alles: seine Zeit, seine Gaben, seine Freiheit, seine Mitte, nahezu sein Leben.

Das ist das Grundphänomen von Sünde und Schuld: Der Mensch löst sich aus der Verbindung zu Gott und wird dadurch letztlich vom Leben und von der Kraft des Lebens getrennt. Er erfüllt nicht Gottes Willen (Paradies, Gleichnis von den Talenten), er verliert seine Lebenskraft, fällt aus dem Sein bei Gott (Paradies) heraus und in die Nacktheit und Angst hinein. Auf die Frage des Herrn, wo Adam sei, antwortet dieser: „Ich habe Dich im Garten kommen hören; da geriet ich in Furcht, weil ich nackt bin und versteckte mich" (Gen 3,10). Auch der Knecht im Neuen Testament versteckt sich vor seiner Aufgabe, er versteckt aus Angst sein Talent, aus Angst fällt er in neue Schuld.

Der Zweifel an Gottes Güte und die Angst stehen am Anfang der Sündengeschichte, und die Angst selbst führt dann zu weiterer Schuld im Sinne des Schuldigbleibens. Dieser circulus vitiosus kann nur durchbrochen werden, wenn Gott selbst dem Menschen entgegenkommt und ihn aus dieser Angst und Gottesferne erlöst. Er kommt dem Menschen, der ruft: Herr erbarme Dich meiner, hilf meinem Unglauben, aus meiner Angst errette mich! entgegen. Allein der Glaube und das Vertrauen in die Güte, Barmherzigkeit und die Kraft Gottes können den Menschen aus der Spirale der Angst befreien.

Sünde und Schuld führen in die Kraftlosigkeit, die Leere, den Tod. So ähnlich ging es auch dem verlorenen Sohn, der alles ererbte Geld in einem ausschweifenden Leben durchbrachte und dann aus dem Schweinetrog fraß (Lk 15,11-32). Erst als er nichts mehr zu essen hatte und zu verhungern drohte, besann er sich, dass es ihm doch bei seinem Vater besser ging. Daraufhin kehrte er – jetzt ohne Geld und ohne Vergnügungen – nach Hause zurück. Er kehrt im wahrsten Sinne des Wortes um. Er ist in eine Sackgasse geraten, die nach vorne nicht mehr weitergeht. Daher muss er eine vollständige Kehrtwendung vollziehen. Die Kraft zu dieser Umkehr kommt vielleicht aus der Not, vielleicht aber ist in seiner Verzweiflung schon die göttliche Gnade am Werk.

Bei aller Not und aller Bereitschaft zur Umkehr wird ihm eines nicht erspart: der Rückweg. Diesen muss er ganz alleine antreten, jetzt ohne Geld und ohne Vergnügen, ganz arm. Er muss die Folgen seines Wegganges ausleiden. Wäre das nicht so, wäre er wahrscheinlich gefährdet, wieder wegzugehen. Aber diese Mühsal merkt er sich, die tut weh, sein Leiden macht ihn gesund. Und schon nimmt der Vater ihn wieder auf, voller Freude und ohne Vorwurf. „Dein Bruder war tot und lebt wieder" (Lk 15,32).

Das ist der Trost und das Heilende der Umkehr, es ist das heilende des Sakramentes der Ver-söhn-ung, dass der Sohn wieder als Sohn aufgenommen wird, es ist das Heilende des Sakramentes der Beichte. Sie ist ein heiliges Mittel, ein Sakra-ment, so wie ein Medika-ment ein Mittel der Medizin ist. Der Schächer am Kreuz, der mit Jesus zusammen gekreuzigt wird, kann nicht mehr umkehren in dem Sinne, dass er einen äußeren Weg zurückgehen könnte. Aber auch ihm wird die Versöhnung gewährt, weil er einen inneren Weg geht und innerlich umkehrt. Er schaut seine Schuld an und bereut. Daraufhin wird ihm gesagt: Noch heute wirst du mit mir im Paradies sein. Umkehr und Versöhnung sind jederzeit möglich, auch noch kurz vor dem Ende. Allerdings sollte man nicht zu lange warten, weil man nicht weiß, wann das Ende kommt.

Diese Erfahrung, dass man im Leben vieles falsch gemacht hat und vielleicht erst kurz vor dem Tode zur Einsicht kommt, dass man jetzt nichts wieder gut machen kann, dass einem die Hände gebunden sind, weil der Tod schon da ist, diese Erfahrung ist eine Art Hölle. Für den Betroffenen ist es die Hölle der vollständigen Aussichtslosigkeit, weil die Zeit davon läuft und abläuft und man bald nichts mehr tun kann. Diese Katastrophe kann nur durch einen aufgehoben werden: durch Gott selbst, der dem Menschen, der umkehrt, alles vergibt: Heute noch wirst du mit mir im Paradies sein. Das ist die Größe der Barmherzigkeit Gottes, dass auch ein vertanes Leben bei ihm noch eine Chance hat. Rein innerweltlich geht das nicht.

28. Die existentielle Bedeutung von Sakramenten und Dogmen

Zum Schluss soll noch ein Wort gesagt werden zu den anderen heiligen Heilmitteln der Kirche, zu den Sakramenten. Beginnen wir mit der Taufe: Johannes der Täufer tauft mit Wasser. Wasser ist das Symbol für Leben. Bei allen Missionen im Weltraum und der Erkundung von fremden Planeten gibt es immer nur eine Frage: Gibt es dort Wasser? Ohne Wasser kein Leben. Auch Pflanzen brauchen Wasser. Erst zusammen mit diesem Wasser kann das Sonnenlicht durch Chlorophyll und Kohlendioxid in Stärke verwandelt werden. Stärke ist ein großes Zuckermolekül, das Tieren beim Fressen als Energielieferant dient. Sonnenlicht, Wasser, Kohlendioxid und das Grün der Pflanzen (Chlorophyll) sind eine Voraussetzung für das Leben auf dieser Erde. Wasser braucht man zum Trinken, der Mensch kommt relativ lange ohne Nahrung aus, aber nicht sehr lange ohne Wasser. Wasser kommt auch eine reinigende Funktion zu, aber Wasser hat auch eine gewaltige Kraft, sogar eine Kraft der Zerstörung, wie mancher Tsunami gezeigt hat.

Johannes tauft mit Wasser, Jesus mit dem Heiligen Geist. Dieser Heilieg Geist ist jene dritte göttliche Person, der sieben Gaben zugemessen werden: Weisheit, Einsicht, Rat, Stärke, Erkenntnis, Frömmigkeit, Gottesfurcht. Ein Mensch, der mit diesem Geist getauft wird, sollte im Laufe seines Lebens jede dieser Gaben tiefer verstehen lernen. Er sollte im Laufe des Lebens zu tieferer Erkenntnis kommen, wie das Wort von Anselm von Canterbury sagt: Ich glaube, um einzusehen, credo ut intelligam. Selbsterkenntnis, Erkenntnis des anderen, Erkenntnis der Welt, Erkenntnis Gottes. Er sollte tiefere Einsicht in die Zusammenhänge des Lebens erlangen und im Laufe seiner Biographie zur Weisheit gelangen. Bei der Kindertaufe geht es darum, dass das, was in der Taufe grundgelegt ist, im Leben nachgeholt und vertieft wird. Der getaufte Christ soll verwandelt aus der Taufe hervorgehen. Ihm sollten die Gaben des Heiligen Geistes innewohnen, selbst dann, wenn sie wie beim Kind noch nicht entfaltet sind. Es gilt auch bei diesem Sakrament das Wort vom „Schon" und „Noch-Nicht": Die Gabe ist schon da und muss doch erst im ganzen Leben durch das Mitwirken des Menschen eingeholt werden. Im Sakrament der Firmung wird die Beziehung zum Heiligen Geist vertieft.

Außerdem wird der Mensch auf den Tod Jesu getauft: Der Mensch wird im Wasser untergetaucht, und wenn ihn niemand herauszieht, bleibt er unter Wasser und stirbt. Gott selbst führt den Menschen durch das Wasser hindurch und zum Leben hinauf. Taufe ist also ein Symbol für den Untergang und das Auftauchen, für das Hindurchgehen durch den Tod des Wassers, um am anderen Ufer wieder aufzutauchen. Manche Taufbecken für Erwachsenentaufen in den USA weisen darauf hin: Der Mensch geht auf der eine Seite hinein, er wird vollständig untergetaucht und kommt auf der anderen Seite wieder heraus. Was in der Taufe grundgelegt wird, ist ein Lebensprogramm und wird immer wieder neu vollzogen: Eintauchen, Untertauchen und Auftauchen.

Die Taufe dient dem Leben, sie bewahrt vor dem endgültigen Untergang. Daher ist Taufe auch das Symbol der Reinigung von der Erbsünde, die eine Grundverstellung des Menschen besagt. Sie zeigt die grundsätzliche Tendenz des Menschen zum Nein gegen Gott auf. Der Mensch *ist* Sünder und begeht nicht nur einzelne Sünden. Würde diese Tendenz zum Nein nicht aufgehoben, bliebe der Mensch immer in der Trennung von Gott und damit vom Leben abgeschnitten, er bliebe im Tod. Gott selbst erweckt den Menschen zum Leben: in der Sprache des Alten Testamentes, indem er dem Menschen den Atem einhaucht, im Durchzug durch das Rote Meer, der das Volk Israel aus der Knechtschaft Ägyptens befreit, in der Taufe und dem Wiederauftauchen, im Sterben und zu neuem Leben Erwecktwerden durch die Auferstehung von den Toten. Diese Durchgänge geschehen auch im täglichen Leben. Es kann passieren, dass der Mensch vom Leben völlig überspült wird und zu ertrinken droht. Das Wasser steht ihm bis zum Hals, sagt der Volksmund (hier bekommt er noch etwas Luft). Aus eigener Kraft kommt er womöglich da nicht mehr heraus. Er geht zugrunde, taucht unter, aber auf diesem Grund seines Lebens trifft er auf jenen Grund, der den Menschen aus der Situation des Ertrinkens herausführen kann, wie er auch das Volk Israel durch das rote Meer hindurchgeführt hat. Es ist jener Grund, den alle

Gott nennen (Thomas von Aquin) und der im Innersten des Menschen die Lebenskraft wie ein Quell lebendigen Wassers entfacht.

Wasser ist auch ein Bild für das Unbewusste im Menschen, für seine Verdrängungen und Schattenseiten. Auch sie müssen im Laufe der Reifung eines Lebens ans Licht geholt werden. Das ist oft ein schmerzlicher Prozess. Auch er hat etwas mit Sterben und neu Geborenwerden zu tun. Das Dunkle im Menschen muss miterlöst werden, es enthält oft auch kreative Elemente. Damit der Mensch sich diesem Dunklen in seinem Innersten stellen kann, braucht er einen Wegbegleiter, der ihn durch dieses Dunkle hindurchführt. Es ist der Begleiter durch den Hades und die Unterwelt der eigenen Seele. Nicht umsonst heißt es von Jesus Christus: hinabgestiegen in das Reich des Todes und am dritten Tage wieder auferstanden. Gott selbst steigt mit dem Menschen in die tiefste Dunkelheit seiner Seele hinab, um das Dunkle, Schattenartige und Unerlöste von dort her ans Licht zu holen und zu erlösen. Allein ist der Mensch mit dieser „Arbeit" überfordert.

Ein wenig von dieser Arbeit kann ein geistlicher Begleiter oder auch ein guter Psychotherapeut leisten. Auch die Psychoanalyse will dieses Unbewusste und Schattenhafte ans Licht holen. Sie tut damit etwas, was eigentlich eine spirituelle Aufgabe wäre, aber von der Theologie nicht hinreichend wahrgenommen wird. Daher sagt C. G. Jung: „Darum müssen wir Seelenärzte uns mit Problemen beschäftigen, die, streng genommen, eigentlich der theologischen Fakultät zufielen."[131]

Der äußere Begleiter kann dem Menschen bei seiner „Seinsarbeit" helfen, aber der Betroffene muss sie selbst in seinem Inneren leisten. Das ist schwere Arbeit und eine Art Geburtsprozess. Wenn jemand nicht aus Wasser und Geist geboren wird, kann er nicht in das Reich Gottes kommen (Joh 3,5). Die Ganzwerdung des Menschen ist assoziiert mit der Geistgeburt im Menschen. Dabei geht es ein Stück weit um Erkenntnis, dann um Integration der Schattenseiten und die verschiedenen Kräfte, letztlich um die Ganzwerdung und Heilwerdung des Menschen im Sein bei Gott. Das französische Wort für Erkenntnis heißt: connaissance, Mit-geburt.

Vom Sakrament der *Eucharistie* und der Kommunion war in ganz anderem Kontext schon die Rede. Es wurde gesagt, dass es zum Aufrechterhalten des Lebens der regelmäßigen Nahrungsaufnahme bedarf, um der Tendenz zur Unordnung, die der toten Materie innewohnt, entgegenzuwirken. Derartige Tendenzen zur Unordnung und Desintegration sind auch auf der geistigen Ebene vorhanden. Es gibt Kräfte, die diese Unordnung fördern. Das schon erwähnte griechische Wort Dia-bol von dia-ballein (zerstreuen) deutet darauf hin. Diesen zerstreuenden Kräften gilt es eine Kraft entgegenzusetzen, die die auseinanderdriftenden Kräfte wieder zusammenführt. Und dies genau ist mit dem Begriff des Symbols gemeint, genauer mit jenem des Realsymbols des Leibes Christi, das alle desintegrierenden Kräfte wieder zusammenführen will.

Es wurde schon gesagt, dass der Mensch diese seine Desintegrationen und inneren Zerrissenheiten nur überwinden kann in der Anbindung an denjenigen, der die Spannbreite der Polaritäten und der innerweltlichen Zerspaltenheiten in sich überwunden und integriert hat: Jesus Christus. Das zeichenhafte Geschehen im Sakrament der Eucharistie will dies je neu nachvollziehen und gegenwärtig setzen. Allerdings nicht als ein magisches Geschehen, sondern als ein je neu zu vollziehendes Zusammenspiel aus Wort und Zeichen, aus göttlichem Wirken und menschlichem Mit-wirken. Das Symbol des Leibes Christi bewirkt das, worauf es hinweist: Leben zu ermöglichen und alle Dimensionen des Physischen, Psychischen und Geistig-Geistlichen im Lebensvollzug des Menschen zu einer Einheit zu integrieren. Dabei ist das Symbol entgegen der Meinung vieler, die sagen, dass dies ja nur ein Symbol sei, mehr als die sichtbare Wirklichkeit, da es Sichtbares und Unsichtbares verbindet.

Im Sakrament der *Firmung* kommt noch einmal der Heilige Geist ins Spiel, es wird vertieft, was in der Taufe grundgelegt ist. Jetzt wird die Kindertaufe, die mit dem Heiligen Geist geschieht, vertieft und vom Jugendlichen selbst miterlebt und mitvollzogen. Es geht im Kontext der Pubertät um den Überstieg vom Kindsein zum Erwachsenwerden und geistlich gesehen um den beginnenden Überstieg vom Kindsein den leiblichen Eltern gegenüber hin zum Kindsein Gott gegenüber. Dieser Überstieg muss im Leben in konkreten Ablösungsprozessen vollzogen werden. Jesus selbst hat es vorgemacht, er verlässt im Alter von 12 Jahren seine Eltern und bleibt im Tempel, in dem, was seines Vaters ist (wie erwähnt: das aramäische Wort für Vater heißt auch „Ursprung"). Er geht schrittweise aus der Abhängigkeit von seinen Eltern hinein in die Abhängigkeit von Gott, in seinen eigenen Ursprung. Denn nur diese Anbindung macht ihn frei dazu hin, sein Wesen und seine Berufung zu vollziehen. So muss es auch jeder junge Mensch tun. Der Christ lebt in zwei Familien: in der irdischen und in der Familie Gottes, die aus jenen Mitgliedern besteht, die den Willen Gottes erfüllen: „Wer den Willen Gottes erfüllt, ist für mich Bruder und Schwester und Mutter" (Mk 3,35).

Dieser Überstieg aus der Abhängigkeit von den Eltern hinein in jene Abhängigkeit vom ganz freien Gott ist notwendig zur Befreiung des jungen Menschen, damit er sein eigenes, von Gott gewolltes und herausgerufenes Leben führen kann. Er soll seine Identität und Berufung finden. Der Christ muss den Spagat schaffen, die Eltern zu ehren (das Gebot aus dem Alten Testament bleibt bestehen) und dennoch seinen eigenen Weg zu finden. Das geht nicht ohne Konflikte ab, wie das Leben Jesu gezeigt hat. Aber diese Konflikte können für beide, Eltern und Kinder, fruchtbar sein. Es könnte sogar sein, dass die geistliche Familie mit der irdischen zusammenfällt, aber auch dann wird man um die Auseinandersetzung zwischen dem göttlichen Willen und dem menschlichen nicht herumkommen. Dieser Konflikt ist letztlich auch im Dogma von der Zwei-Naturen-Lehre beschrieben: Jesus hat eine göttliche Natur mit einem göttlichen Willen und eine menschliche mit einem menschlichen. Zwischen beiden spielt sich ein dramatisches Geschehen ab. So geschieht es auch in jedem Menschen.

Im Kapitel über die „Pubertät als existentieller Umbruch" und gerade eben bei der Betrachtung der Taufe wurde schon auf die Gaben des Heiligen Geistes hingewiesen und gesagt, dass es für das gelingende Leben wesentlich ist, jeder dieser einzelnen Gaben „Gehör" zu schenken: dem Geist der Weisheit und der Einsicht, des Rates und der Stärke, der Erkenntnis, Frömmigkeit und Gottesfurcht. Es geht vor allem um Erkenntnis und Einsicht sowie um die Stärke, das Erkannte umzusetzen. Erkenntnis meint Selbsterkenntnis, Erkenntnis des anderen, schrittweise Erkenntnis Gottes, Einsicht in die Zusammenhänge des Lebens. Dazu muss man viel „studieren", aber sich auch dem eigenen Inneren zuwenden. Es geht um Geisteserkenntnis, Herzenserkenntnis, Gotteserkenntnis. Das kann konkret heißen, dass der junge Mensch (und auch der ältere) durch Studium, aber auch durch tägliche kleine Übungen der Stille, des Gebetes, der geistlichen Lesung und Bibelbetrachtung (zum Beispiel täglich fünfzehn Minuten) Gott besser kennenlernt. Und das nicht um der frommen Übung willen, sondern weil dieses Kennenlernen der Erkenntnis und damit dem eigenen Leben dient.

Wenn der junge Mensch so das Leben, sich selber und den anderen besser kennen lernt; wenn er die Größe der eigenen Existenz in der Erfüllung des göttlichen Willens erfasst; wenn er die Geister unterscheiden lernt und die Seelenregungen in sich besser „versteht" und die göttliche Stimme von den anderen Stimmen unterscheiden kann: Dann kann er auch später vor dem Traualtar leichter das Wort nachvollziehen: Was Gott zusammengeführt hat, darf der Mensch nicht trennen (Mk 10,9). Wenn der Mensch aber spirituell nicht regelmäßig „trainiert", muss man sich nicht wundern, wenn vieles im späteren Leben scheitert. Eine Ehevorbereitung von einem Wochenende kann das regelmäßige Üben über Jahre hinweg nicht ersetzen. Das weiß jeder Sportler und jeder Pianist. Der Sportler kann auch nicht zwei Tage vor der Olympiade oder der Pianist zwei Tage vor einem Konzert anfangen zu üben. Er muss es täglich tun. Als Vladimir Horovitz im Alter gefragt wurde, ob er noch übe, sagte er: Wenn ich einen Tag nicht übe, dann merke ich es, wenn ich zwei Tage nicht übe, merken es meine Kritiker und wenn ich drei Tage nicht übe, merken es alle. So verhält es sich im Bereich der Musik, im Bereich des Sportes, aber auch im Bereich des Lebens. Man muss täglich wenigstens ein bisschen üben: jeden Tag ein wenig Sammlung und ein Hinhören auf das Wort Gottes. Diese kleinen Übungen sind kein Zeitverlust, sondern ein Zeitgewinn, da der Blick sich schärft und die Selbstwahrnehmung und Wahrnehmung des anderen verbessert werden und der Mensch wachsamer den Tag und den Augenblick leben kann.

Kommen wir zum Sakrament der *Ehe*. Es ist dasjenige Sakrament, das die Eheleute sich selber spenden durch den Konsens ihres Ehewillens. Wenn es vor dem Traualtar heißt, dass die beiden Partner sich jetzt nach *reiflicher Überlegung und aus freiem Entschluss* zu diesem Schritt entschließen, dann ist damit Mehreres gesagt: Zum einen, dass es bei diesem

Schritt in die Ehe um eine Überlegung und eine Entscheidung geht. Das heißt, dass die Liebe zwischen beiden Partnern vorausgesetzt wird, dass aber Liebe als Tugend tägliche Arbeit ist und der Schritt in die Ehe mit Überlegung und Entscheidung zu tun hat. Diese Entscheidung sollte auch Folge einer *Unterscheidung* sein, nämlich jene der Unterscheidung der Geister, die den Menschen instand setzt, die oberflächlichen Emotionen und die Verliebtheit von den tiefer liegenden Strukturen von Trost und Trostlosigkeit, von Stimmigkeit und Unstimmigkeit, von Gottes Willen oder nicht Gottes Willen unterscheiden zu lernen. Die beiden Partner sollten – wenn es gut geht – zu der Überzeugung kommen, dass dieser Schritt dem Willen Gottes entspricht.

Dieses Unterscheiden-Lernen kann schon früh (Erstkommunion, Firmung) beginnen und täglich mit ein wenig Aufwand eingeübt werden. Jeden Tag ein wenig Rückzug, geistliche Übungen, Bibellesen und die Seelenregungen beobachten lernen, kann den Menschen trainieren, genauer zu verstehen, was Gott von ihm will. Dadurch gibt es noch keine Garantie für das Gelingen der Ehe, aber es sind günstige Voraussetzungen dafür geschaffen. Der Mensch hat gelernt, die Ebenen unterscheiden zu lernen und dadurch sich selbst und den anderen als den anderen (Levinas) besser kennen zu lernen (es wurde mehrfach erwähnt, dass das hebräische Wort für Lieben und Erkennen dasselbe ist). Das Sakrament der Ehe, das durch den Konsens der beiden Ehepartner zustande kommt, bindet Gott in die Verantwortung für das Gelingen mit ein. Ihn kann man zur Rechenschaft für das Gelingen mit einbeziehen, vorausgesetzt man bindet sich an ihn und bittet ihn um Hilfe für das Gelingen.

Das heißt, dass in der Ehe auch weiterhin jeder einzelne an seinem Gottesverhältnis arbeiten muss. Auch hier gilt, dass Gott zuerst kommt und dann erst der Mensch: „Du sollst Gott, deinen Herrn, lieben und deinen Nächsten wie dich selbst" (Mk 12,30f.) oder „Trachtet *zuerst* nach dem Reich Gottes und dann wird euch alles andere hinzugegeben" (Mt 6,33) und „Du sollst Gott mehr gehorchen als den Menschen" (Apg 5,29). Wer „Vater und Mutter mehr liebt als mich, ist meiner nicht wert" (Mt 10,37). Das ist keine Zurückweisung oder Missachtung der Eltern oder des Partners, sondern ganz im Gegenteil eine Aufwertung, da durch die innere An-

28. DIE EXISTENTIELLE BEDEUTUNG VON SAKRAMENTEN UND DOGMEN

bindung an Gott der positive Blick auf den Partner, das Erkennen und Lieben erst ermöglicht und vertieft wird. Es macht den anderen nicht klein, sondern groß und es führt ihn zur äußeren und inneren Freiheit. Der eine Partner kann den anderen so lassen, wie er ist, ohne ihn ständig manipulieren zu müssen (was nicht heißt, dass man den jeweils anderen nicht auch kritisieren kann). Ideal wäre es, wenn beide Partner, jeder für sich, innerlich an Gott angebunden wären und die Liebe wie von selbst aus dem Quell des Lebens fließen könnte. Denn ohne diese Anbindung versiegt sie mit der Zeit. Machen kann man sie nicht, nur pflegen oder verkommen lassen.

Die innere Souveränität, die das Resultat der inneren Anbindung an Gott ist, schenkt jenen Raum der Freiheit, der für jede Liebe und Entfaltung unerlässlich ist. Es ist im letzten die Liebe und Freiheit Gottes, die hier abgebildet werden kann. In dieser liebenden Verbindung, in der jeder einzelne an Gott angebunden ist, kommen beide mehr zu sich, zu Gott und zueinander. Sie können sich in dieser Liebe auch gegenseitig helfen, ihre jeweiligen Schattenseiten schrittweise ans Licht kommen zu lassen, sie zu erkennen und erlösen zu lassen. Das wiederum vertieft die Freiheit der je offeneren Begegnung.

Gott an die erste Stelle zu setzen ist kein göttlicher Befehl oder göttliche Willkür, sondern ein grundsätzliches Lebensprinzip. Denn das Gegenteil ist die schon erwähnte aversio a deo et conversio ad creaturam, die Abwendung von Gott und Hinwendung zur Kreatur. Ohne die innere Anbindung an den absoluten Gott besteht die Gefahr, den anderen Menschen absolut zu setzen und zu vergöttern, ihn damit zu überfordern und seiner Freiheit zu berauben. Das führt immer zu Enttäuschungen. Ohne die innere Verankerung in Gott als dem Urgrund und Ursprung der Liebe kann der Mensch im letzten nicht lieben. Denn lieben heißt, den anderen als den anderen erkennen, ihn bei sich zu lassen und nicht zu manipulieren und das aus dem anderen herauszulieben, was Gott als Bild in ihn hineingelegt hat.

Gott ist die Liebe, heißt es in Joh 4,17, und das bedeutet, dass Gott der Ermöglichungsgrund der Liebe ist. Mit Kant gesprochen: Die Bedingung der Möglichkeit der Liebe ist die Anbindung an die Liebe, die die Christen

Gott nennen. In der Abwendung von Gott schneidet sich der Mensch selbst ab von seinem Seelengrund, der der Quell lebendigen Wassers ist und aus dem die zentrale Lebens- und Liebesenergie fließt. Wenn diese innere Anbindung nicht in jedem der Partner „da" ist, geht dem Menschen irgendwann einmal die Kraft und Energie (energeia, en ergon: ins Werk setzen) aus. Die Quelle versiegt oder es gehen – wie es in anderem Zusammenhang im Evangelium heißt – zu früh die Lampen aus. Da das Leben und auch eine Ehe eine Art Marathonlauf ist, muss man viel Öl mitnehmen, um die ganze Reise durchzustehen. Die tägliche Pflege der inneren Anbindung an den Quell lebendigen Wassers und den Ursprung der Liebe ist wohl die einzige Möglichkeit, diesen Marathonlauf durchzustehen und darin Freude und Erfüllung zu finden. Ohne diese Anbindung wird man – in der Sportlersprache gesprochen – womöglich in der letzten Runde kurz vor dem Ziel ausscheiden. So wird man nie Olympiasieger. Christlich gesprochen soll aber jeder Olympiasieger werden. Paulus sagt: Strengt euch an, denn nur einer gewinnt den Siegespreis (1 Kor 9,24). Das heißt: Es gilt, das Ziel der Klasse zu erreichen: Die Fülle des Lebens.

Spätestens hier wird mancher sagen: Das ist mir alles viel zu anstrengend, das ist ja nur Leistung. Und darauf kann man antworten: Es geht nicht um Leistung, sondern um ein Sich-Gott-Anvertrauen, damit das Leben gelingt und zur Fülle kommt. Anstrengend ist das Leben sowieso. Aber ein gescheitertes Leben, dem man ein Leben lang hinterherläuft, ist viel anstrengender als ein Leben, in dem man täglich ein wenig „am Ball bleibt", Öl mitnimmt und täglich ein wenig geistlich übt. Man bekommt dafür das Leben in Fülle geschenkt.

Zum Sakrament der *Priesterweihe* kann man eigentlich nur sagen, dass es sich bei dem Herausgerufenwerden zum Priesteramt um ein persönliches Eingreifen Gottes handelt. Niemand kann Priester aus sich heraus werden wollen, sondern Gott schickt den Menschen auf eine exklusive Reise, wie es im Kapitel über die Berufung beschrieben wurde. Dieses Eingreifen kann dem Menschen gegen den Strich gehen wie bei Jona. Gott kann aber auch mit den Talenten des Menschen mitwirken. In jedem Fall ist es ein göttlicher Eingriff, dessen Exklusivanspruch den Menschen voll und ganz in Anspruch nimmt. Die Frage nach dem Zölibat ist daher keine rechtliche Frage. Es geht auch nicht einfach um irgendein äußeres Zeichen oder eine Verpflichtung zum Opfer, sondern um ein persönliches Angespochenwerden und Inanspruchgenommensein des Menschen durch Gott, dem der Mensch nicht ausweichen kann.

Er kann einerseits nicht ausweichen (Jona) und muss doch sein freies Jawort geben. Dies ist die Ambivalenz von Müssen und Dürfen, wie sie im Kapitel über die Berufung bereits angesprochen wurde. Der Mensch muss auf den Anspruch Gottes antworten, er ist frei und unfrei zugleich. Er ist frei, insofern er den Ruf ablehnen kann, er ist unfrei, insofern er „Ja" sagen muss, wenn er sein Leben nicht verfehlen will. Das gilt aber für jeden Menschen. Jeder Mensch ist insofern „unfrei" als er sein Glück will und will, dass sein Leben gelingt und zur Fülle kommt. Und das tut es nur, wenn der Mensch Gottes Willen folgt. Wenn er diesen Willen durch die Befreiung von äußeren und inneren Hemmnissen umsetzen kann und dadurch zu sich selbst kommt, dann ist er in einem tieferen Sinne frei. Er kann sein Wesen vollziehen. Dies bedeutet für den Priester, dass er sich ganz genommen und Gott und den Menschen ganz zur Verfügung gestellt wird. Damit ist er nichts Besseres oder Höheres als ein anderer Mensch, sondern von Gott auf einen bestimmten Weg geschickt. So widerfuhr es einem Moses, einem Jona oder einem Paulus. Aussuchen kann sich das niemand.

Wenden wir uns zum Schluss der *Beichte* zu: Der schon erwähnte Schächer, der mit Jesus gekreuzigt wird, hat sein ganzes Leben vertan und angesichts des bevorstehenden Todes nur noch eine Chance: Sein Leben anzuschauen und zu bereuen, was er falsch gemacht hat. Er war wahrscheinlich ein Mörder. Er kann nichts mehr gut machen, seine Hände sind ihm im wahrsten Sinne des Wortes gebunden, er hängt am Kreuz. Er kann nur noch eines: eine innere Kehrtwendung vollziehen und sein Tun bereuen. Und dies tut er und schon kommt ihm Gott entgegen mit der alles erlösenden Botschaft: „Heute noch wirst du mit mir im Paradies sein" (Lk 23,43). Das ist göttliche Barmherzigkeit demjenigen gegenüber, der aus sich selbst heraus nichts mehr tun kann, der nichts mehr in der Hand hat außer den Scherben seines vertanen Lebens und der auf das Entgegenkommen Gottes angewiesen ist. Ihm wird gesagt, dass nicht nur nicht alles verloren ist, sondern dass im Gegenteil noch alles zu gewinnen ist:

das Paradies, die ewige Seligkeit, das Sein bei Gott. Das ist die Barmherzigkeit Gottes und des Sakramentes, das ein Sakrament der Heilung und der Ver-söhn-ung (Wiederaufnahme in die Sohnschaft) ist, ein Heilmittel zur Wiederherstellung einer zerbrochenen Beziehung zwischen Mensch und Gott. So wird das eigene Innere heil und geheilt.

Zum Abschluss sei noch ein Wort gesagt zu zwei *Dogmen*, die für das vorliegende Thema Relevanz haben: das Dogma von der Dreifaltigkeit und jenes von der Zwei-Naturen-Lehre Jesu. Beide kamen schon zu Wort und sollen hier noch einmal kurz zusammengefasst werden. Das Dogma vom Dreifaltigen Gott kann man sehr kompliziert theologisch erklären mit den Hervorgängen der verschiedenen göttlichen Personen auseinander und deren Beziehung zueinander. Das führt aber für die Frage, wie das Leben geht, nicht sehr viel weiter. Sehr wohl aber bringt es etwas, wenn man das Wesentliche der Trinität kurz zusammenfasst. Es geht um die Freiheit und Liebe Gottes und die des Menschen.

Gott ist nach christlicher Auffassung der Liebende und der ganz Freie. Er ist ein Beziehungsgeschehen in sich selbst in der Gemeinschaft von Vater, Sohn und Heiligem Geist. Er ist sich selbst genug, er braucht die Welt nicht. Daher kann er sie aus voller Freiheit schaffen. Er hätte es auch lassen können. Die theologische Antwort auf die Frage, warum es die Welt gibt, ist sehr einfach: weil Gott es wollte. *Wie* die Welt dann entstanden ist, ob durch den Urknall oder anders, ist eine andere Frage. Philosophisch kann man noch sagen, wo nichts ist, knallt auch nichts, also muss vor dem Knall „etwas" oder jemand gewesen sein. Wenn Gott dann diese Welt aus dem Nichts schafft (creatio ex nihilo), was nur er selbst kann[132], dann kann er sie so schaffen, dass sie sich selbst weiterentwickelt. Insofern kann Schöpfung durchaus evolutiv vonstatten gehen. Mit dem Menschen hat Gott auch eine endliche Freiheit geschaffen. Damit hat er auch die Möglichkeit eröffnet, dass der Mensch Nein sagt zu Gott.

Damit geht Gott das Risiko ein, dass der Mensch sich gegen ihn wendet und damit letztlich auch gegen sich selbst und den anderen. Angesichts dieses vollzogenen „Nein" des Menschen und des Missbrauches der Freiheit kommt es im Alten Testament sogar zu der Aussage: „Da reute es den Herrn, auf der Erde den Menschen gemacht zu haben, und es tat seinem Herzen weh" (Gen 6,6). Mit der Schaffung endlicher Freiheit hat sich Gott wohl auch seiner Allmacht beraubt. Denn jetzt ist er auf das Mitwirken des Menschen in der Welt angewiesen, er kann an der Freiheit der Menschen vorbei nichts tun. Jesus konnte in seiner Heimatstadt keine Wunder tun, da sie keinen Glauben hatten (Mk 6,5). Die Freiheit ist offensichtlich der Preis der Liebe.[133]

Gott will keine Marionetten und keine Wesen, die irgendwelchen Schicksalsmächten unterworfen sind, sondern Wesen, die aus ihrem Willen heraus etwas Selbständiges tun können.[134] „Ohne die Annahme des freien Willens und seiner selbstursächlichen Letztverantwortung könnte sich der Mensch überhaupt nicht als Subjekt betrachten; er wäre vielmehr ein Spielball fremder Kräfte, die ihren Streit in seiner Seele austragen."[135] Allerdings ist dieser freie Wille „angeschlagen", der Mensch neigt zum Nein gegen Gott (Erbsünde), er will das Gute tun und tut doch das Böse und ist daher Sünder (Röm 7,19). Er muss daher von Gott selbst aus dieser Sünde befreit werden, Christus hat den Menschen zur Freiheit befreit (Gal 5,1).

Das Dogma von der Trinität sagt aber auch etwas aus über die Grundstruktur der Welt und der Menschheit.. Der Grund von allem (Gott) ist ein Beziehungsgeschehen, er ist ein ständiger Dialog (Trialog). Darin kann man wieder Mehreres erkennen: Zum einen, dass diese Grundstruktur – wie schon erwähnt – Bedingung der Möglichkeit der Liebe und der Freiheit ist und dass der Mensch nur frei werden kann, wenn auch Gott ganz frei ist. Gleichzeitig kann der Mensch nur lieben, wenn er an den liebenden Gott angebunden ist. Er kann nur aus dieser Angebundenheit heraus sich selbst und damit den anderen lieben. Daher ist das Gebot der Gottesliebe, Nächstenliebe und Selbstliebe genau so zu lesen: In der Anbindung an Gott findet der Mensch seinen Halt, er ist bedingungslos angenommen. Er kann all seine Projektion schrittweise zurücknehmen und so sich selbst und auch den anderen annehmen und lieben lernen. Ohne im Quell der Liebe verankert zu sein, wird die Kraft der Liebe abnehmen. Sie reicht dann nicht für ein ganzes Leben und die Lichter gehen zu früh aus, wie bei den törichten Jungfrauen, die kein Öl mitnahmen und deren Lampen ausgingen, bevor der Herr kam (Mt 25,3). Neben der Liebe gehören auch Selbsterkenntnis, Erkenntnis des anderen als des anderen und Erkenntnis Gottes zusammen.

Diese Freiheit Gottes und die des Menschen ragen tief hinein bis in politische Strukturen und Staatsformen wie einer freiheitlichen Demokratie.[136] Die äußere Befreiung des Menschen hat mit dem Volk Israel begonnen, sie wird fortgesetzt durch das innerlich befreiende Handeln Jesu. Was biblisch mit Ebenbildlichkeit Gottes, mit Gleichheit aller und mit Liebe gemeint ist, wird im säkularen Staat heruntergebrochen auf Begriffe wie Würde, Respekt, Achtung, Wohlwollen dem anderen Menschen gegenüber. Jedem Menschen wohnt eine unveräußerliche Würde inne.

Weiterhin geht es beim Dogma von der Dreifaltigkeit um die Möglichkeit für den Menschen, Gott zu erkennen. Der Mensch kann Gott als den Schöpfer in der Schönheit der Natur erkennen. Er kann Gott als den Sohn in jeder menschlichen Begegnung erfahren („wo zwei oder drei in meinem Namen versammelt sind, da bin ich mitten unter ihnen", Mt 18,22) und er kann Gott erkennen als den Heiligen Geist in seinem Inneren („Ihr seid ein Tempel des Heiligen Geistes", 1 Kor 3,16). Diese Erkenntnis ragt sogar ganz konkret bis in seine innersten Seelenregungen hinein. „Direkter" und näher kann Gott sich nicht zu erkennen geben, als indem er im Innersten der Menschen wirkt, selbst wenn diese direkte Zuwendung doch wieder gebrochen ist durch die leibliche Verfasstheit des Menschen.

Der Mensch kann Gott auch indirekt durch die Ereignisse des Lebens kennen lernen. Er findet überall Spuren des dialogischen Prinzips, das im dialogischen Geschehen Gottes grundgelegt ist: im rudimentären Dialog des Embryos mit der Mutter, beim Dialog des Kindes mit der Mutter oder der Menschen untereinander, aber auch, wenn es im Kontext des Lebendigen um die Interaktion zwischen den Genen und der Epigenetik geht und sich zeigt, das die Information ein „dialogisches Geschehen" im Sinne einer ständigen Wechselwirkung ist. Auch von der polaren Struktur, die in Gott vorhanden ist (der Vater ist ganz anders als der Sohn) kann man etwas finden in der Polarität von Mann und Frau, von Einzelnem und Gemeinschaft und sogar in der Polarität von Plus- und Minuspol. Wenn man die Pole verbindet, kommt etwas Drittes heraus, hier der Strom, dort aus der Verbindung von Mann und Frau ein Kind. Spuren der Grundstruktur

Gottes sind in der Welt vielerorts zu finden.

Die Zwei-Naturen-Lehre sagt etwas aus über die Doppelnatur Jesu. Er ist ganz Gott und ganz Mensch, unvermischt und ungetrennt. Er hat einen göttlichen Willen und einen menschlichen. Diese Doppelnatur ist auch in jedem Menschen anzutreffen. Jeder Mensch hat Göttliches und Menschliches in sich, Relatives und Absolutes, er ist ausgespannt zwischen zwei Welten. Es geht um ein Ringen der zwei Naturen und der zwei Willen in der Person Jesu und im Menschen. Das Ringen des menschlichen und des göttlichen Willens lautet bei Goethe etwas anders: Zwei Seelen wohnen ach in meiner Brust. Es ist das Drama zwischen Gott und Mensch sowie im Menschen selbst. Jesus selbst bat den Vater, den Kelch an ihm vorübergehen zu lassen und hat dann schließlich doch in seinen Willen eingewilligt (Lk 22,39-42). Er tat es zu hundert Prozent, der Mensch schafft das nicht.

Die Umsetzung des menschlichen Willens in den göttlichen ist erschwert durch die sogenannte Konkupiszenz des Menschen. Es ist dies seine Tendenz zu Begehrlichkeit, Begierde, Anhänglichkeit, aber auch zum Bösen und zur Sünde. Der Mensch neigt existentiell zum Nein gegen Gott. Er sündigt nicht nur in einzelnen Taten, sondern sein ganzes Wesen ist „gestört". Daher bedarf er der erlösenden und befreienden Tat Jesu, die dadurch geschehen ist, dass Gott selbst in der Person Jesu Christi die innere Zerrissenheit des Menschen überwunden hat und Jesus dem Willen des Vaters in allem gehorsam war (allerdings durch Kämpfe hindurch). Er war gehorsam bis zum Tod am Kreuz. Dies ist der Ausdruck der durchgehaltenen Liebe und Wahrheit. Er war in allem dem Menschen gleich außer der Sünde, das heißt, er war seinem Vater ganz gehorsam und hat sich nicht korrumpieren lassen. Er hat die Wahrheit ganz gelebt und dadurch auch das Böse auf den Plan gerufen. Das hat ihn das Leben gekostet. Dies ist Ausdruck der durchgehaltenen Liebe, dass sie ihr Leben gibt für die Freunde (Joh 15,13). In der Anbindung an diesen Erlöser, Befreier und Heiler (Heiland) kann auch der Mensch heil und ganz werden. Er kann aus der Knechtschaft der Verstellung zur inneren Freiheit gelangen und aus dem Knecht Gottes, der nur gehorsam ist und nicht weiß, was der Herr tut, kann der Freund Gottes werden, der weiß, was der Herr tut (Joh 15,15).

In der heutigen Welt geschieht das erlösende Tun Jesu täglich in jedem Menschen, der sich ihm öffnet. Es wird auch durch die Sakramente vermittelt, die heilige Heilmittel sind (Sakra-mente). Durch sie und durch einen auf Gott hin ausgerichteten Lebensvollzug kann der Mensch heil werden. Der Mensch bedarf existentiell der Mitwirkung Jesu an seiner Befreiung und Erlösung. Er kann aus eigener Kraft nicht Herr im eigenen Hause werden. So hat es schon Sigmund Freud aus psychologischer Sicht formuliert und meinte damit, dass der Mensch nicht Herr im eigenen Hause ist, weil er durch sein Unbewusstes maßgeblich bestimmt ist. Daher muss dieses Unbewusste ins Bewusstsein gehoben werden. Auch ein guter religiöser Lebensvollzug sollte aus der Anbindung an Gott heraus daran mitwirken, dass das Unbewusste und die Schattenseiten des Menschen ans Licht geholt und erlöst werden. Dies kann ein Stück weit auch eine Psychotherapie leisten. In einem anderen Sinn kann es schrittweise durch Stille, Beten, Lesen der Schrift, Sakramente, Exerzitien geschehen. Ein Sinn der Exerzitien von Ignatius von Loyola ist, Ordnung im eigenen Haus zu schaffen und die ungeordneten Neigungen anzuschauen und zu ordnen. Seine geistlichen Übungen sind dazu da, „sich selbst zu überwinden und sein Leben zu ordnen, ohne sich durch irgendeine Neigung, die ungeordnet wäre, bestimmen zu lassen."[137]

Da der Mensch aus sich heraus nicht zu seiner Erlösung und inneren Befreiung heranreifen kann, muss er dazu hin befreit werden (Gal 5,1). Im Alten Testament wurde das Volk Israel aus dem äußeren Sklavenhaus Ägyptens befreit, im Neuen Testament befreit Jesus durch sein Leben und Sterben den Menschen aus seinem inneren Sklavenhaus. Er soll aus der Knechtschaft seiner inneren Verstellungen immer mehr heraus- und zu sich selbst hingeführt werden. Je mehr er befreit wird von äußeren und inneren Blockaden, desto besser kann er vollziehen, was seinem Wesen entspricht, und das fällt mit dem zusammen, was Gott vom Menschen will.

29. Zusammenfassung und Ausblick – Wie geht Leben und was ist Christentum?

Leben ist Lebensentfaltung, und die Religion dieser Lebensentfaltung ist das Christentum. Der Mensch soll seine Talente vermehren und so mit dem Schöpfer kreativ mitwirken und Neues hinzugewinnen. Dies aber nicht nur für sich selbst, sondern auch für den Armen, Kranken und Gefangenen. „Ich bin das Leben", sagt Jesus und gibt damit Antwort auf die Frage, wie Leben geht. Er lebt es vor. „Ich bin gekommen, damit sie das Leben haben und es in Fülle haben" ist der Hinweis darauf, dass das Leben zur Entfaltung kommen und blühen soll. Christentum ist die Lehre vom blühenden Leben, von der Lebensentfaltung, vom gelingenden Leben, vom Leben in Fülle, vom Leben bei Gott in dieser zeitlichen Welt und in der raum- und zeitlosen Ewigkeit. Die Ewigkeit bricht jetzt schon an, Ewigkeit ist Jetzt im Hier und Heute, Ewigkeit ist der ständige Augenblick, die ständige Gegenwart.

Es scheint so zu sein, als würden die Menschen – zumindest in Europa – sich für all das nicht mehr interessieren.[138] Entweder, weil ihnen nicht gezeigt worden ist, worum es im Christentum geht oder weil ihnen falsche Gottesvorstellungen vermittelt worden sind. Sie erwarten vom Christentum nichts mehr, sind desinteressiert und desillusioniert. Vielleicht liegt es daran, dass ein auf Moral zurechtgestutztes Christentum seine lebendige Kraft verloren hat, wie es Friedrich Nietzsche schon prophezeit hat. Hier sei sein Aufschrei in der „Fröhlichen Wissenschaft" wiedergegeben:

Der tolle Mensch
Habt ihr nicht von jenem tollen Menschen gehört, der am hellen Vormittag eine Laterne anzündete, auf den Markt lief und unaufhörlich schrie: „Ich suche Gott! Ich suche Gott!"? Da dort gerade viele von denen zusam-

menstanden, welche nicht an Gott glaubten, so erregte er ein großes Gelächter. Ist er denn verlorengegangen? sagte der eine. Hat er sich verlaufen wie ein Kind? sagte der andere. Oder hält er sich versteckt? Fürchtet er sich vor uns? Ist er zu Schiff gegangen? ausgewandert? – so schrien und lachten sie durcheinander.

Der tolle Mensch sprang mitten unter sie und durchbohrte sie mit seinen Blicken. „Wohin ist Gott?", rief er. „Ich will es euch sagen! Wir haben ihn getötet – ihr und ich! Wir sind seine Mörder! Aber wie haben wir das gemacht? Wie vermochten wir das Meer auszutrinken? Wer gab uns den Schwamm, um den ganzen Horizont wegzuwischen? Was taten wir, als wir diese Erde von ihrer Sonne losketteten? Wohin bewegt sie sich nun? Wohin bewegen wir uns? Fort von allen Sonnen? Stürzen wir nicht fortwährend? Und rückwärts, seitwärts, vorwärts, nach allen Seiten? Gibt es noch ein Oben und ein Unten? Irren wir nicht durch ein unendliches Nichts? Haucht uns nicht der leere Raum an? Ist es nicht kälter geworden? Kommt nicht immerfort die Nacht und mehr Nacht? Müssen nicht Laternen am Vormittag angezündet werden? Hören wir noch nichts von dem Lärm der Totengräber, welche Gott begraben? Riechen wir noch nichts von der göttlichen Verwesung? – auch Götter verwesen! Gott ist tot! Gott bleibt tot! Und wir haben ihn getötet! Wie trösten wir uns, die Mörder aller Mörder?

Das Heiligste und Mächtigste, was die Welt bisher besaß, es ist unter unsern Messern verblutet – wer wischt dies Blut von uns ab? Mit welchem Wasser könnten wir uns reinigen? Welche Sühnefeiern, welche heiligen Spiele werden wir erfinden müssen? Ist nicht die Größe dieser Tat zu groß für uns? Müssen wir nicht selber zu Göttern werden, um nur ihrer würdig zu erscheinen? Es gab nie eine größere Tat – und wer nun immer nach uns geboren wird, gehört um dieser Tat willen in eine höhere Geschichte, als alle Geschichte bisher war!"

Hier schwieg der tolle Mensch und sah wieder seine Zuhörer an: auch sie schwiegen und blickten befremdet auf ihn. Endlich warf er seine Laterne auf den Boden, daß sie in Stücke sprang und erlosch. „Ich komme zu früh", sagte er dann, „ich bin noch nicht an der Zeit. Dies ungeheure Ereignis ist noch unterwegs und wandert – es ist noch nicht bis zu den Ohren der

Menschen gedrungen. Blitz und Donner brauchen Zeit, das Licht der Gestirne braucht Zeit, Taten brauchen Zeit, auch nachdem sie getan sind, um gesehen und gehört zu werden. Diese Tat ist ihnen immer noch ferner als die fernsten Gestirne – und doch haben sie dieselbe getan!" – Man erzählt noch, daß der tolle Mensch desselbigen Tages in verschiedene Kirchen eingedrungen sei und darin sein Requiem aeternam deo angestimmt habe. Hinausgeführt und zur Rede gesetzt, habe er immer nur dies entgegnet: „Was sind denn diese Kirchen noch, wenn sie nicht die Gräber und die Grabmäler Gottes sind?"[139]

Ist das der Grund, warum die Welt – zumindest in Europa – immer säkularer und vermeintlich areligiöser wird? Gibt es eine Form von Atheismus, die selbstgemacht ist? Liegt es daran, dass die Vermittlung des Christentums in Europa mit der Gebildetheit und dem Interesse der Menschen nicht mithalten konnte, weil der Mensch von heute sich mit einfachen Antworten nicht mehr abspeisen lässt? Oder braucht der Mensch die Hypothese Gott nicht mehr, weil vieles naturwissenschaftlich erklärbar und medizinisch machbar geworden ist?

Sicher scheint zu sein, dass der alte Lückenbüßergott, der Platzhalter für Unerklärliches war, keinen Platz mehr hat, denn die Lücken der Erklärbarkeiten schließen sich immer mehr. Vielleicht ist dies ja der Anfang, bestimmte Gottesbilder zu verlassen, um zum wahren Gott vorzustoßen, der den Kosmos ins Sein gesetzt hat, der der Grund von allem ist und die Größe des Menschen will. Womöglich hat Sören Kierkegaard Recht, wenn er meint, „daß der Grund, warum der Mensch eigentlich am Christentum Ärgernis nimmt, darin liegt, daß es zu hoch ist ... weil es den Menschen zu etwas Außerordentlichem machen will."[140] Ja, könnte man sagen, es will den Menschen zu etwas Außerordentlichem machen, nämlich zum Ebenbild Gottes, das der Mensch schon ist. Der Mensch ist nur „wenig geringer gemacht als Gott" heißt es im Psalm 8 (Ps 8,6) und „Gott hat den Menschen zur Unvergänglichkeit erschaffen und ihn zum Bild seines eigenen Wesens gemacht" sagt das Buch der Weisheit (Weish 2,23). Zu dieser Größe ist der Mensch berufen. Wendet der Mensch sich von Gott ab, wird er möglicherweise hinter dieser Größe zurückbleiben.

Wendet der Mensch sich von der Kirche und womöglich vom Christentum ab, weil er von dieser groß machenden Kraft nichts mehr spürt oder weil er sich eher klein gemacht fühlt und seine Freiheit eingeschränkt sieht? Hat er Angst vor der eigenen Größe und der Größe seiner Aufgabe? Muss der Mensch nicht dazu hin erzogen werden? Muss sein Freiheitsdrang, der die Weltgeschichte durchzieht, heute nicht mehr und mehr spirituell und geistlich unterfüttert werden, damit er auf einem festen Fundament steht und zur wirklichen Entfaltung kommt? Freiheit heißt gerade nicht Beliebigkeit, sondern fest stehen im absoluten Fundament, frei werden von falschen Abhängigkeiten hin zum Vollzug des eigenen Wesens und der Berufung und Zunahme an Verantwortung. Diese kann der Mensch aber nur wahrnehmen, wenn er zur Freiheit und zu sich selbst befreit ist.

Freiheit meint frei werden von Hemmnissen, die dem Durchreifen zum innersten Wesenskern entgegenstehen und dadurch den Vollzug dieses Wesenskerns blockieren. Braucht es nicht eine Zunahme an spiritueller Theologie und spirituellem Leben, damit der Mensch wieder in die Lage versetzt wird, von seiner inneren Anbindung her wirkliche Verantwortung zu übernehmen? Kann der Tendenz zur Vereinzelung, Isolation und Ängstlichkeit vielleicht nur entgegengewirkt werden, indem man den Einzelnen ernst nimmt und die negative Entwicklung zur Isolation umwendet in eine positive Beauftragung jedes Einzelnen zu einer bestimmten Lebensaufgabe? Ist die Vereinzelung nur die Kehrseite der besonderen Berufung jedes einzelnen Menschen?

Anders gefragt: Kann man durch Zunahme an äußeren Regeln die Freiheitsbewegung des Menschen stoppen oder muss man nicht im Gegenteil wie Hase und Igel der Entwicklung schon voraus sein und die Bedingung der Möglichkeit zur Freiheit und Freiheitsbewältigung so verbessern und den Menschen spirituell so ausrüsten, dass er Freiheit in Verantwortung überhaupt leben kann, dass er frei wird durch innere Anbindung und nicht in der „Freiheit der Beliebigkeit" sowie im Pluralismus der Meinungen untergeht?

Es gibt eine tiefe Suche des Menschen nach Orientierung, nach Halt, nach Werten, nach Ethik und Spiritualität. Der gesellschaftliche Boom nach Ethik und Spiritualität ist ein Ausdruck für diese Suche und die Verunsicherung des Menschen. Man sucht Sicherheit für das eigene Handeln und Orientierung im eigenen Innenleben. Der Ruf nach Ethik und Spiritualität ist ein Krisenphänomen. Eine solche Krise hat in der griechischen Polis zur Entfaltung der Nikomachischen Ethik von Aristoteles geführt. Der heutige Mensch sucht nach Sicherheit im Erkennen (Wahrheit), im Handeln (Ethik) und in seiner inneren Erfahrung (Spiritualität).

Dem Menschen von heute, der in die Isolierung zu geraten droht, geht es um Fragen der Selbstvergewisserung und der tieferen Selbstwahrnehmung. Nach Selbstvergewisserung hatten schon Augustinus und Descartes im Kontext von Täuschung und Denken gesucht. Um eine vertiefte Selbstwahrnehmung ging es auch Ignatius von Loyola, der in der Krisenzeit der Reformation, wo alle äußeren Strukturen brachen, eine Seelenlehre entwickelte, die dem Mensch hilft, Gott in seinem Alltag zu finden und das Wirken Gottes im eigenen Inneren zu erkennen. Auch heute sucht der Mensch nach Selbstvergewisserung, indem er sich spüren, wahrnehmen und erfahren will.

Begann noch die griechische Philosophie mit dem Staunen über die Größe des Kosmos und die Schönheit der Welt, sind es heute wohl eher Verunsicherung, Ratlosigkeit, Mutlosigkeit, Verzweiflung und die sogenannten Grenzerfahrungen (Karl Jaspers), die den Menschen nach dem Sinn seines Lebens suchen lassen. Diesem verunsicherten Menschen muss man im wahrsten Sinne des Wortes wieder „aufhelfen" und ihm keine zusätzlichen Lasten auflegen. So geht es heutzutage vor allem um eine spirituelle Vertiefung und intellektuelle Aufklärung über das, was Christentum eigentlich ist. Es geht um ethische und geistliche Hilfestellung, damit der Einzelne täglich gute und richtige Entscheidungen treffen kann. Es bedarf guter geistlicher Lehrer, die dem verunsicherten Menschen helfen, seinen inneren Weg zu finden, wenn äußere Strukturen zusammenbrechen.

Eine Demokratie lebt von gebildeten und freien Bürgern, die in die Lage versetzt werden, Verantwortung zu übernehmen. Dazu muss eine Religion wie das Christentum sie ausbilden. Es hat dazu eine lange spirituelle Tradition, eine gute Bildungslandschaft in Schulen und Universitäten und eine Ethik, die zu den zentralen Alltagsfragen begründete Stellung beziehen kann. All dies ist aus dem Christentum entstanden, da der Glaube nach geistiger Durchdringung ruft (fides quaerens intellectum). Die existentiellen und ethischen Fragen, wie das Leben gelingt, können Naturwissenschaft und Medizin allein nicht beantworten.

Das Christentum kann mit dem Judentum auf eine lange Befreiungsgeschichte zurückblicken, die zunächst das Volk Israel und dann jeden einzelnen Menschen aus äußeren und inneren Unfreiheiten zur Freiheit hin befreit hat. Es kann – bei allem Dunklen, was es auch gegeben hat – zurückgreifen auf die Hochschätzung jedes einzelnen Menschen im Zuge der Herausstellung der Menschwürde und der Menschrechte. Es kann zurückgreifen auf eine große Musik- und Kulturgeschichte, die sich im Christentum entwickelt hat. Es kann sogar auf große Errungenschaften in Naturwissenschaft und Medizin hinweisen. Und für die gegenwärtige Suche nach Orientierung gibt es große ethische Reflexionen eines Thomas von Aquin und moderner Theologen sowie vor allem eine breite und tiefe Spiritualität einer mittelalterlichen Mystik von Johannes Tauler, Teresa von Avila, Johannes vom Kreuz, Meister Eckardt, Ignatius von Loyola sowie den großen Ordensgründern Benedikt von Nursia, Franz von Assisi, Dominikus.

Der Mensch muss nicht nach Asien fahren, um Spiritualität zu finden und keine teuren Coachingkurse besuchen, um mit dem Leben zurecht zu kommen. Das Christentum kann all dies zur Verfügung stellen. Allerdings müssen diese Schätze neu gehoben werden. Durch innere spirituelle Bildung sollte dem Menschen von heute geholfen werden, in der immer unübersichtlicher und orientierungsloser werdenden Zeit Halt und Klarheit zu finden: für das Leben an sich und die täglich zu treffenden kleinen und großen Entscheidungen, für die man Sachverstand, ethische Kompetenz und spirituellen Tiefgang benötigt. Es bedarf innerer und äußerer Orientierung (Orient, Wendung zum Licht) und das Heranbilden einer inneren Souveränität, die den Menschen instand setzt, das Erkannte auch umzusetzen. Christentum sollte innerlich freie und mündige Bürger heranbilden, die einen inneren Selbststand haben und so Verantwortung für sich und andere übernehmen können. Sie können so sich selbst, dem anderen und dem Gemeinwohl einen Dienst erweisen.

Christentum kann etwas beitragen zu ethischen und spirituellen Fragen des Alltags und der Medizin, zu Fragen der psychischen Reifungsprozesse des Menschen und zur Befreiung des Menschen bis hin zur Demokratiefähigkeit. Auch zum Dialog mit den Naturwissenschaften kann die Theologie etwas beitragen und kann selbst von den Naturwissenschaften einiges lernen über die Komplexität und Organisiertheit des Kosmos, des Lebendigen und des Menschen, besonders im Rahmen moderner Hirnphysiologie und Genetik. Auch der Dialog mit dem Atheismus und der sogenannten säkularen Welt kann für das Christentum und die Theologie von großem Nutzen sein.

Christentum und Theologie könnten wiederum auch zur Wirtschaft etwas sagen: Wenn es heißt, dass der Mensch seine Talente vermehren soll (der Begriff Talent steht im Griechischen für die Gaben des Menschen und für Geldstücke) und aus drei Talenten sechs machen, also Neues hinzugewinnen und insofern schöpferisch tätig sein soll, dann gilt das auch für die Wirtschaft. Sie soll innovativ sein, Neues entdecken und wachsen. Aber so wie die Vermehrung der Talente nicht der reinen Selbstverwirklichung dienen soll, sondern immer auch dem Dienst am Armen, Schwachen und Gefangenen (Mt 25,31-46), so sollte auch die Wirtschaft eine soziale Komponente haben, für andere da sein und nicht nur zur eigenen Gewinnmaximierung. So wie die Talente nicht brach liegen sollen, sondern genutzt und sogar vermehrt werden sollen im Dienst am eigenen Leben und dem des anderen, so sollte auch das Geld nicht gehortet, sondern wieder re-investiert werden in die eigene Firma, aber auch in den Dienst an der Gesellschaft und den schlechter gestellten Armen. Nach wie vor sind Armut und schlechte Bildung zwei der Hauptursachen für Krankheiten, aber auch für Terrorismus und Gewalt.

Insofern hat Wirtschaft Ähnlichkeit mit dem Lebendigen und der Vermehrung der Talente. Auch eine Pflanze und der Mensch müssen wachsen und sich verändern, sonst sind sie tot. Ebenso muss die Wirtschaft (in Grenzen) wachsen, aber nicht zum Eigennutz, sondern zum Nutzen aller. Dieses Wachstum muss wie in einem Organismus geordnet und zielgerichtet sein. Ungeordnetes Wachstum führt zu Krebserkrankungen und zum Tod. So scheint es auch in der Wirtschaft zu sein, wie die letzte Finanz-

und Wirtschaftskrise gezeigt hat. Deswegen bedarf es einer Wirtschaftsethik und einer Ordnung der Wirtschaft. So könnten die verschiedenen Wissenschaften die Theologie bereichern und die Theologie die anderen Wissenschaften zu einer Einheit integrieren und dies alles im Dienst am Menschen.

Das Christentum hat schließlich eine Botschaft für die Kultur und den Alltag. Kultur hat mit Pflege und Verehrung zu tun (cultus) sowie mit der Natur des Menschen. Es prägt den Menschen und die Kultur. Außerdem ist Christentum eine Alltagsreligion. Der auferstandene Christus begegnet den Jüngern beim Fischen (am Morgen stand Jesus am Ufer, Joh 21,4), auf einer Wanderung (Emmaus, Lk 24,13-25), als Gärtner (Joh 20,15). In seinem Alltag kann der Mensch Gott treffen. Der Mensch sollte eine größere Wachsamkeit für die Situationen des Alltags entwickeln, sich täglich immer wieder kurz zurückziehen in die Stille, dadurch den Tag besser strukturieren und „verstehen" lernen, Gewesenes anschauen und einordnen lernen und gesammelt auf die neuen Aufgaben zugehen. Tägliches Einüben in die Stille hilft der Selbstwahrnehmung und schärft die Sinne, es fördert die Gesprächskultur und hilft, bessere Entscheidungen zu treffen. Tägliches Lesen kleiner Passagen aus dem Neuen Testament trägt dazu bei, die Person Jesu, damit Gott selbst und letztlich auch sich selbst besser kennenzulernen: ein kleiner Aufwand mit großem Effekt.

1 Siehe dazu: S. B. Carrol, Evo Devo. Das neue Bild der Evolution, Berlin 2008.
2 M. Beck, Der Krebs und die Seele. Gen-Geist-Gehirn-Gott, Paderborn-München-Wien-Zürich 2. A. 2010.
3 Vgl. dazu das Kapitel: Ordnung, Unordnung, Entropie, in: E. Schrödinger, Was ist Leben? Die lebende Zelle mit den Augen des Physikers betrachtet, München 6. A. 2003 (aus dem Englischen von L. Mazurcak, Cambridge 1944), 120ff.
4 Vgl. dazu die ausführlichen wissenschaftstheoretischen Ausführungen zum interdisziplinären Dialog bei M. Beck, Seele und Krankheit, Psychosomatische Medizin und theologische Anthropologie, Paderborn-München-Wien-Zürich 3. A. 2003, 30ff.
5 Ebd., 31.
6 Primum argumentum compositae mentis existimo posse consistere et secum morari: (Seneca, Epistulae Morales ad Lucuium, Ep. 2.)
7 Vgl. dazu E. Schockenhoff, Theologie der Freiheit, Freiburg i.Br. 2007, 105-157.
8 Vgl. dazu die Begründung des freien Willens bei Augustinus, ausgeführt bei E. Schockenhoff, Theologie der Freiheit, Freiburg i.Br. 2007, 27-39.
9 „Es kann jedoch nicht ausgeschlossen werden, dass die ICSI das Risiko für große Fehlbildungen gegenüber der natürlichen Zeugung erhöht. Dies gilt jedoch in gleichem Maße auch für die IVF." (Dtsch. Ärztebl. 2008; 105(1-2):11-17).
10 Manche der im Folgenden verwendeten Zitate wurden schon verwendet in: M. Beck, Hippokrates am Scheideweg. Medizin zwischen materialistischem Menschenbild und ethischer Verantwortung, Paderborn-München-Wien-Zürich 2001.
11 H. Hepp/L. Beck, Lebensbeginn („Medizinisch"), in: Lexikon der Bioethik, Bd. 2, 537-539, hier 537.
12 R. Bodden-Heinrich u. a., Beginn und Entwicklung des Menschen: Biologisch-medizinische Grundlagen und ärztlich-klinische Aspekte, in: G. Rager (Hrsg.) Beginn, Personalität und Würde des Menschen, Freiburg-München 1997, 15-119, hier 78f. DNA kommt aus dem Englischen (das A in DNA steht für acid und heißt im deutschen Säure) und heißt ins deutsche übersetzt: Desoxyribonukleinsäure. Sie ist die Grundlage der genetischen Information. Pronucleusstadium ist das Vorkernstadium der beiden Kerne von Samen und Eizelle, die beide jeweils 23 Chromosomen enthalten und zusammen das volle Genom mit 46 Chromosomen darstellen. Zona pellucida ist die Umhüllung der Eizelle, die sich nach dem Eindringen eines! Spermiums verschließt und nach der Befruchtung mit dem Spermium als Zygote bezeichnet wird. Transkription bedeutet das Umschreiben der genetischen Information in Boten-Ribonucleinsäure (mRNS oder mRNA im englischen, m steht für messenger, Bote) und dann in konkrete Eiweißkörper.
13 Die Frage, „warum der Keim im mütterlichen Organismus keine Immunreaktion auslöst, ist noch nicht vollständig geklärt".: J. Rohen/E. Lütjen-Drecoll, Funktionelle Embryologie. Die Entwicklung der Funktionssysteme des menschlichen Organismus, Stuttgart-New York 2. A. 2003, 19.
14 Ebd.
15 G. Rager, Der Stand der Forschung zum Status des menschlichen Embryos, in: A Holderegger/R. Pahud de Mortanges (Hrsg.), Embryonenforschung. Embryonenverbrauch und Stammzellenforschung. Ethische und rechtliche Aspekte, Freiburg-Schweiz 2003, 11-23, hier 18, Anm. 9.
16 Hepp/Beck, Lebensbeginn, 537.
17 R. Schröder, Die Henne und das Ei. Auf der Suche nach dem Ursprung des Lebens, St.Pölten-Salzburg 2011, 49.
18 G. Huether/St. Doering/U. Rüger/E. Rüther/G. Schüßler, Psychische Belastungen und neuronale Plastizität. Ein erweitertes Modell des Streßreaktionsprozesses für das Verhältnis zentralnervöser Anpassungsprozesse, in: U. Kropiunigg/A. Stacher, Ganzheitsmedizin und Psychoneuroimmunologie. Vierter Wiener Dialog, Wien 1997, 126-139, hier 126.
19 Schröder, Henne, 70.
20 J. Huber, Liebe lässt sich vererben. Wie wir durch unseren Lebenswandel die Gene beeinflussen können, München 2010.
21 Vgl. H. U. v. Balthasar, Mein Werk. Durchblicke, Einsiedeln-Freiburg 1990, 92.
22 Ebd. Wurden die Grundstrukturen des Seins in der scholastischen Tradition mit den Transzendentalien des „Einen", „Guten" und „Wahren" beschrieben, ersetzt Balthasar meist das

„Eine" durch das „Schöne", da er der Meinung ist, das „Eine" sei ohnehin in den anderen Transzendentalien enthalten.
23 H. U. v. Balthasar, Theologik, Bd. II: Wahrheit Gottes, Einsiedeln 1985, 231. Von dieser Grunderfahrung her zeigt er auf, dass der Mensch in der Lage ist, ganz allgemein sinnliche Bilder auf das Sein hin zu deuten.
24 Vgl. zur Leib-Seele-Einheit ausführlich: Beck, Seele und Krankheit.
25 Vgl. J. B. Lotz, Zwischen Seligkeit und Verdammnis: ein Beitrag zu dem Thema: Nietzsche und das Christentum, Frankfurt a.M. 1953.
26 Augustinus, Gottesstaat XI, 26.
27 S. Kierkegaard, Die Krankheit zum Tode. Eine christliche psychologische Entwicklung zur Erbauung und Erweckung von Anti-Climacus, Kopenhagen 1849 (hrsg. v. L. Richter), Frankfurt a.M. 2. A. 1986, 51.
28 Aristoteles, Nikomachische Ethik, 1095b, 25.
29 K. Jaspers Die maßgebenden Menschen: Sokrates, Buddha, Konfuzius, Jesus, München 8. A. 1997.
30 Hier müsste die ganze Frage behandelt werden, ob die Menschheit mit einem Menschenpaar im Paradies begonnen hat oder ob der Mensch auf der geschaffenen Erde an verschiedenen Punkten der Erde aufgetaucht ist, wie die Evolutionsbiologie und die Paläontologie lehren. Diese Frage greift wiederum tiefer in die Frage des Verhältnisses von Naturwissenschaft und Theologie ein. Die naturwissenschaftliche Evolutionsbiologie versucht die Welt in ihrem Werdecharakter zu erforschen: von den Pflanzen über die Tiere bis hin zum Menschen. Die Theologie fragt viel tiefer zurück, warum es überhaupt eine Welt gibt und nicht vielmehr nichts. Die Theologie ist keine Naturwissenschaft und die Bibel kein naturwissenschaftliches Buch. Also müsste man heute wohl sagen: Gott hat eine endliche Welt geschaffen mit einer endlichen Freiheit des Menschen, die auch Nein gegenüber Gott sagen kann. Der Mensch kann sich von Gott abwenden. Und dies hat er getan, weil er Gott misstraut. Die Paradiesesgeschichte wäre dann so zu interpretieren, dass der Mensch Zweifel an der Güte Gottes hat und meint, Gott wolle ihm etwas vorenthalten. Er kann die Endlichkeit nicht als Endlichkeit akzeptieren. Darin besteht seine Verfehlung. Er will absolut und allwissend sein wie Gott und dann auch über Gut und Böse selbstständig bestimmen können.
31 Vgl. zur Auseindersetzung mit diesen Thesen u.a. Beck, Krebs und Seele, 68ff oder Th. Fuchs, Das Gehirn – ein Beziehungsorgan: eine phänomenologisch-ökologische Konzeption, Stuttgart 2. A. 2009.
32 H. Schöndorf, Rationalismus, in: E. Coreth/H. Schöndorf, Philosophie des 17. und 18. Jahrhunderts, Stuttgart u.a. 1983, 21-52, hier 33.
33 Schröder, Henne, 45.
34 Vgl. Beck, Krebs und Seele, 97ff. und das übernächste Kapitel im vorliegenden Buch über das Leben als das Ganze.
35 Später wird Kierkegaard zitiert, dass der Mensch ohne Gott er selbst sein und seinen Eigenstand finden will: „Sünde ist: vor Gott verzweifelt nicht man selbst sein wollen oder vor Gott man selbst sein wollen": Kierkegaard, Die Krankheit zum Tode, 77.
36 J. Bauer, Das Gedächtnis des Körpers, Wie Beziehungen und Lebensstile unsere Gene steuern, Frankfurt a.M. 2002, 136.
37 S. Carrol, Evo Devo. Das neue Bild der Evolution, Berlin 2008.
38 E. Fox Keller, Das Jahrhundert des Gens (a. d. Amerikanischen von E. Schöller, Originaltitel: The Century of the Gene, Cambridge 2000), Frankfurt a. M.-New York 2001, 86f.
39 Ebd., 176.
40 Ebd., 186.
41 Ebd., 137.
42 Vgl. dazu: J. Bauer, Warum ich fühle, was Du fühlst: intuitive Kommunikation und das Geheimnis der Spiegelneurone, Hamburg 2005.
43 Es geht hier nicht um die Stimmen, die ein Schizophrener hört. Sie haben einen anderen Klang, sind bedrohlich, führen zum Realitätsverlust und vieles mehr. Es wäre einer eigenen Arbeit wert, diese Unterschiede herauszuarbeiten und das Pathologische vom Physiologischen, das Gesunde vom Kranken zu unterscheiden. Es gibt dafür Kriterien. Ein wesentliches ist z.B. der Realitätsbezug und die Früchte der Umsetzung.

44 H. U. v. Balthasar, Herrlichkeit. Eine theologische Ästhetik, Bd. I: Schau der Gestalt, Einsiedeln 1961, 242.
45 Ebd., 212.
46 Ebd., 216.
47 Vgl. ebd., 233.
48 Ebd., 211.
49 Ebd.
50 Ebd., 450.
51 Vgl. ebd., 234f.
52 Ebd., 236 (Herv. v. Vf.).
53 Ebd.
54 Ebd., 233.
55 Vgl. ebd., 237.
56 Vgl. dazu: G. Greshake, Wie ist Gottes Ruf erkennbar, in: ders. (Hrsg.): Ruf Gottes - Antwort des Menschen: zur Berufung des Christen in Kirche und Welt, Würzburg 1991, 97-125 , hier 104ff; auch M. Schneider: Unterscheidung der Geister. Die ignatianischen Exerzitien in der Deutung von E. Przywara, K. Rahner und G. Fessard, Innsbruck-Wien 2. A. 1987, 79ff.
57 Vgl. ebd., 86ff.
58 H. U. v. Balthasar, Herrlichkeit. Eine theologische Ästhetik, Bd. III/2,2: Theologie. Neuer Bund, Einsiedeln 1969, 284.
59 Vgl. M. Schneider, Unterscheidung der Geister.
60 Vgl. K. Rahner, Die Logik der existentiellen Erkenntnis bei Ignatius von Loyola, in: ders., Das Dynamische in der Kirche (QD 5), Freiburg i.Br. 1958, 74-147, 103.
61 Ignatius unterscheidet drei Wahlzeiten: die erste, wo einem geradezu mit einem Blitzschlag klar ist, was zu tun ist, die zweite, in der man die Seelenregungen unterscheiden lernt und die dritte, in der man Vernunftgründe für oder gegen eine bestimme Entscheidung ins Feld führt. Er meint, dass die zweite Wahlzeit die eigentliche sei, da der Mensch immer von verschiedenen Bewegungen der Seele bestimmt sei.
62 Zum „Wie" der Erkenntnis vgl. Rahner, Die Logik der existentiellen Erkenntnis, 74-147.
63 Ignatius von Loyola, Die Exerzitien. Übertragen von Hans Urs von Balthasar, Einsiedeln 6. A. 1979, Nr. 316. Im folgenden zitiert mit EB und den jeweiligen Ziffern.
64 Ebd.
65 Ebd., 105f.
66 Ebd., 106.
67 Vgl. dazu: J. Zeh, Trend zur personalisierten Therapie, Krebs bleibt ein Schreckgespenst, n-tv Online Wissen 4.2.2012.
68 Vgl. dazu die umfangreiche Analyse des Problems der Stellvertretung bei: K.-H. Menke, Stellvertretung. Schlüsselbegriff christlichen Lebens und theologische Grundkategorie, Einsiedeln 1991.
69 Der folgende Teil wurde ähnlich schon ausgeführt in M. Beck, Seele und Krankheit, 291ff.
70 K. Rahner, Hörer des Wortes. Zur Grundlegung einer Religionsphilosophie, München 3. A. 1969.
71 Schneider, Unterscheidung der Geister, 105.
72 Vgl. Rahner, Hörer des Wortes, 194.
73 Rahner, Die Logik der existentiellen Erkenntnis, 104.
74 K. Rahner, Der Einzelne in der Kirche, in: Stimmen der Zeit 139 (1946/47) 260-276, hier 266.
75 Vollkommenheit meint hier Vollkommenheit in der Liebe. Es geht nicht um die seinsmäßige Vollkommenheit. Diese kann der Mensch aufgrund seiner Geschöpflichkeit gegenüber der Vollkommenheit Gottes nicht erreichen.
76 Vgl. H. U. v. Balthasar, Theologie der Geschichte (Christ Heute, I.R.8.Bd), Einsiedeln 1950. Neue Fassung 3. A. 1959, 34f; ders., Glaubhaft ist nur Liebe, Einsiedeln 5. A. 1985, 66.
77 Balthasar, Herrlichkeit III/2,2, 283.
78 H. U. v. Balthasar, Christlicher Stand, Einsiedeln 1977, 17-23, 107f.
79 H. U. v. Balthasar, Neue Klarstellungen, Einsiedeln 1979, 104.
80 Auf psychologischer Ebene ist dieser Sachverhalt so zu beschreiben, daß die Liebesfähigkeit des einzelnen unmittelbar mit seiner (gefundenen) Identität zu tun hat. Vgl. E. H. Erikson, Identität und Lebenszyklus, übersetzt von K. Hügel, Frankfurt a. M. 1973.
81 Balthasar, Stand, 325.

82 Ebd., 326.
83 Vgl. ebd., 322ff. Es gibt Berufungen in der Heilsgeschichte (z.B. Ex 3-4: Moses; Jer 1,6-8: Jeremia; Am 7,14-15: Amos; 1 Sam 3: Samuel; 1 Sam 16,11: David; 1 Kön 19,19: Elischa), bei denen die Natur des Menschen der Sendung geradezu widersprach.
84 Vgl. dazu: Balthasar, Stand 322f. Zum Phänomen der Weigerung auch Theodramatik, Bd. II: Die Personen des Spiels, Teil 1: Der Mensch in Gott, Einsiedeln 1976, 243f.
85 Vgl. Balthasar, Stand, 346.
86 Balthasar, Theodramatik Bd II, Teil 2: Die Personen in Christus, Einsiedeln 1978, 241.
87 Balthasar, Theologik I, 52f.
88 Balthasar, Stand, 317.
89 Vgl. ebd., 317.
90 Ebd.
91 Ebd., 410.
92 Vgl. Ebd., 340.
93 Vgl. Balthasar, Theologische Aspekte des Berufes, in: Berufsberatung und Berufsbildung 47 (1963), 229-240, hier 233.
94 Vgl. Balthasar, Stand, 343ff.
95 Die Beauftragung von Bezalel als Künstler ist geschildert in Ex 31,1-6.
96 Balthasar, Stand, 345.
97 Zur Frage des Verhältnisses von Beruf und Berufung und dem Zerbrechen des ursprünglichen Zusammenhangs von Beruf und Berufung vgl. u.a. G. Greshake, Wie ist Gottes Ruf erkennbar, in: ders. (Hrsg.), Ruf Gottes – Antwort des Menschen. Zur Berufung des Christen in Kirche und Welt, Würzburg 1991, 97-125, hier 100ff.
98 Rahner, Schriften V, 345. Paulus war von Beruf Zeltmacher (Broterwerb). Nach seiner Bekehrung bestand seine Berufung darin, das Evangelium zu verkünden und Apostel zu sein. Dennoch verdiente er sich weiterhin sein Geld mit seinem alten Beruf als Zeltmacher, um der Gemeinde nicht zur Last zu fallen.
99 Ebd., 346.
100 Rahner, Schriften VII, 406.
101 Ebd., 416.
102 Balthasar, Stand, 323.
103 Vgl. ebd., 355.
104 Um welche Art von Trauer es sich hierbei handelt, ob um eine Depression im psychologischen Sinn oder eine tieferliegende Trauer, ist herausgearbeitet in der Arbeit von F.J. Illhardt, Trauer. Eine moraltheologische und anthropologische Untersuchung, Düsseldorf 1982.
105 Balthasar, Stand, 375.
106 Ebd., 406.
107 Ebd., 393.
108 Ebd.
109 Vgl. Rahner, Schriften VII, 416; Balthasar, Stand, 405-413.
110 Vgl. Balthasar, Stand, 349, 352.
111 Rahner, Schriften VII, 416.
112 Rahner, Schriften II, 243.
113 Diese „falschen Motive" müssten natürlich spezifiziert werden: Es können beispielsweise kalkulierende Interessen sein oder aber psychologische Verstellungen und Projektionen von Vater- und Mutterbildern auf den jeweiligen Partner, der sich im Laufe der Zeit – wenn die Projektionen abnehmen (oft in der Lebensmitte) – als ein ganz anderer herausstellt.
114 C. G. Jung, Psychologie und Religion, München 3. A. 1994, 119.
115 Ebd., 125.
116 Ebd., 128.
117 Vor allem: J. Tauler, Predigten. Vollständige Ausgabe übertrag. und hrsg. v. G. Hofmann, Freiburg 1961, 163f. (19. Predigt).
118 Vgl. dazu insbesondere: I. Weilner, Johannes Taulers Bekehrungsweg. Die Erfahrungsgrundlagen seiner Mystik, Regensburg 1961, vor allem S. 165ff.; vgl. dazu auch: A. Grün, Lebensmitte als geistliche Aufgabe, Münsterschwarzach 13. A. 2001. In dem Buch werden die Ansichten C. G. Jungs aus psychologischer und Taulers aus geistlicher Sicht gegenübergestellt.

119 Kierkegaard, Die Krankheit zum Tode, 77.
120 J. Bauer, Das Gedächtnis des Körpers, 136.
121 G. Huether u. a., Psychische Belastungen und neuronale Plastizität, 126.
122 Vgl. Beck, Krebs und Seele, 40ff.
123 A. Nordheim/B. Lüscher, Prinzipien der Tumorbiologie. Einführung, in: H.-J- Schmoll/K.Höffken/K. Possinger (Hrsg.), Kompendium internistische Onkologie. Standards in Diagnostik und Therapie, Bd. 1, Berlin u.a. 3. A. 1999, 1-5, hier 2.f
124 Ebd.
125 Ebd.
126 Vgl. J. Zeh, Trend zur personalisierten Therapie, 4.2.2012.
127 Elisabeth Kübler-Ross hat solche Phasen für den Sterbeprozess herausgearbeitet (vgl.. E. Kübler-Ross, Verstehen was Sterbende sagen wollen. Einführung in ihre symbolische Sprache (aus dem Amerikan. übers. von S. Schaup), Stuttgart 6. A. 1994, dies., Interviews mit Sterbenden (aus dem Amerikan. v. U. Leippe], Stuttgart 18. A. 1992. Bei Krankheitsverarbeitungen durchläuft der Patient oft ähnliche Phasen.
128 So ein Buchtitel von G. Greshake: Der Preis der Liebe. Besinnung über das Leid, Freiburg i.Br. 1978.
129 Balthasar, Herrlichkeit I, 242.
130 Angst und Schuld ist der Untertitel eines Werkes von Eugen Drewermann: Psychoanalyse und Moraltheologie. Angst und Schuld, Mainz 1982.
131 Jung, Psychologie und Religion, 128.
132 Wenn gesagt wird, jetzt werde von den Biologen neues Leben geschaffen oder Leben ganz neu „hergestellt", dann ist das insofern schon falsch, als es das Leben schon gibt. Der Mensch kann nur auf das zurückgreifen, was schon da ist, und von der Natur abschauen, was ein Gen ist und was Zytoplasma ist. Dann kann er Gene synthetisch herstellen und sie in ein Bakterium (also schon vorhandenes Leben) geben und zusehen, ob seine künstlich hergestellten Gene auch angeschaltet werden. Aber Leben machen kann er nicht.
133 So der schon erwähnte Buchtitel von G. Greshake..
134 Vgl. dazu: E. Schockenhoff, Theologie der Freiheit, Freiburg i.Br. 2007, besonders die Begründung der Willensfreiheit bei Augustinus, 27-39.
135 Ebd., 34. Zur Frage moderner Hirnphysiologen, die diese Freiheit des Menschen gerade leugnen wollen, vgl. Beck, Krebs, 68ff.
136 Vgl. dazu G. Greshake, Der dreieine Gott: eine trinitarische Theologie, Freiburg i.Br. 3. A. 1997, 465ff.
137 Ignatius, EB 21
138 Vgl. dazu ausführlicher: M. Beck, Christentum in (post-)moderner, säkular naturwissenschaftlich geprägter Zeit. Dialogfelder von Glaube und Naturwissenschaft, in: Ordensnachrichten 49. Jahrgang, Heft 4, 2010, 3-22. (siehe die nachfolgenden Seiten).
139 F. Nietzsche, Die fröhliche Wissenschaft.
140 Kierkegaard, Krankheit zum Tode, 79.

Anhang

Der folgende Aufsatz erschien erstmals in ORDENSNACHRICHTEN 2010, Heft 4.

Dieser Text ist für viele Leser nur schwer zugänglich und ergänzt und vertieft manche Gedanken in dem vorliegenden Buch. Daher wird er hier abgedruckt.

CHRISTENTUM IN (POST-) MODERNER, SÄKULAR
NATURWISSENSCHAFTLICH GEPRÄGTER ZEIT
DIALOGFELDER VON GLAUBE UND NATURWISSENSCHAFT

1. Hinführung

Es scheint so zu sein, als würde die Welt – zumindest in Europa – immer säkularer und areligiöser. Aktuelle Kirchenkrisen verstärken den Trend, sich von der Kirche, womöglich vom Christentum abzuwenden. Säkularisierungsbewegungen als Protest gegen die Kirche. Aber stimmt diese einseitige Sicht, gibt es nicht auch eine ganz andere Bewegung? Gibt es nicht auch die Suche des Menschen nach Orientierung, nach Halt, nach Werten, nach Ethik und nach Spiritualität? Ist womöglich die Kirchenaustrittswelle nur eine Reaktion darauf, dass die Kirche den aktuellen Anfragen der Menschen keine Antwort für die Alltagsbewältigung geben kann?

Der gesellschaftliche Boom nach Ethik und Spiritualität ist jedenfalls ein Ausdruck für die Suche und Verunsicherung des Menschen. Man sucht Sicherheit für das eigene Handeln und Orientierung im eigenen Innenleben. Ethik und Spiritualität als Krisenphänomen. Eine solche Krise hat in der griechischen Polis z. B. zur Entfaltung der Nikomachischen Ethik von Aristoteles geführt. Und die Frage nach Selbstvergewisserung der eigenen

Existenz hat schon Augustinus und Descartes beschäftigt. Augustinus fragte sich, wie es eigentlich sei, wenn ihn alle täuschen würden, die Mitmenschen, die Freunde, selbst Gott. Und er kam zu dem Schluss, dass es dennoch einen archimedischen Punkt gibt, an dem man sich orientieren kann, nämlich jenen, dass man wisse, dass man selbst es sei, der getäuscht werde oder sich täuschen lasse: si enim fallor sum, selbst wenn ich getäuscht werde oder mich täusche, bin ich es doch, der getäuscht wird. Und Descartes führte die Suche nach Selbstvergewisserung zu dem berühmten Satz: cogito ergo sum, ich denke, also bin ich. Sein archimedischer Punkt war, dass er weiß, dass er es ist, der denkt, und hier findet er Gewissheit.

Heute würde man vielleicht sagen: Ich suche, also bin ich, oder: Ich frage, also bin ich, ich suche nach Sicherheit im Erkennen (Wahrheit), im Handeln (Gutheit, Ethik) und nach Sicherheit bei der Interpretation meiner inneren Erfahrung (Spiritualität), ich suche nach Halt und Orientierung im Leben. Dem Menschen von heute, der in die Isolierung zu geraten droht, geht es ebenfalls um Fragen der Selbstvergewisserung und der Selbstwahrnehmung. Vielleicht führt es ihn zu der Aussage: Ich fühle, also bin ich, oder ich verzweifele, also bin ich. Begann die griechische Philosophie oft mit dem Staunen (der Begriff für Mensch ist ho anthropos, das Wesen das schaut und staunt), so sind heute wohl eher Ratlosigkeit, Mutlosigkeit, Verzweiflung die so genannten Grenzerfahrungen (Karl Jaspers), die den Menschen nach dem Sinn seines Lebens suchen lassen.

Hier sind erste Anknüpfungspunkte für das Religiöse: im Bereich der Ethik und der Suche nach dem richtigen Handeln, in der Spiritualität und der Suche nach der Interpretation der verschiedenen Seelenregungen im eigenen Inneren, in der Selbstwahrnehmung und (Selbst-) Erkenntnis sowie in der Erkenntnis des Anderen, in der Sinnfindung und Orientierung im eigenen Leben sowie in der Beantwortung letzter Fragen (z. B. nach dem Tod), in der Erkenntnis der Endlichkeit der Welt und des eigenen Lebens sowie bei Fragen nach einem gelingenden Leben. Schließlich ist der Anknüpfungspunkt des Christlichen der Dialog mit der säkularen Welt.

Gerade die Kategorie des Dialoges, des Dialoges der Menschen untereinander, der Wissenschaften untereinander, der Theologie mit den Wissenschaften, des Dialogs mit dem Atheismus und den Atheisten sowie der Dialog der Religionen untereinander sollte ein zentrales christliches Anliegen sein. Denn das Christentum ist von seinem Wesen her eine Religion des Dialogs, da in seinem Gottesbild dieser Dialog schon vorgegeben ist.

Die Seinsstruktur der Welt ist eine dialogische Grundverfasstheit. Sie hat – theologisch gesprochen – das dialogische Geschehen von Vater, Sohn und Heiligem Geist zum Hintergrund. Daher sollte das Christentum in den Dialog mit der Welt, mit den Menschen, mit den Wissenschaften, der Medizin, der Wirtschaft, der Politik treten. Der innergöttliche Dialog sollte sich im innerweltlichen Dialog ausdrücken.

So sollen im Folgenden einige Dialogfelder aufgezeigt werden, denen sich die Theologie stellen sollte. Sie hat dabei die Chance, die Größe und Umfassendheit des Christentums herauszustellen und nicht in die Enge der Abgrenzung gegen die Welt zu verfallen bzw. sich gegen die Naturwissenschaften, gegen Anfragen der Medizin, gegen die Medien und die vermeintlich atheistische Umgebung abzuschotten. Das Christentum ist weit und groß genug, all diese Bereiche in seine Diskussion hereinzuholen und in die Weite der göttlichen Schöpfung zu stellen. Dazu bedarf es aber auf Seiten der Christen einer guten philosophisch-theologischen Ausbildung und einer inneren spirituellen Souveränität. Der Angst der Welt gegenüber ist nur durch eine tiefe Spiritualität und eine gute argumentative Kraft zu begegnen. Für eine philosophische Argumentation (viele theologische Überlegungen kann man in der säkularen Welt nur philosophisch darstellen, deshalb ist die Philosophie ein wesentlicher Übersetzungshelfer) ist dabei auch auf die tiefere Bedeutung der Begriffe zu beachten, die in gewisser Weise eine geronnene Philosophie darstellen. Es wird eine Grundeinsicht auf den Begriff gebracht, der mehr aussagt als der reine Begriff. Wenn – theologisch gesprochen – das göttliche Wort sich inkarniert hat, dann womöglich nicht nur in einer Person, sondern auch in den innerweltlichen Begriffen. Das Wort Gottes kann bis in die Begriffe hinein sichtbar werden.

Viele Begriffe enthalten eine ganze verdichtete Philosophie wie z. B. das französische Wort con-naissance, das für Erkenntnis steht. Es meint – wörtlich übersetzt – soviel wie eine „Mit-geburt". Damit ist gesagt, dass jeder Erkenntnisprozess eine Art Geburtsprozess ist und z. B. im Kontext der Selbsterkenntnis oft schmerzhaft vonstatten geht. Oder der deutsche Begriff der Ent-täuschung sagt aus, dass ein Mensch einer Täuschung beraubt wird und so der Wahrheit näher kommt. So zeigt sich das Wort Gottes als Mensch in Jesus Christus, es zeigt sich in den Begriffen sowie im lebendigen Dialog der Menschen und der Wissenschaften untereinander.

Das Wort Gottes inkarniert sich im Menschen und im innerweltlichen Dialog. Auf dieses Wort Gottes muss der Mensch ant-worten (wörtlich: gegen-worten), darin besteht seine letzte Verantwortung.

2. Dialog der Theologie mit den Naturwissenschaften und der Evolutionstheorie

Wir leben in einer naturwissenschaftlich geprägten Zeit. Naturwissenschaften versuchen, die Welt zu erfassen, indem sie messen, was zu messen ist in Physik, Chemie, Biologie, Medizin. Aber offensichtlich ist nicht alles zu messen, wie z. B. Gedanken, Liebe, Wahrheit. Seit dem Beginn der Neuzeit und der philosophischen Unterscheidung von res cogitans (Bereich des Denkens) und res extensa (Reich der ausgedehnten Dinge) bei René Descartes kann man klar trennen, dass es Messbares und Nicht-Messbares in der Welt gibt. Die Welt ist komplementär aufgebaut, so hat es uns die Physik gezeigt: Licht ist Welle und Korpuskel. Die Welt besteht aus Materie und Geist, aus Messbarem und Nichtmessbarem. Es wäre unsinnig, Liebe in Kilogramm zu messen oder das Gewicht von Vertrauen und Wahrheit zu bestimmen. Die existentiellen Fragen des Alltags nach Wahrheit, Vertrauen, gelingenden Beziehungen, gelingendem Leben, Geborgenheit, Nähe, gelungener oder verletzter Liebe, Leid und Krankheit, Tod und dem Danach sind nicht messbar und mit naturwissenschaftlichen Methoden nicht zu lösen. Die existentiell bedeutsamen Bereiche des Lebens entziehen sich der naturwissenschaftlichen Erklärung.

Wissenschaftstheoretisch zeigen sich hier die Unterschiede zwischen Naturwissenschaften und Geisteswissenschaften. Naturwissenschaften wenden sich der Welt unter der Hinsicht des Messbaren zu und versuchen, aufgestellte Theorien zu verifizieren oder zu falsifizieren. Sie versuchen, bestimmte Naturphänomene mit naturwissenschaftlichen Hypothesen zu erklären.

Die Evolutionstheorie versucht das Phänomen der Evolution mithilfe einer Theorie verständlich zu machen. Von daher kann es gar keinen Streit mit der Theologie geben, da die theologischen Fragen im Blick auf die Welt ganz andere sind. Sie fragen nämlich nicht primär danach, wie sich etwas entwickelt, sondern – wie Leibniz es getan hat – viel grundsätzlicher danach, warum es überhaupt etwas gibt und nicht vielmehr nichts. Eine Evolutionstheorie kann versuchen zu beschreiben, wie die Welt sich womöglich evolutiv entwickelt hat, Philosophen und Theologen fragen aber vom Ganzen her, warum es überhaupt eine Welt gibt und nicht nichts. Die Fragerichtung der Naturwissenschaft ist also eine ganz andere als jene der Geisteswissenschaften. Naturwissenschaften machen wiederholbare Experimente, Geisteswissenschaften haben nur die Gesetze der Logik und des Nichtwiderspruchprinzips in ihrer Argumentation zu berücksichtigen. Ein Geschichtswissenschaftler z. B. kann die Schlacht bei Waterloo nicht im Experiment wiederholen.

So ist das Buch Genesis aus dem Alten Testament, das die Schöpfung beschreibt, kein naturwissenschaftliches Buch und die Evolutionstheorie als naturwissenschaftliche Theorie stellt die Frage nach Gott nicht. Übrigens ist im Buch Genesis auch nur die Rede davon, dass Gott die Arten schuf, aber nicht, wie er sie schuf. Er kann sie sehr wohl auch evolutiv auseinander hervorgehen lassen. Soll der Mensch Gott vorschreiben, wie er die Welt zu schaffen hat? Es ist fast rührend, wie Theologen immer wieder Lücken in der Evolutionstheorie oder anderen naturwissenschaftlichen Theorien und Hypothesen suchen, damit man dann in diese Lücken Gott als Erklärung hineinbringen kann. Gott muss verteidigt werden. Dies aber ist ein armseliger Gott, dieser Lückenbüßer-Gott, es ist nicht der Gott der Schöpfung und nicht der Gott des Christentums.

Was das Verhältnis von Naturwissenschaft und Geisteswissenschaft (Theologie) angeht, so kann sehr wohl der einzelne Forscher ein „gläubiger Christ" sein. Auch Darwin war es, jedenfalls wollte er die Theologie nicht angreifen. Ein solch gläubiger Mensch wird bei seinen Forschungen die

Methoden der Naturwissenschaft anwenden, aber er wird von seinem Horizont aus womöglich andere, tiefere und umfassendere Fragen an die Natur stellen. Die Natur „antwortet" ja nur auf Fragen, die der Mensch ihr wissenschaftlich stellt. Naturwissenschaft bringt keine absolute Wahrheit hervor, sondern gibt nur Antworten auf gestellte Fragen. Ein gläubiger Christ könnte also tiefere Fragen stellen und würde dann auch andere Antworten von der Natur erhalten, obwohl er dieselben Methoden anwendet wie sein atheistischer Nachbar. „Naturwissenschaft ohne Religion ist lahm und Religion ohne Naturwissenschaft blind", soll Albert Einstein gesagt haben.

Wo also liegt das Problem mit der Evolutionstheorie? Kann Gott nicht eine Welt schaffen, die sich evolutiv entwickelt und insofern sich selbst schafft? Naturwissenschaft und Theologie haben ganz andere Zugänge zur Frage der Interpretation der Welt. Sie brauchen sich nicht nur nicht zu bekämpfen, sondern können sich komplementär ergänzen. Diese Komplementarität ist ein Phänomen des Aufbaus der Natur. Wie die Physik gezeigt hat und weil die Natur so aufgebaut ist, sollte man sich ihr auch mit wissenschaftlich komplementären Ansätzen nähern: mit Geisteswissenschaften und Naturwissenschaften. Dass die Natur mit naturwissenschaftlichen Methoden allein nicht erfasst werden kann, hat schon die Unschärfe-Relation von Heisenberg am Anfang des 20. Jahrhunderts gezeigt.

In dieser komplementären Annäherung an die Interpretation der Natur läge ein erstes Feld der Theologie in säkularer Zeit. Sie könnte den Fragehorizont erweitern und auf die Größe der Natur in ihrer Entwicklungsdynamik und ihrer Komplexität (übrigens ist Komplexität und die Zunahme von Komplexität von der Evolutionstheorie her nicht zu erklären) hinweisen.

Die Theologie oder ein gläubiger Naturwissenschaftler könnten z. B. auch im Bereich der Genetik ganz andere Fragen stellen als der reine Naturwissenschaftler. Dies soll im Folgenden betrachtet werden. Diese mehrdimensionalen Zugänge zur Welt sowie das Phänomen des Werdens der Welt und ihrer Entfaltung nehmen der Größe Gottes nicht nur nichts weg, sondern zeigen diese Größe überhaupt erst auf.

3. Moderne Genetik und Stammzellforschung

In der modernen Stammzellforschung geht es vor allem um die ethischen Probleme der Verwendung embryonaler Stammzellen zu therapeutischen Zwecken oder auch zur Grundlagenforschung. Soll man menschliche Embryonen für die Forschung zerstören, das ist die ethische Frage. Hier zeigt sich ebenfalls eine eigenartige Verquickung von empirischer Erkenntnis, philosophisch-theologischer Reflexion und ethischer Bewertung.

Zunächst der empirische Befund: Samen und Eizelle zusammen ergeben ein neues Menschenleben. Bei einer normalen Befruchtung kommen etliche Millionen Spermien auf die Eizelle zu, aber nur ein Spermium darf in die Eizelle eindringen, sonst ist dies mit dem Leben nicht vereinbar. Die so aus Samen und Eizelle entstandene Zygote tritt bald in eine Zellteilung ein (Zwei-, Vier-, Achtzellstadium) und der Embryo entwickelt sich zum Fetus und dann zum geborenen Kind weiter. Eine so genannte Kernverschmelzung zwischen den beiden Vorkernen von Samen und Eizelle – wie er noch im deutschen Embryonenschutzgesetz als Beginn des Lebens angesetzt wird –, findet nach neuesten Erkenntnissen der Embryologie nicht statt, sondern die Kernmembranen lösen sich auf und die jeweiligen Vorkerne mit ihren 23 Chromosomen verdoppeln ihr genetisches Material und treten bald in die erste Zellteilung ein. „Die Vorkerne liegen dicht beieinander, bevor sich ihre Kernmembran auflöst [Hervorhebung vom Verfasser]. Der weibliche und der männliche Vorkern reduplizieren getrennt ihre DNS."[1] Die Kernmembran der jeweils 23 Chromosomen enthaltenden Vorkerne löst sich also auf und in der Zygote kommt es nicht zur Bildung einer neuen Kernmembran, so dass die Zygote keine Zelle mit einem normalen Zellkern ist.

„Beim Menschen kommt es allerdings nicht zu einem Verschmelzen der Vorkerne, weil sich keine neue Kernmembran ausbildet, sondern sich sofort die erste Zellteilung anschließt."[2]

So beginnt mit der Imprägnierung des Spermiums in die Eizelle ein kontinuierlicher Prozess ohne besondere Sprünge, die für die ethische Bewertung, ob ein Embryo schon ein Mensch ist, der geschützt werden muss, von Relevanz wären. Der Mensch ist von Anfang an ein Mensch und entwickelt sich nicht erst zum Menschen. Interessant ist, dass die Zellen bis zum Acht-Zellstadium statistisch gesehen alle gleich sind (auch das könnte sich neuesten Erkenntnissen zufolge ändern), so dass sich aus jeder noch ein erwachsener Mensch entwickeln kann (bisher nur im Tierversuch gezeigt).

Daher nennt man diese Zellen totipotent, sie können noch alles und es kann aus jeder Zelle ein ausgewachsener Organismus entstehen. Erst nach dem Acht-Zellstadium fangen die Zellen an, sich zu differenzieren in die etwa 220 verschiedenen Zelltypen, die ein erwachsener Mensch hat.

Diese Zelldifferenzierung geschieht dadurch, dass Gene abgeschaltet, d. h. inaktiviert werden. Diese Abschaltmechanismen funktionieren durch Anheftung von Methylgruppen. Deswegen wird dieser Vorgang auch Methylierung oder auch Imprinting genannt. Jeder Zelltyp und jede Zelle hat jetzt ihren spezifischen „Fingerabdruck". In den unterschiedlichen Zellen wie Hautzellen, Muskelzellen, Augenzellen sind jeweils andere Gene abgeschaltet als in anderen Zellen. Die Information für die Zellen und die Entwicklung des Embryos ist also auf eine genetische Grundinformation und eine zusätzliche Schaltinformation verteilt. Diese Zusatzinformationen nennt man die epigenetische Information oder auch die epigenetischen Faktoren oder einfach Epigenetik. Diese epigenetischen Faktoren können auf den Chromosomen zwischen den Genen liegen (diese Bereiche hat man bisher für sinnloses Zeug gehalten, die beim Menschen gegenüber den Tieren den größten Bereich einnehmen),[3] in den Methylierungsprozessen (Imprinting), sie können in der Umgebung des Zellkerns liegen, aber auch in der Raumstruktur der Gene oder der Lage der Zellen zueinander. Information ist daher Wechselwirkung dieser verschiedenen Parameter oder, allgemeiner gesprochen, ein „dialogisches" Wechselwirkungsgeschehen zwischen Genetik und Epigenetik.[4]

Hier sind nun mehrere Dinge bemerkenswert. Zunächst geht es um die Beziehung zwischen genetischer und epigenetischer Information. Damit ein Organismus richtig funktioniert, müssen die genetische Grundinformation und die epigenetische „Schaltinformation" genau aufeinander abgestimmt sein. Die nach dem Acht-Zellstadium beginnende Zelldifferenzierung läuft beim Embryo aufgrund einer perfekten Abstimmung zwischen Genetik und Epigenetik geordnet ab. Wenn man diese Zellen aus einem fünf Tage alten Embryo herausnimmt und zu therapeutischen Zwecken in einen anderen Organismus transplantiert, dann behalten die Zellen ihre genetische Grundinformation der Zelldifferenzierung bei, aber diese Zelldifferenzierung läuft jetzt wegen der anderen Umgebung nicht mehr geordnet, sondern ungeordnet ab. Und ungeordnete Zelldifferenzierung ist das, was die Medizin als Krebs bezeichnet. Daher haben sich bisher bei allen Therapieversuchen, die seit zehn Jahren mit embryonalen Stammzellen durchgeführt werden, immer Krebszellen gebildet.[5]

Theologisch ist dazu Folgendes zu sagen. Bei dem, was die Naturwissenschaftler für junk (sinnloses Zeug) gehalten haben, hätte man theologisch schon fragen können, ob Gott etwas Sinnloses schafft oder ob nicht auch in diesen vermeintlich sinnlosen Bereichen, wie sich jetzt zeigt, sinnvolle Information verborgen liegen können. Bei der Frage der Information hätte man fragen können, ob die Information wirklich nur in den Genen liegt oder ob nicht andere Wechselwirkungen noch eine Rolle spielen, die man bisher nicht bedacht hat. Man hätte die Frage stellen könne, ob die Information nicht doch im Ganzen der Zelle, der Zellverbände bzw. im Ganzen des Organismus mit seinen Wechselwirkungen liegt. Auf diese Frage hätte man kommen können, wenn man zum einen philosophisch auf eine Aussage von Thomas von Aquin über die leib-seelische Einheit des Menschen zurückgegriffen hätte. Thomas hat ein Bild vom Menschen entwickelt, das von innen nach außen denkt und die Entfaltung des Menschen als lebendiges Wesen beschreibt. Diese innere Entfaltung hat er mit der Aussage auf den Begriff gebracht: anima forma corporis, die Seele formt den Menschen, die Seele „informiert" den Menschen könnte man etwas frei formulieren. Was damals ontologisch von der inneren Ganzheit des Menschen ausgesagt wurde, findet heute seine empirische Entsprechung in dem, was die Empirie „Information" nennt. Beide Aussagen sind nicht identisch, das eine ist eine ontologisch seinsmäßige Aussage über die leibseelische-Einheit des Menschen und das andere ist eine empirische Erkenntnis aus der Genetik, aber beide Aussagen können sich komplementär aufeinander zu bewegen.

Weiterhin hätte man theologisch gerade aus christlicher Perspektive darauf hinweisen können, dass im Christentum das letzte Grundprinzip des Seins als ein dialogisches Geschehen gesehen wird. Das Christentum geht davon aus, dass der letzte Grund allen Seins ein personal-dialogisches Geschehen zwischen Vater, Sohn und Heiligem Geist ist. In Analogie zu diesem letzten Seinsgrund hätte man Spuren dieses dialogischen Beziehungsgeschehens bzw. des Phänomens der Wechselwirkungen auch in der Natur (die ja Schöpfung Gottes ist) vermuten können. Eine dieser Spuren kann man heute in der modernen Genetik finden, besonders in der Verschaltung von Genetik und Epigenetik. Für die ethische Debatte um die Verwendung von menschlichen embryonalen Stammzellen ist noch interessant, dass die ethischen Bedenken gegen die Verwendung von menschlichen Embryonen zur Herstellung von embryonalen Stammzellen jetzt ihre „Bestätigung" in der Empirie findet, dass es eine solche Therapie wegen des Krebsrisikos womöglich nicht geben wird. Auch hier kommen geisteswissenschaftlich ethische Argumente (philosophisch-theologisch) mit empirischen Erkenntnissen (naturwissenschaftlich) zusammen.

4. Religion als Grundlage von Reifungsprozessen

Leben ist Wachstum und Wachstum braucht Orientierung, sonst entstehen, wie die Physiologie im Bereich des menschlichen Lebens zeigt, Krebserkrankungen. Und dieses Wachstum muss auf allen Ebenen der menschlichen Existenz stattfinden: physiologisch, psychologisch und geistig-geistlich. Hier soll nur von einem Phänomen die Rede sein, vom psychisch-geistigen Wachstumsprozess.

Der erste große Veränderungsprozess im Leben eines Menschen ist die Pubertät: Die Hormone verändern sich, aus dem Jungen wird der junge Mann, aus dem Mädchen die junge Frau. Die Eltern verlieren ihre Absolutheit, der junge Mensch beginnt sich abzulösen. Wie aber soll dieser Ablöseprozess geschehen, wohin soll der Mensch sich wenden, wenn er sich von den Eltern abwendet? Und hier findet man eine wegweisende Geschichte im Neuen Testament: Der 12-jährige Jesus ist eines Tages verschwunden und die Eltern suchen ihn drei Tage lang. Als sie ihn schließlich finden, machen sie ihm Vorwürfe, dass er sie in Unruhe versetzt hat. Er aber geht darauf gar nicht ein, sondern stellt eine Gegenfrage: Wusstet ihr nicht, dass ich im Hause meines Vaters sein muss? (Lk 2,48).

Das heißt, er vollzieht einen „Seinsüberstieg" heraus aus dem Gehorsam den Eltern gegenüber hinein in den Gehorsam seinem göttlichen Vater gegenüber. Denn nur diese Ablösung von den Eltern hinein in seine Abhängigkeit von der göttlichen Vaterschaft lässt ihn schrittweise frei werden von menschlichen Abhängigkeiten und frei werden für das Leben seiner je einmaligen Berufung. Der Mensch bleibt ein Leben lang abhängig, die Frage ist nur, von wem. Die Abhängigkeit von Menschen macht auf Dauer unfrei, die Abhängigkeit von Gott macht frei, weil nur Gott der ganz Freie ist. Gott ist der raum-schenkende und nicht der raum-nehmende.

Dieser Überstieg ist von großer Bedeutung für den Rest des Lebens. Da aber alles im Leben prozesshaft abläuft, geht auch dieser Prozess nicht von heute auf morgen. Daher heißt es, Jesus kehrte zurück zu seinen Eltern und war ihnen wieder gehorsam. Dann aber mit etwa 30 Jahren findet bei der Hochzeit zu Kana (Joh 2,4) ein zweiter großer Ablösungsprozess statt. Es ist die Zeit der Lebensmitte. Hier grenzt sich Jesus innerlich klar von seiner Mutter ab und sagt ihr: Frau, was habe ich mit dir zu tun. Gerade der Mann muss sich von der Mutter lösen (und das Mädchen vom Vater).

Diese Ablösung dient dazu, jetzt ganz dem Willen Gottes zu folgen. Das Christentum schätzt die Familie hoch, muss aber gleichzeitig darauf achten, dass der Einzelne von Gott her seine Berufung und damit seine Identität findet. Sonst bleibt er auch psychologisch gesehen unreif, und manche Neurose hat hier ihren Ursprung.

Diesen Umbruch in der Lebensmitte beschreibt C. G. Jung so, dass der Mensch das, was er in der ersten Lebenshälfte draußen fand, jetzt in der zweiten Lebenshälfte drinnen finden muss. Und er resümiert, dass er keinen Patienten jenseits der Lebensmitte hatte, „dessen endgültiges Problem nicht das der religiösen Einstellung wäre."[6] Jung ist sogar der Meinung, dass das „Problem der Heilung ... ein religiöses Problem" ist[7], und meint, dass Fragen der Seele in den theologischen Bereich gehören: „Heute sind wir von der Zerstörung bereits erreicht, die Seele hat Schaden gelitten und darum zwingen die Kranken den Seelenarzt in eine priesterliche Rolle, indem sie von ihm erwarten und verlangen, von ihrem Leiden erlöst zu werden. Darum müssen wir Seelenärzte uns mit Problemen beschäftigen, die, streng genommen, eigentlich der theologischen Fakultät zufielen."[8]

Der wichtigste geistliche Autor, der diese Probleme der Lebensmitte beschreibt, ist Johannes Tauler (ca. 1300–1361). Schon im Mittelalter sprach er davon, dass der Mensch bis zu seinem vierzigsten Lebensjahr von der Natur hierhin und dahin getrieben werde und erst um das fünfzigste seine eigentliche innere Mitte finde.[9] Er führt aus, dass der Mensch in dieser Phase des Umbruchs innerlich vielfach herumgewirbelt werde und diese Turbulenzen überhaupt nur durchstehen könne, wenn er sich Gott ganz überlasse.[10] Die Kräfte des Menschen allein reichen dafür nicht aus.

Im Gegenteil, der Mensch ist überfordert, flieht aus der Bedrängnis und erhöht dadurch die Not und das Leid. Ohne Leid kommt er gerade durch diese Phase nicht hindurch, er hat nur die Wahl zwischen weniger Leid und mehr Leid, zwischen dem Leid, das zum Leben führt, und jenem, das den Tod bringt. Es gibt eine „weltliche, todbringende Traurigkeit" (2 Kor 7,10), die denjenigen befällt, der nicht mehr weiterwachsen will (Mk 10,17–31).

Viele depressive Verstimmungen haben hier ihre Ursache. Es gibt aber auch das Leid, das zu größerem Leben führt. Dazu aber muss man sich jetzt ganz dem Willen Gottes überlassen. Dann stellt sich innerer Friede, Freude und Lebensdynamik ein.

5. Interpretation von Krankheiten

Ein weiterer Dialogpartner der Theologie kann die Medizin sein. Gerade das Christentum ist eine heilende und therapeutische Religion, es spricht vom Heiland, vom Heil, vom Heiligen Geist. All das hat etwas mit dem Heilsein, dem Ganzsein und der Ganzheit des Menschen zu tun, das letztlich im Heilsein Gottes seinen Grund hat. Eigenartigerweise ist dieser heilende Aspekt des Christentums weithin in den Hintergrund getreten. Er ist zwar geblieben in Heilungsgottesdiensten, aber nicht genügend in der wissenschaftlichen Reflexion. Heilung ist von der naturwissenschaftlichen

Medizin und der Psychologie proklamiert worden. Aber letztlich kann die Medizin nicht heilen. Heilen kann sich letztlich nur der Organismus von innen heraus, etwas esoterisch formuliert: Heilung kommt von innen. Ganz konkret heißt das, dass z. B. der Chirurg einen Bauch aufschneiden kann, er kann ihn auch wieder zunähen, wenn aber der Körper nicht von innen her zuheilt und im konkreten Fall die im Körper vorhandenen adulten Stammzellen die Narbe zuheilen lassen, bleibt die Wunde ein Leben lang[13] offen, wie man z. B. von den so genannten offenen Beinen bei Diabetikern oder anderen Erkrankungen weiß.

Auch andere Krankheiten können nur heilen, wenn das Immunsystem die auf den Körper einströmenden Bakterien, Viren und Pilze oder aber die in jedem menschlichen Organismus vorhandenen Krebszellen vernichtet.

Wenn dieses innere Gleichgewicht gestört ist und die Abwehrkräfte nicht mehr ausreichen, um die Angreifer abzuwehren, entstehen Krankheiten. Gerade das Immunsystem ist wiederum sehr anfällig für die innere Unruhe und die Zerrissenheiten des Menschen und kann durch ständiges inneres Ungleichgewicht geschwächt werden, wodurch dann Krankheiten besser ausbrechen können. Bei bakteriellen Infekten können Antibiotika zwar die Bakterien zerstören, aber im Letzten muss das eigene Immunsystem das Gleichgewicht zwischen Angreifern und Abwehrstoffen wiederherstellen.

Bei Aids ist das Immunsystem selbst angegriffen und deshalb stirbt der Patient oft an anderen Erkrankungen, da das gestörte Immunsystem bestimmte Viren, Bakterien oder auch Krebszellen nicht mehr abwehren kann. Der Satz: „Heilung kommt von innen", klingt esoterisch, entspricht aber den physiologischen Gegebenheiten.

So kommt auch die Medizin in weiten Bereichen an ihre Grenzen und müsste gerade bei chronischen Krankheiten womöglich auch auf andere Zugänge zurückgreifen. Angesichts dieser Grenzerfahrung der Medizin (die ja dazu geführt hat, dass man bei Parkinson, Alzheimer, multipler Sklerose, Diabetes auf embryonale Stammzellen zurückgreifen will) kommen Ansätze von einer ganz anderen Seite her auf den Plan, die erkennen, dass auch die existentielle, geistige und spirituelle Dimension des Menschen bei der Betrachtung von Krankheiten eine wesentliche Rolle spielt und bisher zu kurz gekommen ist. Und so nimmt es nicht Wunder, dass gerade aus den vermeintlich atheistischen Naturwissenschaften, aus der Medizin, aus der Hirnphysiologie und aus der Psychologe heraus neue Forschungsprojekte auftauchen, die sich mit der Spiritualität des Menschen im Kontext der Medizin befassen.[11] Die dort gesammelten Erkenntnisse stammen zum Teil aus Erkenntnissen der Hirnphysiologie, sie müssen heute ergänzt werden durch Erkenntnisse aus der Genetik.

Denn die oben beschriebene Schaltung von Genen findet nicht nur in der Embryonalentwicklung statt, sondern setzt sich beim Erwachsenen fort.

Bei ihm sind das Nervensystem und das Gehirn ausgebildet, und neueste Erkenntnisse zeigen, dass das Nervensystem und das Gehirn des Menschen an den Verschaltungsprozessen der Gene des Menschen unmittelbar beteiligt sind.[12] Im Gehirn werden die inneren Emotionen und Denkleistungen verschaltet und so hat auch das Denken und Fühlen des Menschen Einfluss auf die genetische Verschaltungsebene. Man weiß seit langem, dass ständige innere Zerrissenheit auf das Immunsystem unterdrückend wirkt und dadurch Krankheiten besser entstehen können.

Heutzutage weiß man darüber hinaus auch von der genetischen Ebene und den genetischen Verschaltungen (Epigenetik), dass die Innenwelt des Menschen auf diese genetischen Prozesse Einfluss hat. Wenn man jetzt hinzunimmt, dass auch das religiös spirituelle Leben diese Innenwelt betrifft und der Mensch überall dort seinen inneren Frieden, seine Freude und seine Lebensdynamik findet, wo er mit seinem inneren Seinsgrund und das heißt christlich konkret mit Gott und seinem göttlichen Willen in Übereinstimmung lebt, dann wird klar, dass das religiös-spirituelle Leben auch Einfluss auf Krankheit und Gesundheit hat. Gerade in diesem Bereich wäre das Christentum prädestiniert, seine heilende Kraft auf den Menschen heraus zu stellen. Dies muss im Kontext eines lebenslangen Prozesses erfolgen, in dem der Mensch sich immer wieder fragen muss, was er tun soll, was der je neu zu findende Wille Gottes in seinem Leben ist und wie er das durch die Analyse der inneren Seelenregungen je neu herausfinden kann.

6. Offenheit für den Dialog mit dem so genannten Atheismus

Gerade die drei großen Religionskritiker Marx, Freud und Nietzsche haben dem Christentum sehr viel gesagt: Marx hat etwas über die Arbeiterschaft ausgeführt, Freud etwas über das Innenleben des Menschen und Nietzsche etwas darüber, dass wir den lebendigen Gott getötet haben. Sein Wort „Gott ist tot" aus der „Fröhlichen Wissenschaft" ist keine Feststellung, sondern ein Aufschrei und eine Suche danach, wie das passieren konnte, dass wir diesen Gott getötet haben. Es war wohl ein prophetisches Wort, das in einer allzu veräußerlichten Kirche Gott womöglich gar nicht mehr vorkommt. Nietzsche war einer der größten Gottsucher der Neuzeit, man kann es in all seinen Texten nachempfinden. Er sagte bereits als Achtjähriger zu seinen Mitschülern, dass er ein Heiliger werden müsse und dass die anderen nicht so schwere Bedingungen hätten.[13] Leider hat er die Größe dieser Berufung nicht leben können und war ein Leben lang zerrissen.

Statt sich selbst zu überschreiten, entwirft er die „Lehre vom Übermenschen", statt in die Ohnmacht der Nachfolge Jesu zu treten, erscheint „Der Wille zur Macht", eine tragische Perversion des eigentlich Gemeinten. Es wäre womöglich zu weit gegriffen, seine spätere Schizophrenie mit dieser dauerhaften Zerrissenheit in Verbindung zu bringen. Eines aber wird hier klar: eine von Gott her groß angelegte Berufung muss groß werden und zur Entfaltung kommen, sonst pervertiert sie sich. Von Gott her soll der Mensch vergöttlicht werden, nicht aus sich selbst heraus. Wenn Nietzsche feststellt, dass er, wenn es Götter gäbe, es nicht aushalte, selbst kein Gott zu sein,[14] dann hat er damit etwas Richtiges gesehen und doch das Ganze genau verfehlt. Denn der Mensch soll zwar werden wie Gott, aber aus Gott und seinem Geschenk und nicht aus menschlicher Selbstherrlichkeit heraus. Genau diese Verkehrung steht am Anfang der Sündenfallgeschichte.

Und hier wäre noch einmal der Bogen zur Medizin zurückzuschlagen und zu dem, was Christentum eigentlich ist. Christentum ist eine Religion des Wachstums (Gleichnisse vom Wachstum), der Entfaltung (Gleichnis von den Talenten), des Lebens (Bilder aus der Natur), des Großmachens (Auferstehung) des Menschen. Gott hat Substanz und steht unter dem Menschen (sub-stare), er hat Autorität und will den Menschen groß und nicht klein manchen (augere: wachsen lassen), er ruft jeden einzelnen Menschen bei seinem Namen und will ihn zur Fülle seines Lebens führen, er will – wie Kirkegaard es zusammengefasst hat – den Menschen zu etwas Außerordentlichem machen: zu dem, was er von Gott her schon ist: Gottes Ebenbild. Von Gott her soll der Mensch nahezu wie Gott werden, nicht aus sich selbst heraus. Deshalb fasst Kierkegaard diese doppelte Gefahr zusammen: Die Angst, nicht zur eigenen Wahrheit und zur speziellen Berufung durchzustoßen, nennt Sören Kiergekaard sogar Sünde: „Sünde ist: vor Gott verzweifelt nicht man selbst sein wollen oder vor Gott man selbst sein wollen"[15], und an anderer Stelle: „Sünde ist Verzweiflung"[16] und schließlich: „Diese Form von Verzweiflung ist: verzweifelt nicht man selbst sein wollen, oder noch niedriger: verzweifelt nicht ein Selbst sein wollen, oder am allerniedrigsten: verzweifelt ein anderer sein wollen als man selbst, ein neues Selbst sich wünschen."[17]

Schließlich kommt Kierkegaard zu dem Schluß, „dass der Grund, warum der Mensch eigentlich am Christentum Ärgernis nimmt, darin liegt, dass es zu hoch ist, ... weil es den Menschen zu etwas Außerordentlichem machen will."[18] Sünde ist also seiner Ansicht nach, vor Gott zu fliehen und damit dem eigenen Leben auszuweichen oder ohne Gott man selbst sein zu wollen und damit selbstherrlich und überheblich aufzutreten.

Nur von Gott her kann der Mensch zu seiner eigentlichen Größe heranreifen, ohne Gott wird das Leben zur Karikatur und das groß Angelegte möglicherweise pervertiert. Die Religion des Lebens und der Entfaltung, die sich im Dienst am anderen und nicht als reine egoistische Selbstverwirklichung zeigen muss, diese Religion des Heils und der Erlösung, des Heilwerdens und des Heilbleibens sollte auch innerweltlich dem Menschen zu mehr Gesundung und Gesundheit, zu mehr Glück und Frieden, zu mehr Freude und Enthusiasmus (en theos: in Gott sein) führen: Ich werfe dir vor, dass du lau geworden bist und nicht mehr heiß oder kalt, so heißt es in den sieben Sendschreiben des Ignatius von Antiochien. „Vorwärts" heißt die Devise des Christentums (und doch den Leidenden, Armen, Kranken nicht vergessen), nach vorne schauen, Vordenken, Gestalten, den Siegespreis erringen, wie Paulus sagt, nicht die Zeit verschlafen in der Mittelmäßigkeit des Alltags. Oft herrscht aber gerade in kirchlichen Kreisen Verdruss, Leere, Leblosigkeit, Depression, Angst, Enge, Unfreiheit, und in so genannten „atheistischen Kreisen" ist oft mehr Leben als in manchen Bereichen der Kirche. Die Frage nach dem Atheismus ist oft die Frage nach dem Gottesbild, das ein Mensch hat und welches Gottesbild anderen vermittelt wird.

7. Freiheit – Ein kurzer Blick in die Politik

Schon die Zehn Gebote im Judentum stehen unter dem Aspekt der Freiheit und der Befreiung des Menschen. In der Präambel zu den Zehn Geboten heißt es: Ich bin Jahwe, dein Gott, der dich aus Ägypten geführt hat; aus dem Sklavenhaus (Ex 20,2). Das Wirken Gottes beginnt mit der Tat der Befreiung und Sammlung des Volkes Israel. Erst von dorther bekommen die Zehn Gebote auch ihren Sinn: der Mensch soll seine Freiheit nicht wieder verlieren und dazu muss er einige Regeln einhalten. Diese äußere Befreiung des Volkes Israel setzt sich fort in der inneren Befreiung jedes einzelnen Menschen durch das befreiende und erlösende Wirken Jesu: „Zur Freiheit hat uns Christus befreit, heißt es im Galaterbrief (Gal 5,1).

Der Mensch soll innerlich befreit werden aus falschen Abhängigkeiten (Menschen, Dingen) und erlöst werden von falschen Ängsten (sorgt euch nicht), und diese innere Befreiung soll mit der äußeren Befreiung korrelieren. Diese Befreiung ist aber nur möglich, wenn auch Gott ganz frei ist.

Ist aber Gott ganz frei? Wenn die Liebe das oberste Prinzip ist, dann ist klar, dass Liebe nur in einem dialogischen Beziehungsgeschehen vonstatten gehen kann. Wenn Gott ein „einsamer" Gott wäre, dann müsste er sich ein Liebesgegenüber schaffen. Wenn er aber etwas „müsste", wäre er nicht frei.

Von daher ist es sinnvoll, im christlichen Bild vom dreifaltigen Gott von einem Liebes- und Beziehungsgeschehen in Gott selbst auszugehen, wie es das trinitarische Gottesbild dem Christen vorlegt. Gott ist Beziehung und Liebe in sich selbst, er ist sich selbst genug, er braucht die Welt nicht. Die Welt ist kontingent, sie ist nicht notwendig. Gott kann daher die Welt schaffen, er hätte es auch lassen können. Aus christlicher Sicht gibt es nur eine Antwort auf die Frage, warum es die Welt gibt: Weil Gott es wollte, aus freiem Willen. Und nur wenn Gott vollständig frei ist, kann es auch der Mensch werden: innerlich durch das befreiende und erlösende Wirken Jesu, und die Entfaltung des Menschen sollte auch äußerlich ermöglicht werden durch staatliche Rahmenbedingungen, die jeden Menschen – zumindest vom Grundsatz her – seine Berufung finden und verwirklichen lassen. Diese äußere Befreiung ist vorgezeichnet im Wirken Jahwes mit seinem Volk.

Beide Befreiungen, die innere und die äußere, sollten sich auch in einer Staatsform, die dem Menschen gerecht werden soll, wiederfinden.[19]

8. Resümee – Wo haben die Theologie und das Christentum Platz in einer säkularisierten Welt?

Wo also hat das Christentum seinen Platz in der modernen säkularen Gesellschaft, die vom naturwissenschaftlichen Denken geprägt ist? Überall – könnte man spontan sagen. Denn die Frage nach Gott ist nicht eine Frage neben anderen, sondern sie ist in allen Alltagsfragen präsent. Anders gesagt: Gott ist nichts Zusätzliches in der Welt, sondern er ist in allem. „Gott finden in allen Dingen", heißt es bei Ignatius von Loyola. Gott ist in allem und ist doch auch allem Innerweltlichen transzendent. Diese Präsenz Gottes ist aber nicht etwas, was man dem Menschen von außen her aufzwingen kann, sondern eher etwas, was von innen her still im Menschen wirkt und von innen her evident werden muss. Dem Menschen muss von innen her ein Licht aufgehen bzw. es muss ihm „einleuchten". Dazu kann man ihm helfen.

So müssen Christen, Theologie und Kirche immer wieder um ein „richtiges Gottesbild" ringen. Es muss ein solches sein, das den Menschen von innen her bewegt (aber wiederum innerlicher ist, als der Mensch sich innerlich sein kann), das den Menschen von innen und außen befreit, das ihm einleuchtet, das den Mensch groß macht und nicht klein, das den Menschen zur Entfaltung seines Lebens bringen will und nicht blockiert, das den Menschen – wie Sören Kierkegaard es formuliert hat – zu etwas Außerordentlichem machen will, nämlich zu dem, was der Mensch schon ist, zum Ebenbild Gottes. Zu diesem Ebenbild Gottes soll der Mensch von Gott her werden, nicht aus sich heraus in Selbstherrlichkeit.

Gott ist in dem Sinn ganz immanent und bleibt auch ganz transzendent. Man soll sich kein Bild von ihm machen, man soll seinen Namen nicht nennen, man soll mit Gott keinen Handel treiben, er bleibt souverän und in seinem Handeln frei – wenngleich seine Freiheit womöglich an der sich verweigernden Freiheit des Menschen seine Grenze findet. So soll man sich einerseits vom Alten Testament her kein Bild von Gott machen, aber als Christ muss man sich ein Bild von ihm machen, denn Jesus ist das Bild Gottes, er ist die Ikone des Vaters, die uns den Durchblick auf Gott erlaubt. „Wer mich gesehen hat, hat den Vater gesehen" (Joh 14,9).

So muss die Kirche immer wieder um die „richtigen" Gottesbilder ringen, sie muss den Blick nach vorn öffnen für die Größe Gottes und die Größe des Menschen. Der Blick muss in die Zukunft gehen, denn Christentum ist mit dem Blick auf die Auferstehung immer im Blick nach vorn unterwegs und nicht rückwärtsgewandt. Christentum sollte Vordenker und Gestalter sein und nicht Hinterherläufer und Abverwalter. Die Kirche muss auf die Fragen der Menschen hören und nicht Antworten auf längst vergangene Fragen geben. Gerade in einer säkularisierten, naturwissenschaftlich geprägten Welt tauchen viele existentielle Fragen auf, die die Naturwissenschaften nicht beantworten können und von ihrer Methode her auch gar nicht dazu berufen sind. Existentielle lebensrelevante Fragen sind zum Teil von der Philosophie, letztlich aber von der Theologie zu beantworten.

Daher muss christliche Theologie sich nicht fürchten vor dem Dialog mit den Naturwissenschaften oder der Medizin, sondern sie muss lernen, in anderer Weise als bisher mit diesen Wissenschaften zu kommunizieren.

Theologie kann z. B. aufzeigen, dass die Naturwissenschaften bei weitem nicht alle Fragen dieser Welt beantworten können: Fragen danach, warum es überhaupt eine Welt gibt und nicht viel mehr nichts, Fragen nach dem Sinn des Lebens, nach Glück und Leid, nach Wahrheit und Identität, nach dem Tod und dem „Danach" oder auch nach dem Sinn von Krankheiten (die z. B. Krebspatienten sehr oft stellen). Die Theologie ist weiterhin gefragt, wenn es z. B. um ethische Fragen am Lebensanfang und am Lebensende sowie im Kontext von Krankheit und Gesundheit geht, wenn gefragt wird, ob mit Embryonen geforscht werden soll oder nicht. Sie kann aus ihrer Weltsicht heraus sogar darauf hinweisen, dass es womöglich aus grundsätzlichen Problemen heraus keine Therapien mit embryonalen Stammzellen geben wird, weil im Organismus die genetischen Grundinformationen mit den epigenetischen Schaltinformation genau abgeglichen sein müssen, und dass dies im Embryo gerichtet und geordnet abläuft, im erwachsenen Organismus aber ungerichtet und ungeordnet.

Wenn embryonale Stammzellen aufgrund dieser ungeordneten Zelldifferenzierung in einem erwachsenen Organismus Krebserkrankungen auslösen, kann man darüber nachdenken, wie ein wachsender Organismus eigentlich strukturiert ist und ob man einfach Zellen aus einem unreifen, sich differenzierenden Embryo in einen anderen Organismus transplantieren kann. Man kann auf das „dialogische Prinzip" hinweisen, das sich in der Wechselwirkung von Genetik und Epigenetik zeigt, und darauf hinweisen, dass die Information für den Organismus eben nicht in den Genen, sondern in der komplexen Verschaltung der Gene, Zellen und des gesamten Organismus besteht. Darüber hinaus kann man auf den klassischen Satz aus der alten Philosophie verweisen, dass das Ganze mehr ist als die Summe seiner Teile.

Findet man also Spuren eines „dialogischen Prinzips", das sich in verschiedenen Wechselwirkungen zeigt, kann man fragen, ob die gesamte Grundstruktur des Seins womöglich auch ein solch dialogisches Prinzip enthält. Und man kann jetzt von ganz anderer Seite her darauf hinweisen, dass aus christlicher Sicht die letzte Grundstruktur des Seins diesen dialogischen Charakter trägt. Es ist dies die personale Beziehung zwischen Vater, Sohn und Heiligem Geist. Die empirische Erkenntnis und die theologische Grundannahme könnten sich so komplementär aufeinanderzubewegen. So könnten naturwissenschaftliche Erkenntnisse auf ein christliches Gottesbild hinweisen und ein Naturwissenschaftler mit einem christlichen Hintergrund könnte aus seiner Perspektive andere Fragen an die Natur stellen.

Theologie kann schließlich etwas sagen, wenn es um ethische Fragen am Lebensende geht und es darum gehen soll, ob man Menschen frühzeitig euthanasieren soll. Im Blick auf ein Leben nach dem Tod kann sie herausarbeiten, dass auch der Sterbeprozess einen Sinn hat und dass er nicht durch menschliches Eingreifen verkürzt werden sollte. Sie kann sich äußern zur Frage, ob man Organe transplantieren soll, wie man mit Wachkomapatienten umgeht und vieles mehr. Zu all diesen ethischen Fragen kommen anthropologische Überlegungen hinzu, also jene nach dem christlichen Menschenbild, das zeigt, dass der Mensch sich überschreiten muss, dass er mehr werden muss, dass er wachsen muss und dass dieses Menschenbild auch in Fragen von Krankheit, Gesundheit und Heilung hineinragt. Vor allem aber sollte die Theologie darauf hinweisen, dass das Religiöse zum Reifen des Menschen unabdingbar ist.

Wenn man den Bogen noch weiter spannen will, kann darauf hingewiesen werden, dass der Begriff der Menschenwürde aus dem christlichen Kontext stammt und die säkulare Übersetzung der Aussage vom Menschen als Ebenbild Gottes ist. Aus der Menschenwürde sind wiederum die Menschenrechte abgeleitet. Sie kommen aus dem jüdisch-christlichen Kontext, nicht aus dem buddhistischen, hinduistischen oder muslimischen. Das Christentum ragt also in alle Bereiche des Menschen hinein, aber auch in die Politik, in die gesamte Kunstgeschichte mit ihren Kirchenbauten, Malereien, Skulpturen sowie in die Musikgeschichte, die ohne das Christentum undenkbar ist: Bach, Beethoven, Mozart, Schubert sind ohne den gregorianischen Choral der christlichen Mönche nicht zu denken. Also zusammengefasst: Das Christentum trägt unsere gesamte Kultur bis hinein in die Menschenrechte und die Kulturgeschichte und ist die Basis für die richtigen Reifungsprozesse im menschlichen Leben. Dazu muss es aber ein Gottesbild vermitteln, das diesen Reifungsprozess will und mitträgt, es muss eine neue Sprache finden, um verständlicher zu erklären, worum es geht: um den Menschen, seine Befreiung und die Hinführung zum Leben in Fülle. Dazu bedarf es tieferer Reflexion und spiritueller Tiefe, sowie des Blicks auf das Große der Tradition. Wir Christen brauchen uns nicht zu verstecken.

1 Sadler, Thomas W., Medizinische Embryologie. Die normale menschliche Entwicklung und ihre Fehlbildungen, Stuttgart ¹⁰2003 (korr. Aufl.), S. 30.
2 Idkowiak, Jan, Medizinisch-naturwissenschaftliches Glossar, „Kernverschmelzung", in: Damschen, Gregor / Schönecker, Dieter (Hrsg.), Der moralische Status menschlicher Embryonen, Pro und contra Spezies-, Kontinuums-, Identitäts- und Potentialitätsargument, Berlin- New York 2003, S. 281–293, hier S. 287.
3 Vgl. dazu das ganze Heft: Spektrum der Wissenschaft (Dossier), Das neue Genom 1, Heidelberg 2006.
4 Vgl. dazu Gibbs, W. Wayt, DNA ist nicht alles, in: Spektrum der Wissenschaft, Das neue Genom, Januar 2006, S. 60; vgl. auch: Beck, Matthias, Der Krebs und die Seele, Gen-Geist-Gehirn-Gott, Paderborn-München-Wien-Zürich 2004.
5 Vgl. dazu Beck, Matthias, Überlegungen zur Änderung des deutschen Stammzellgesetzes: naturwissenschaftlich, ökonomisch, ethisch-rechtlich, in: Zeitschrift für medizinische Ethik 53 (4) 2007, S. 409–422.
6 Jung, Carl G., Psychologie und Religion, München 31994, S. 119.
7 Ebd., S. 125.
8 Ebd., S. 128.
9 Vor allem: Tauler, Johannes, Predigten. Vollständige Ausgabe, übertragen und hrsg. v. G. Hofmann, Freiburg 1961, S. 163 f. (19. Predigt).
10 Vgl. dazu insbesondere: Weilner, I., Johannes Taulers Bekehrungsweg. Die Erfahrungsgrundlagen seiner Mystik, Regensburg 1961, vor allem S. 165 ff.; vgl. dazu auch: Grün, Anselm, Lebensmitte als geistliche Aufgabe, Münsterschwarzach 132001. In dem Buch werden die Ansichten C.G. Jungs aus psychologischer und Taulers aus geistlicher Sicht gegenübergestellt.
11 So wurde vor wenigen Jahren in Bad Tölz bei München eine Arbeitsgruppe mit dem Titel TASK (transdisziplinäre Arbeitsgruppe für Spiritualität und Krankheit) gegründet, die vor allem von Hirnphysiologen, Medizinern, Philosophen, Psychologen und Theologen getragen wird.
12 Vgl. dazu: Beck, Matthias. Der Krebs und die Seele (2. Aufl. im Druck), Bauer, J., Das Gedächtnis des Körpers. Wie Beziehungen und Lebensstile unsere Gene steuern, Frankfurt a. M. 2002, Huether, G. / Doering, St. / Rüger, U. / Rüther, E. / Schüßler, G., Psychische Belastungen und neuronale Plastizität. Ein erweitertes Modell des Stressreaktionsprozesses für das Verhältnis zentralnervöser Anpassungsprozesse, in: Kropiunigg, U. / Stacher, A., Ganzheitsmedizin und Psychoneuroimmunologie. Vierter Wiener Dialog, Wien 1997, S. 126–139, hier S. 126.
13 Vgl. Lotz, J. B., Zwischen Seligkeit und Verdammnis: ein Beitrag zu dem Thema: Nietzsche und das Christentum, Frankfurt a.M. 1953.
14 Nietzsche, Friedrich, Also sprach Zarathustra II, S. 344.
15 Kierkegaard, Sören, Die Krankheit zum Tode. Eine christliche psychologische Entwicklung zur Erbauung und Erweckung von Anti-Climacus, Kopenhagen 1849 (hrsg. v. L. Richter), Frankfurt a. M. 21986, S. 77.
16 Ebd. S. 103.
17 Ebd. S. 51.
18 Ebd. S. 79.
19 Vgl. dazu z. B. Greshake, Gisbert, Der dreieine Gott, S. 465 ff.

Literaturverzeichnis

Aristoteles, Nikomachische Ethik, übers. und hrsg. von U. Wolf, Reinbek bei Hamburg ²2008.

Balthasar, H. U. v.: Glaubhaft ist nur Liebe, Einsiedeln ⁵1985.

- Ders.: Herrlichkeit. Eine theologische Ästhetik, Bd. I: Schau der Gestalt, Einsiedeln 1961.
- Ders.: Mein Werk. Durchblicke, Einsiedeln-Freiburg 1990,
- Ders.: Neue Klarstellungen, Einsiedeln 1979.
- Ders.: Theologie der Geschichte (Christ Heute, I.R.8.Bd), Einsiedeln 1950. Neue Fassung ³1959.
- Ders.: Theodramatik, Bd. II: Die Personen des Spiels, Teil 1: Der Mensch in Gott, Einsiedeln 1976.
- Ders.: Theodramatik Bd II, Teil 2: Die Personen in Christus, Einsiedeln 1978.
- Ders.: Theologische Aspekte des Berufes, in: Berufsberatung und Berufsbildung 47 (1963), 229-240

Bauer, J.: Das Gedächtnis des Körpers. Wie Beziehungen und Lebensstile unsere Gene steuern, Frankfurt a.M. 2002.

- Ders.: Warum ich fühle, was Du fühlst: intuitive Kommunikation und das Geheimnis der Spiegelneurone, Hamburg 2005.

Beck, M.: Der Krebs und die Seele Gen-Geist-Gehirn-Gott, Paderborn-München-Wien-Zürich, ²2010.

-Ders.: Hippokrates am Scheideweg. Medizin zwischen materialistischem Menschenbild und ethischer Verantwortung, Paderborn-München-Wien-Zürich 2001.

- Ders.: Seele und Krankheit, Psychosomatische Medizin und theologische Anthropologie, Paderborn u.a. ³2003.
- Ders.: Überlegungen zur Änderung des deutschen Stammzellgesetzes: naturwissenschaftlich, ökonomisch, ethisch-rechtlich, in: Zeitschrift für medizinische Ethik 53 (4) 2007, 409-422.

Bodden-Heinrich, R./Cremer, Th./Decker, K./Hepp, H./Jäger, W./Rager, G./ Wickler, W.: Beginn und Entwicklung des Menschen: Biologisch-medizinische Grundlagen und ärztlich-klinische Aspekte, in: Rager, G. (Hrsg.): Beginn, Personalität und Würde des Menschen, Freiburg-München, ²1998, 15-159.

Carrol, S.B.: Evo Devo. Das neue Bild der Evolution (aus dem Amerikanischen von Kurt Beginnen und Sigrid Kuntz), Berlin 2008.

Drewermann, E.: Psychoanalyse und Moraltheologie. Angst und Schuld, Mainz 1982.

Fox Keller, E.: Das Jahrhundert des Gens (a. d. amerikanischen von E. Schöller; Orig. Titel: The century of the Gene, Cambridge 2000), Frankfurt-New York 2001.

Erikson, E.H.: Identität und Lebenszyklus, übersetzt von K. Hügel, Frankfurt a.M. 1973.

Gibbs, W.W.: DNA ist nicht alles, in: Spektrum der Wissenschaft, Das neue Genom, Januar 2006, 58-65.

Greshake, G.: Der dreieine Gott. Ein trinitarische Theolgie, Freiburg-Basel-Wien ⁴2001

- Ders.: Der Preis der Liebe. Besinnung über das Leid, Freiburg i.Br. 1978.
- Ders.: Wie ist Gottes Ruf erkennbar, in: ders. (Hrsg.): Ruf Gottes - Antwort des Menschen: zur Berufung des Christen in Kirche und Welt, Würzburg 1991, 97-125.

Grün, A.: Lebensmitte als geistliche Aufgabe, Münsterschwarzach ¹³2001.

Idkowiak, J.: Medizinisch-naturwissenschaftliches Glossar, „Kernverschmelzung", in: Damschen, G./Schönecker, D. (Hrsg.): Der moralische Status menschlicher Embryonen, Pro und contra Spezies-, Kontinuums-, Identitäts- und Potentialitätsargument, Berlin-New York 2003, 281-293

Hepp, H./Beck, L.: Lebensbeginn („Medizinisch"), in: Lexikon der Bioethik, Bd. 2, 537-539.

Huber, J.: Liebe lässt sich vererben. Wie wir durch unseren Lebenswandel die Gen beeinflussen können, München 2010.

Huether, G. /Doering, St./Rüger, U./Rüther, E./Schüßler, G.: Psychische Belastungen und neuronale Plastizität. Ein erweitertes Modell des Streßreaktionsprozesses für das Verhältnis zentralnervöser Anpassungsprozesse, in: Kropiunigg, U./Stacher, A.: Ganzheitsmedizin und Psychoneuroimmunologie. Vierter Wiener Dialog, Wien 1997

Ignatius von Loyola, Die Exerzitien. Übertragen von Hans Urs von Balthasar, Einsiedeln ⁶1979.

Illhardt, F.J.: Trauer. Eine moraltheologische und anthropologische Untersuchung, Düsseldorf 1982.

Kübler-Ross, E.: Verstehen was Sterbende sagen wollen. Einführung in ihre symbolische Sprache (aus dem Amerikan. übers. von Susanne Schaup), Stuttgart ⁶1994.

- dies.: Interviews mit Sterbenden, (aus dem Amerikan. übers. Von Ulla Leippe], Stuttgart ¹⁸1992.

Kierkegaard, S.: Die Krankheit zum Tode. Eine christliche psychologische Entwicklung zur Erbauung und Erweckung von Anti-Climacus, Kopenhagen 1849 (hrsg. v. L. Richter), Frankfurt a.M. ²1986.

Lotz, J. B.: Zwischen Seligkeit und Verdammnis: ein Beitrag zu dem Thema: Nietzsche und das Christentum, Frankfurt a.M. 1953.

Menke, K.-H.: Stellvertretung. Schlüsselbegriff christlichen Lebens und theologische Grundkategorie, Einsiedeln 1991.

Nietzsche, Friedrich, Die fröhliche Wissenschaft (1887), München 1999.

Nordheim, A./Lüscher, B.: Prinzipien der Tumorbiologie. Einführung, in: H.-J-Schmoll/K.Höffken/K. Possinger (Hrsg.), Kompendium internistische Onkologie. Standards in Diagnostik und Therapie, Bd. 1, Berlin u. a. ³1999, 1-5.

Rager, G. (Hrsg.): Beginn, Personalität und Würde des Menschen, Freiburg-München 1997.

- Ders.: Der Stand der Forschung zum Status des menschlichen Embryos, in: A. Holderegger/R. Pahud de Mortanges (Hrsg.): Embryonenforschung. Embryonenverbrauch und Stammzellenforschung. Ethische und rechtliche Aspekte, Freiburg-Schweiz 2003, 11-23.

Rahner, K.: Hörer des Wortes. Zur Grundlegung einer Religionsphilosophie, München ³1969.

- ders.: Der Einzelne in der Kirche, in: Stimmen der Zeit 139 (1946/47) 260-276, hier 266.

- ders.: Schriften zur Theologie I-XII, Einsiedeln-Zürich-Köln 1954-1972

Sadler, Th.W.: Medizinische Embryologie. Die normale menschliche Entwicklung und ihre Fehlbildungen, Stuttgart ¹⁰2003.

Schneider, M.: Unterscheidung der Geister. Die ignatianischen Exerzitien in der Deutung von E. Przywara, K. Rahner und G. Fessard, Innsbruck-Wien ²1987.

Schockenhoff, E.: Theologie der Freiheit, Freiburg i.Br. 2007.

Schrödinger, E.: Was ist Leben? Die lebende Zelle mit den Augen des Physikers betrachtet, München ⁶2003 (aus dem Englischen von L. Mazurcak, Cambridge 1944),

Spektrum der Wissenschaft (Dossier), Das neue Genom 1, Heidelberg 2006.

Tauler, J.: Predigten. Vollständige Ausgabe übertrag. und hrsg. v. G. Hofmann, Freiburg 1961.

Weilner, I.: Johannes Taulers Bekehrungsweg. Die Erfahrungsgrundlagen seiner Mystik, Regensburg 1961.

Zeh, J.: Trend zur personalisierten Therapie, Krebs bleibt ein Schreckgespenst, n-tv Online Wissen 4.2.2012.

IMPRESSUM

ISBN 978-3-222-13351-0

© 2012 by Styria premium
in der Verlagsgruppe Styria GmbH & Co KG
Wien · Graz · Klagenfurt

Bücher aus der Verlagsgruppe Styria gibt es
in jeder Buchhandlung und im Online-Shop

Lektorat: Reinhard Deutsch

Covergestaltung: Bruno Wegscheider
Produktion und Gestaltung: Alfred Hoffmann

Reproduktion: Pixelstorm, Wien
Druck und Bindung:
Druckerei Theiss GmbH, St. Stefan im Lavanttal
4 6 8 10 9 7 5 3
Alle Rechte vorbehalten